De Lean Startup

DE LEAN STARTUP

Hoe voortdurend innoveren tot een succesvolle business leidt

ERIC RIES

PEARSON

ISBN 978-90-430-3098-4
NUR 801
Trefw.: innoveren, ondernemerschap, management

Eerste druk, november 2013
Tweede druk, juni 2014

Dit is een uitgave van Pearson Benelux
Postbus 75598, 1070 AN Amsterdam
Website: www.pearson.nl
E-mail: amsterdam@pearson.com

Oorspronkelijke titel: *The Lean Startup. How Today's Entrepreneurs Use Continuous Innovation to Create Radically Successful Businesses*
(© Copyright 2011 Eric Ries)
Opmaak: Sander Pinkse Boekproductie
Omslag: Studio Pearson Benelux (naar origineel van Marcus Gosling)
Vertaling: Tosca Weijers, Hipproductions

Dit boek is gedrukt op een papiersoort die niet met chloorhoudende chemicaliën is gebleekt. Hierdoor is de productie van dit boek minder belastend voor het milieu.

De Lean Startup

Onderbreek me als je dit verhaal al eens eerder hebt gehoord. Een stel briljante studenten zit in hun studentenhuis de toekomst uit te vinden. Niet beperkt door welke hindernis dan ook en in de ban van een nieuwe technologie en bezeten door een jeugdig enthousiasme, bouwen zij van de grond af aan een nieuw bedrijf op. Hun aanvankelijke successen stellen hen in staat om geld bij elkaar te krijgen en een verbazingwekkend nieuw product te introduceren. Zij huren hun vrienden in, stellen een fantastisch team samen en niemand in de wereld zal hen tegenhouden.

Tien jaar en aantal bedrijven geleden ging dat verhaal over mij toen ik mijn eerste bedrijf opzette. Ik kan mij nog heel goed een bepaald moment uit die tijd herinneren: het moment dat ik mij realiseerde dat het slecht zou aflopen met mijn bedrijf. Mijn medeoprichter en ik waren ten einde raad. De internetzeepbel was net gebarsten en we hadden al ons geld uitgegeven. Wanhopig probeerden we meer geld bij elkaar te krijgen, maar dat lukte ons niet. Het leek wel een scène uit een Hollywoodfilm waarin een relatie wordt verbroken: het regende en we stonden op straat ruzie te maken. We waren het er niet eens over eens welke kant we op gingen lopen en dus gingen we boos uit elkaar, elk een andere kant op. Als metafoor voor ons mislukte bedrijf is dit beeld van ons twee, verloren in de regen en uit elkaar gedreven, perfect.

Het blijft een pijnlijke herinnering, het bedrijf spartelde nog enige maanden door, maar onze situatie was niet meer te redden. Toentertijd leek het alsof we alles juist deden: we hadden een fantastisch product, een briljant team, verbazingwekkende technologie en het juiste idee op het juiste moment. En het leek ons echt te gaan lukken. We waren bezig om een manier voor studenten te ontwikkelen om profielen op internet te maken die zij konden delen... met werkgevers. Oeps. Maar hoewel dit een veelbelovend idee was, stond onze ondergang vanaf de eerste dag al vast, omdat we geen kennis hadden van de processen die nodig waren om onze visie over ons product om te zetten in een goedlopend bedrijf.

Als je nog nooit een dergelijke mislukking hebt meegemaakt, is het heel moeilijk om het gevoel daarover te beschrijven. Het is alsof de grond onder je voeten vandaan wordt geslagen, je realiseert je dat je bent beetgenomen. De verhalen in al die tijdschriften zijn leugens: hard werken en doorzettingsvermogen resulteerden helemaal niet in succes. Erger nog, de vele, vele, vele beloftes die je hebt gedaan aan werknemers, vrienden en familie zijn niet bewaarheid. En iedereen die vond dat het stom van je was om het avontuur helemaal alleen aan te gaan zal gelijk krijgen.

Het was helemaal niet de bedoeling dat het zo zou aflopen. In tijdschriften en kranten, in succesvolle films en talloze blogs horen we de mantra van de succesvolle ondernemer: met vastberadenheid, intellect, goede timing en bovenal een fantastisch product, kan ook jij roem en rijkdom vergaren.

Er bestaat een hele industrie rondom deze mythevorming om dit verhaal aan ons te verkopen, maar ik ben tot de slotsom gekomen dat dit verhaal een fabeltje is, het resultaat van bepaalde vooroordelen en achteraf redeneren. Ik heb tijdens mijn werk met honderden ondernemers vaak genoeg met eigen ogen gezien hoe een veelbelovende startup een mislukking kan worden. De harde werkelijkheid is dat de meeste startups helemaal geen succes worden. De meeste nieuwe producten zijn niet succesvol, de meeste nieuwe ondernemingen maken het niet waar.

Maar toch blijft het verhaal over doorzettingsvermogen, creatieve geesten en hard werken bestaan. Waarom is dit verhaal zo populair? Ik denk dat er iets heel aantrekkelijks schuilt in dit moderne verhaal van armoede naar rijkdom. Het lijkt alsof succes vanzelf zal komen als je maar de juiste ingrediënten hebt. Het betekent ook dat de alledaagse details, de saaie dingen, de kleine persoonlijke keuzes niet ter zake doen. Als we gaan bouwen, komen deze vanzelf. En wanneer we niet succesvol zijn, zoals velen van ons, dan hebben we ons excuus al klaar: we beschikten niet over de juiste ingrediënten. We hadden niet genoeg visie of bevonden ons niet op de juiste plek op het juiste moment.

Na meer dan tien jaar actief te zijn geweest als ondernemer ben ik deze manier van denken gaan afwijzen. Ik heb geleerd van zowel mijn eigen successen en mislukkingen als die van vele anderen dat juist de saaie dingen het belangrijkst zijn. Het succes van mijn startup is niet het resultaat van goede genen of op het juiste moment op de juiste plek zijn. Of een startup succesvol zal zijn is afhankelijk van het toepassen van de juiste processen, wat betekent dat dit kan worden aangeleerd, wat weer betekent dat het ook aan anderen kon worden geleerd.

Ondernemerschap is een vorm van management. Nee, dat heb je niet verkeerd gelezen. En we hebben allemaal heel verschillende gedachten bij deze twee woorden, *ondernemerschap* en *management*. De laatste tijd lijkt het alsof het ene inventief en spannend is, terwijl het andere juist saai, serieus en totaal niet spannend is. Het is tijd dat we eens verder kijken dan deze vooroordelen.

Ik zal je nog een verhaal vertellen over een startup. In 2004 had een groep mensen net een nieuw bedrijf opgericht. Hun vorige bedrijf was onder grote belangstelling ten onder gegaan. Hun geloofwaardigheid bevindt zich op een historisch dieptepunt. Maar zij hebben een grote visie, namelijk de manier waarop mensen communiceren veranderen met de hulp van een nieuwe technologie die zij *avatars* hebben genoemd (let wel, dit was voor James Camerons hitfilm). Zij volgen de visie van ene Will Harvey, die een fascinerend beeld schetst: mensen die in contact staan met hun vrienden, op internet actief zijn en gebruikmaken van avatars om nauwere contacten aan te knopen, maar toch een zekere anonimiteit behouden. Sterker nog, in plaats van dat zij alle kleding, meubels en accessoires zelf moeten gaan bouwen om deze avatars in hun digitale leven een beetje aan te kleden, kunnen klanten deze dingen zelf bouwen en aan elkaar verkopen.

De technologische uitdaging waarvoor zij zich gesteld zien is enorm: het creëren van virtuele werelden, content die door gebruikers wordt gegenereerd, een online voorziening om te kunnen kopen en verkopen, betalingsmogelijkheden en niet in de laatste plaats, de driedimensionale avatartechnologie die op elke pc kan worden gebruikt.

Ook ik maak deel uit van dit tweede verhaal. Ik ben medeoprichter en hoofd technologie bij dit bedrijf met de naam IMVU. Op dit punt in onze loopbanen zullen mijn medeoprichters en ik vast en zeker nieuwe fouten begaan. We doen dan ook alles verkeerd: in plaats van dat wij enige jaren besteden aan het perfectioneren van onze technologie, bouwen wij een product dat eigenlijk niet levensvatbaar is, een te vroeg gelanceerd product dat niet goed werkt, vol met bugs zit en geheid computers laat vastlopen en voor stabiliteitsproblemen zal zorgen. En vervolgens leveren wij het aan klanten lang voordat het daarvoor geschikt is. En we vragen er ook nog geld voor. Nadat wij onze eerste klanten hadden binnengehaald, veranderen wij continu het product, veel te snel volgens de traditionele normen, en leverden wij elke dag meerdere nieuwe versies van ons product.

In die begindagen hadden we ook echte klanten – de ware *early adopters* met een visie – en we hadden ook veelvuldig contact met hen en vroegen hen om feedback, maar we deden nadrukkelijk niet wat zij vroegen. Wij zagen hun input als slechts een bron van informatie over ons product en onze overkoepelende visie. Eigenlijk experimenteerden wij met onze klanten in plaats van dat wij naar hun klachten luisterden.

Volgens het traditionele denken werkt deze benadering in het geheel niet, maar dat is niet waar, ook al hoef je dat niet direct van mij aan te nemen. In de loop van dit boek zul je ontdekken dat de benadering die wij als pioniers toepasten bij IMVU de basis is geworden voor een nieuwe lichting ondernemers over de hele wereld. Het borduurt voort op vele oudere ideeën over management en productontwikkeling, inclusief produceren volgens de Lean-productiemethode, klantontwikkeling en *agile development*. Het vertegenwoordigt een nieuwe benadering van het zorgen voor continue innovatie. Het heet *Lean Startup*.

Ondanks de vele boeken die zijn geschreven over managementstrategieën, de belangrijkste eigenschappen van managementleiders en manieren om te herkennen wat een hit gaat worden, moeten innovators nog steeds moeite doen hun ideeën ten uitvoer te kunnen brengen. Deze frustratie was ook de reden dat we een geheel nieuwe benadering bij IMVU wilden proberen, een benadering die gekenmerkt werd door een zeer snelle doorlooptijd, grote aandacht voor wat klanten wensen (zonder hen daarnaar te vragen) en een wetenschappelijke benadering van het nemen van beslissingen.

Oorsprong van Lean Startup

Ik ben een van die mensen die is opgegroeid met het programmeren van computers en daarom was mijn reis naar het ondernemerschap en management vol omzwervingen. Ik ben altijd bezig geweest met productontwikkeling binnen mijn bedrijfstak; mijn zakenpartners of bazen waren managers of marketeers, en mijn collega's werkten allemaal in de techniek of de uitvoering. Tijdens mijn gehele loopbaan heb ik altijd de ervaring gehad dat ik zeer hard hebt moeten werken aan producten die uiteindelijk geen succes bleken in de markt.

Aanvankelijk keek ik hier, voornamelijk vanwege mijn achtergrond, naar als technische problemen die ook technische oplossingen verlangden: een betere architectuur, een beter constructieproces, meer discipline, gerichtere aandacht of een betere productvisie. Deze veronderstelde oplossingen leidden echter alleen maar tot meer mislukkingen. Dus begon ik alles wat ik maar in handen kon krijgen te lezen en was ik gezegend met een aantal zeer slimme koppen om mij heen in Silicon Valley die mijn mentor wilden zijn. Tegen de tijd dat ik medeoprichter werd van IMVU, was ik zeer nieuwsgierig naar nieuwe ideeën over hoe een bedrijf kon worden opgebouwd.

Ik had het geluk dat mijn medeoprichters bereid waren om te experimenteren met nieuwe benaderingen. Zij hadden net als ik genoeg van de mislukkingen die het traditionele denken met zich meebracht. Ook hadden wij zeer veel geluk dat Steve Blank onze geldschieter en adviseur was. In 2004 was Steve begonnen met het verkondigen van een nieuw idee: de management- en marketingfuncties binnen een startup zouden moeten worden gezien als net zo belangrijk als de techniek en productontwikkeling en moesten dan ook volgens een net zo sterke methodiek worden geleid. Hij noemde deze methodiek *customer development* (klantontwikkeling), en het bood mij inzichten en richtlijnen voor mijn werk als ondernemer.

In de tussentijd was ik het productontwikkelteam van IMVU aan het opbouwen, waarbij ik gebruikmaakte van een aantal van de onorthodoxe methoden die ik hier heb genoemd. Afgemeten aan de traditionele theorie van productontwikkeling die ik tijdens mijn loopbaan had geleerd, sloegen deze methoden eigenlijk helemaal nergens op, maar toch zag ik met eigen ogen dat zij werkten. Ik had moeite om deze nieuwe manier van werken uit te leggen aan nieuwe werknemers, investeerders en de oprichters van andere bedrijven. Er was nog geen algemene taal om deze manier van werken te beschrijven en ook waren er nog geen concrete principes om ze te kunnen begrijpen.

Ik begon buiten mijn ondernemerschap op zoek te gaan naar ideeën die mij konden helpen om mijn ervaring te duiden. Ik begon te kijken naar andere bedrijfstakken, met name die van de fabricage, waarin de modernste managementtheorieën hun oorsprong vinden. Ik begon mij te verdiepen in *Lean manufacturing*, een proces dat zijn oorsprong heeft in het productiesysteem van Toyota in Japan. Dit was een geheel nieuwe manier van denken over het produceren van fysieke goederen. Ik ontdekte dat ik door sommige ideeën uit deze Lean-methode toe te passen binnen mijn eigen ondernemerschap – met een aantal aanpassingen en wijzigingen – het eerste raamwerk had ontwikkeld om mijn ervaringen in kaart te brengen.

Deze manier van denken ontwikkelde zich verder tot de *Lean Startup-methode*: het toepassen van het Lean-denken op het proces van innovatie.

IMVU werd een enorm succes. De klanten van IMVU hebben meer dan 60 miljoen avatars gemaakt. Het is een winstgevend bedrijf met een jaaropbrengst van meer dan 50 miljoen euro in 2011, met meer dan 100 werknemers op ons kantoor in Mountain View, Californië. De IMVU-catalogus van virtuele producten – die jaren geleden zo risicovol leken – omvat nu meer dan zes miljoen items. En elke dag komen er 7000 bij, bijna allemaal gemaakt door klanten.

Door het succes van IMVU begon men mij te vragen advies te geven aan andere startups en durfkapitalisten. Als ik dan mijn ervaringen bij IMVU beschreef, keek men mij vaak glazig aan en toonde men grote scepsis. De gebruikelijke respons was "dat kan nooit werken!" Mijn ervaringen waren zo tegengesteld aan het conventionele denken dat de meeste mensen, zelfs in het zeer innovatieve Silicon Valley, er met hun verstand niet bij konden.

Toen begon ik met schrijven, allereerst op mijn blog getiteld *Startup Lessons Learned*, en ging ik lezingen geven – op congressen en bij bedrijven, startups en voor durfkapitalisten – voor iedereen die maar wilde luisteren. Tijdens dit proces waarin ik gevraagd werd mijn inzichten te verdedigen en te verklaren, en met de hulp van andere schrijvers, denkers en ondernemers, kreeg ik de kans om de theorie van de Lean Startup te verfijnen en de basisprincipes verder te ontwikkelen. Al die tijd hoopte ik een manier te vinden om de enorme verspilling die ik overal om mij heen zag te elimineren: startups die producten ontwikkelden die niemand wilde hebben, nieuwe producten die van de schappen werden gehaald en de ontelbare dromen die niet uitkwamen.

Uiteindelijk groeide het idee van de Lean Startup uit tot een wereldwijde beweging. Ondernemers vormden lokale groepen om deze ideeën van de Lean Startup-theorie te bespreken en toe te passen. Nu zijn er inmiddels goed georganiseerde community's die de methode in praktijk brengen in meer dan honderd steden over de hele wereld.[1] Door mijn reizen heb ik diverse landen en continenten gezien. En overal heb ik de tekenen van een renaissance in het ondernemerschap waargenomen. De beweging van de Lean Startup maakt ondernemerschap toegankelijk voor een geheel nieuwe generatie van grondleggers die behoefte hebben aan nieuwe ideeën over hoe zij op een succesvolle manier een bedrijf kunnen opbouwen.

Hoewel mijn achtergrond in het ondernemerschap op het gebied van hightechsoftware ligt, is de beweging veel breder geworden dan deze basis. Duizenden ondernemers brengen de principes van de Lean Startup-methode in praktijk in vrijwel elke denkbare bedrijfstak. Ik heb de kans gehad om met ondernemers samen te werken in bedrijven van vrijwel elke omvang, in diverse bedrijfstakken en zelfs bij de overheid. Deze reis heeft mij op plekken gebracht waarvan ik nooit dacht dat ik ze ooit zou zien, ik ben bij 's werelds toonaangevende durfkapitalisten geweest, in de bestuurskamers van bedrijven die genoteerd staan in de Fortune 500, maar ook in het Pentagon. Ik ben nog nooit zo nerveus geweest tijdens een bespreking als toen ik aan de *chief information officer* van het Amerikaanse leger de principes van Lean Startup probeerde uit te leggen. Hij is een driesterrengeneraal en bleek zeer ontvankelijk voor nieuwe ideeën, zelfs van een burger als ik.

Al gauw realiseerde ik mij dat het tijd was om mij volledig te richten op de Lean Startup-beweging. Mijn missie: het wereldwijd verbeteren van het slagingspercentage van nieuwe innovatieve producten. Het resultaat daarvan is het boek dat nu voor je ligt.

De Lean Startup-methode

Dit is een boek voor ondernemers en de mensen die hen ter verantwoording roepen. De vijf principes van de Lean Startup-methode, die beschreven worden in de drie delen van dit boek, zijn de volgende:

1. **Ondernemers zijn overal.** Je hoeft niet in een garage te werken om onderdeel te zijn van een beginnend bedrijf. Het concept van ondernemerschap omvat iedereen die werkt binnen mijn definitie van een startup: een instelling van mensen die is ontworpen om nieuwe producten en diensten te ontwikkelen onder omstandigheden die gekenmerkt worden door grote onzekerheden. Dat betekent dat ondernemers overal zijn te vinden en dat de Lean Startup-benadering effectief kan zijn voor bedrijven van elke grootte, zelfs een grootschalige onderneming, in elke sector of bedrijfstak.

2. **Ondernemerschap is management.** Een startup is een instelling en niet alleen maar een product. En daarom verlangt het een nieuwe manier van managen die specifiek gericht is op de context van grote onzekerheid. En eigenlijk geloof ik, zoals ik later nog zal toelichten, dat 'ondernemer' eigenlijk in elk modern bedrijf dat afhankelijk is van innovatie voor toekomstige groei zou moeten worden beschouwd als een functieomschrijving.

3. **Gevalideerde leerprocessen.** Startups bestaan niet alleen om dingen te maken, winst te genereren of klanten van dienst te zijn. Zij bestaan om te leren hoe een duurzaam bedrijf kan worden opgebouwd. Deze leerprocessen kunnen wetenschappelijk worden gevalideerd door met enige regelmaat experimenten te doen waarmee ondernemers elk element van hun visie kunnen toetsen.

4. **Bouwen-meten-leren.** De essentiële activiteiten van een startup zijn ideeën omvormen tot producten, meten hoe klanten daarop reageren en vervolgens daaruit leren of moet worden bijgesteld of geconsolideerd. Alle succesvolle processen binnen een startup zouden moeten worden aangewend om deze feedbackcyclus te versnellen.

5. **Innovatie administreren en meten.** Om bewijs te leveren voor ondernemersresultaten en een innovator ter verantwoording te kunnen roepen, moeten wij onze aandacht richten op de saaie dingen: hoe we voortgang meten, hoe we mijlpalen definiëren en hoe we ons werk prioriteren. Dit verlangt een nieuwe manier van administreren en meten die is toegespitst op startups – en de mensen die hen ter verantwoording roepen.

Waarom startups mislukken

Waarom lopen zoveel startups om ons heen uit op een mislukking?

Het eerste probleem is de uitstraling die een goed plan, een gedegen strategie en een grondig marktonderzoek heeft. In vroeger tijden waren deze zaken indicatoren van mogelijk succes. En er bestaat een enorme verleiding om deze ook op startups van toepassing te laten zijn, maar zo werkt het niet omdat startups te maken krijgen met te veel onzekerheden. Startups weten nog niet wie hun klanten zijn of wat hun product zou moeten zijn. Naarmate de wereld steeds onzekerder wordt, wordt het ook steeds lastiger om de toekomst te voorspellen. De oude managementmethoden zijn niet tegen deze taak opgewassen. Het plannen en voorspellen kan alleen accuraat worden gedaan wanneer ze gebaseerd zijn op een lange en stabiele operationele geschiedenis en een relatief statische omgeving. Startups hebben geen van beide.

Het tweede probleem is dat nadat men heeft gezien dat de traditionele managementmethoden dit probleem niet kunnen oplossen, sommige ondernemers en investeerders een en ander in de lucht hebben gegooid en zijn gaan werken volgens de 'gewoon doen'-methode. Maar de aanhangers van deze methode geloven dat als het management het probleem is, chaos wel het antwoord moet zijn. Helaas kan ik uit eigen ervaring bevestigen dat ook dit niet werkt.

Het lijkt tegen de intuïtie in te druisen om te denken dat zoiets ontwrichtends, innovatiefs en chaotisch als een startup kan worden gemanaged of beter nog, *moet* worden gemanaged. De meeste mensen vinden processen en management saai en vervelend, terwijl startups juist dynamisch en spannend zijn. Maar wat daadwerkelijk spannend is, is om te zien dat startups slagen en de wereld veranderen. De passie, energie en visie die mensen inbrengen in deze nieuwe ondernemingen zijn bronnen die te waardevol zijn om verloren te laten gaan. We kunnen – en moeten – het beter doen. In dit boek vertel ik je hoe.

De opzet van dit boek

Dit boek is onderverdeeld in drie delen: 'Visie', 'Sturen' en 'Versnellen'.

In 'Visie' maak ik mij sterk voor een nieuwe discipline van ondernemersmanagement. Ik stel vast wie een ondernemer is, definieer het begrip startup en zet een nieuwe manier voor startups uiteen om vast te stellen of zij vooruitgang maken, onder de noemer gevalideerd leren. Om dat leren te bewerkstelligen, zullen we zien dat startups – in een garage of binnen een onderneming – gebruik kunnen maken van wetenschappelijke experimenten om te ontdekken hoe zij een duurzaam bedrijf kunnen opbouwen.

In 'Sturen' ga ik dieper in op de Lean Startup-methode en laat ik zien hoe je kunt komen tot de kern van de feedbackcyclus van bouwen-meten-leren. Je zult leren hoe je een minimaal levensvatbaar product (*minimum viable product*) kunt ontwikkelen om deze veronderstelling op de proef te stellen, een nieuw systeem kunt opzetten voor het evalueren van de voortgang, alsmede de methode om te beslissen om bij te stellen (van koers veranderen maar met nog steeds een voet aan de grond) of te consolideren.

In het deel 'Versnellen' zullen we de technieken uitwerken die lean startups in staat stellen om zo snel mogelijk de feedbackcyclus van bouwen-meten-leren te doorlopen. We kijken naar Lean-productieconcepten die kunnen worden toegepast bij startups, zoals de kracht van kleinschaligheid. Ook besteden we aandacht aan organisatieontwerp, hoe producten groeien en hoe de principes van de Lean Startup-methode ook kunnen worden toegepast buiten de spreekwoordelijke garage, zelfs binnen de grootste bedrijven ter wereld.

De tweede eeuw van management

Als samenleving hebben wij een aantal bewezen technieken voor het managen van grote bedrijven en weten wij wat de *best practices* zijn voor het ontwikkelen van fysieke producten. Maar als het gaat om startups en innovatie tasten we nog steeds in het duister. We vertrouwen op visie en jagen de grote mannen na die wonderen kunnen verrichten of proberen onze nieuwe producten helemaal stuk te analyseren. Dit zijn nieuwe problemen, die voortkomen uit het succes van management in de 20e eeuw.

In dit boek proberen wij jouw ondernemerschap en innovatie een stevigere basis te geven. We staan aan het begin van de tweede eeuw van management. Wij worden uitgedaagd om iets groots te doen met de kansen die ons zijn gegeven. De Lean Startup-beweging streeft ernaar dat degenen die ernaar uitzien om iets groots te doen ook beschikken over de juiste middelen om de wereld te veranderen.

DEEL 1

VISIE

HOOFDSTUK 1

Starten

Ondernemersmanagement

Het opbouwen van een startup is een oefening in het opbouwen van een instelling. En dus komt er ook noodzakelijkerwijs management bij kijken. Dit komt voor aankomende ondernemers vaak als een verrassing, omdat hun ideeën bij deze twee woorden zo lijnrecht tegenover elkaar staan. Ondernemers zijn terecht afkerig van het doorvoeren van traditionele managementpraktijken als zij net een nieuw bedrijf zijn begonnen. Over het algemeen zijn zij dan ook bang dat dat bureaucratie met zich mee zal brengen of hun creativiteit zal verstikken.

Ondernemers hebben decennialang geprobeerd hun unieke problemen op te lossen met de daarvoor niet toereikende algemene managementmethode. Het gevolg is dat veel ondernemers nu een houding van 'gewoon doen' aannemen, waarbij zij alle soorten van managementprocessen en discipline vermijden. Helaas leidt deze benadering veel vaker tot chaos dan tot succes. En ik kan het weten: mijn eerste mislukkingen met startups vielen allemaal in deze categorie.

Het enorme succes van algemeen management in de vorige eeuw heeft ons voorzien van een ongekende overvloed aan materiaal, maar dergelijke managementprincipes zijn niet geschikt om de chaos en onzekerheden waarmee startups geconfronteerd worden aan te pakken.

Ik geloof dat ondernemerschap een bepaalde managementdiscipline vereist om de mogelijkheden die wij als ondernemers hebben gekregen in goede banen te leiden.

Er zijn nu meer ondernemers actief dan ooit eerder in de geschiedenis. Dit is mogelijk geworden door grote veranderingen in de wereldeconomie. Om slechts een voorbeeld aan te halen, commentatoren klagen vaak over het verlies van banen in de productiesector in de Verenigde Staten gedurende de afgelopen twintig jaar, maar men heeft het zelden over het overeenkomstige verlies aan capaciteit om te produceren. Dat komt doordat de totale productieoutput in de Verenigde Staten juist toeneemt (met 15 procent in de afgelopen tien jaar) en dat er tegelijkertijd banen verloren blijven gaan (zie de grafiek hierna). Sterker nog, de enorme toename in productiviteit die mogelijk is gemaakt door modern management en technologieën heeft geleid tot een veel grotere productiecapaciteit dan bedrijven nodig hebben.[1]

Wij maken op dit moment een ongekende wereldwijde renaissance van ondernemerschap door, maar de kansen die dit biedt brengen ook gevaren met zich mee.

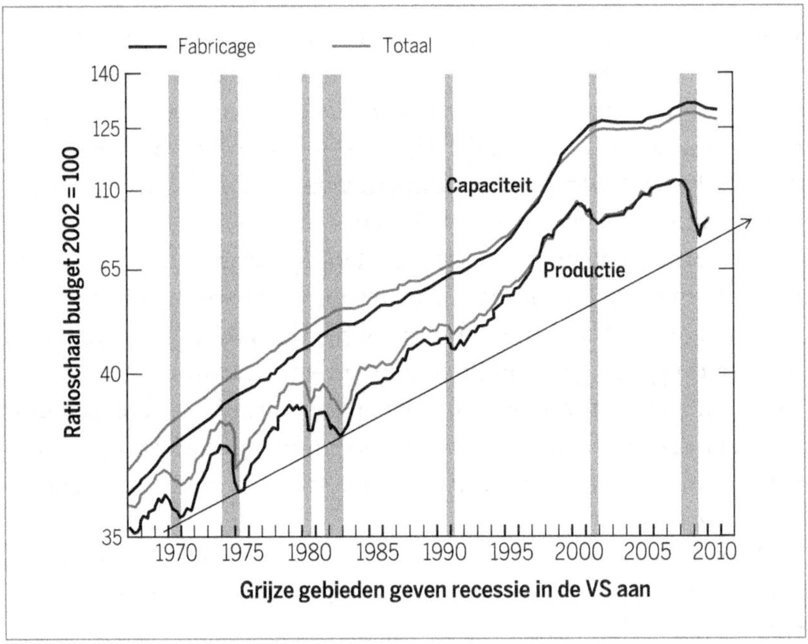

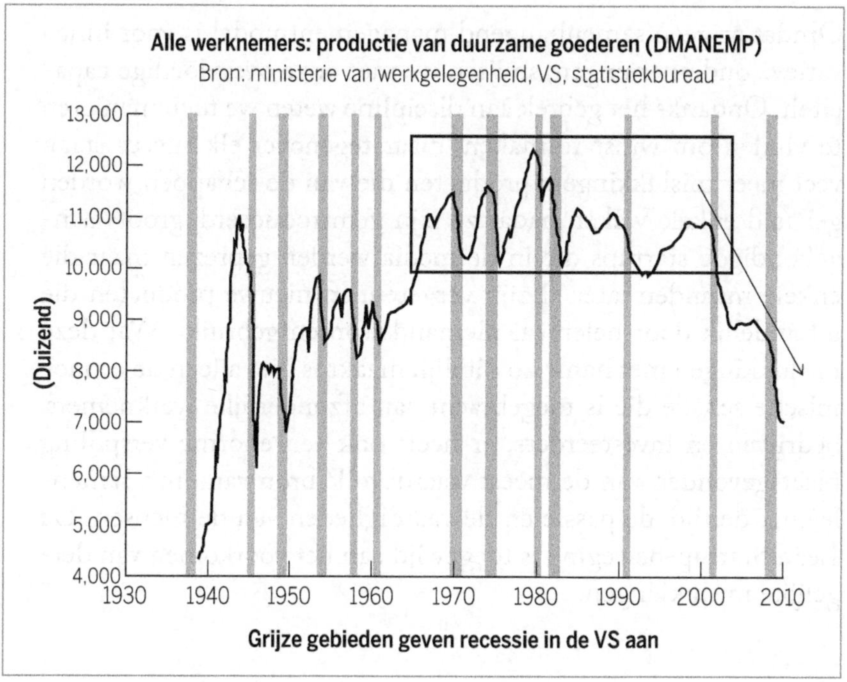
Alle werknemers: productie van duurzame goederen (DMANEMP)
Bron: ministerie van werkgelegenheid, VS, statistiekbureau
13,000
12,000
11,000
10,000
9,000
8,000
7,000
6,000
5,000
4,000
(Duizend)
1930
1940
1950
1960
1970
1980
1990
2000
2010
Grijze gebieden geven recessie in de VS aan

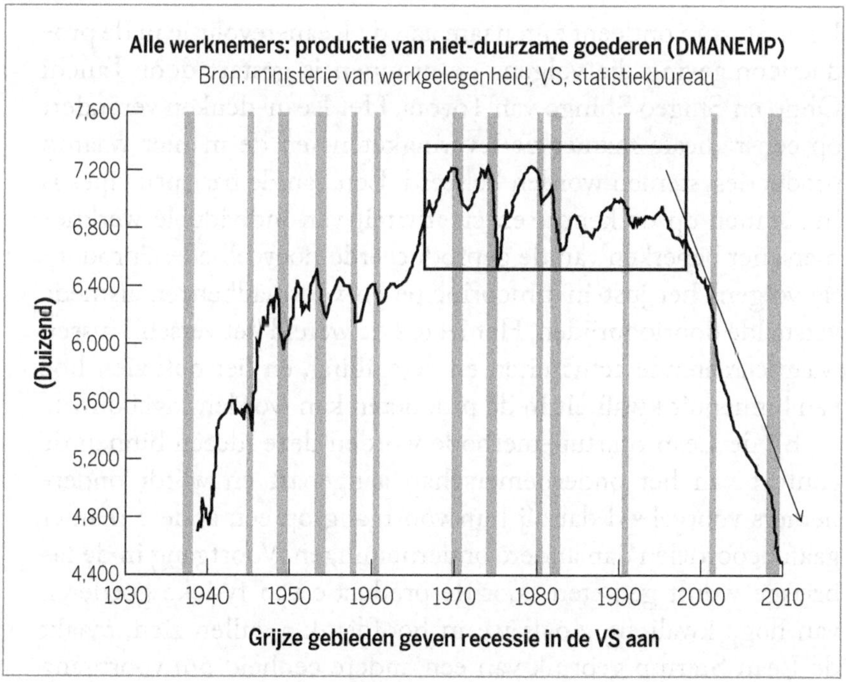
Alle werknemers: productie van niet-duurzame goederen (DMANEMP)
Bron: ministerie van werkgelegenheid, VS, statistiekbureau
7,600
7,200
6,800
6,400
6,000
5,600
5,200
4,800
4,400
(Duizend)
1930
1940
1950
1960
1970
1980
1990
2000
2010
Grijze gebieden geven recessie in de VS aan

Omdat er geen samenhangend managementmodel is voor innovatieve ondernemingen, smijten we met onze overvloedige capaciteit. Ondanks het gebrek aan discipline weten we toch manieren te vinden om winst te maken, maar tegenover elk succes staan veel meer mislukkingen: producten die van de schappen worden gehaald enkele weken nadat ze zijn geïntroduceerd, groots aangekondigde startups die in de media werden geprezen maar die enkele maanden later al zijn vergeten, en nieuwe producten die uiteindelijk door helemaal niemand worden gebruikt. Wat deze mislukkingen met name zo pijnlijk maakt is niet alleen de economische schade die is toegebracht aan afzonderlijke werknemers, bedrijven en investeerders; er heeft ook een enorme verspilling plaatsgevonden van de meest waardevolle bron van onze samenleving: de tijd, de passie en de vaardigheden van de mensen. De Lean Startup-beweging is toegewijd aan het voorkomen van dergelijke mislukkingen.

De basis van de Lean Startup-methode

Lean Startup ontleent zijn naam aan de Lean-revolutie in de productieomgeving die volgens de bronnen is gestart door Taiichi Ohno en Shigeo Shingo van Toyota. Het Lean-denken verandert op een radicale manier de leveringketens en de manier waarop productiesystemen worden beheerd. Een van de basisprincipes is het leunen op de kennis en creativiteit van individuele werknemers, het beperken van de geproduceerde hoeveelheden, productie volgens het just-in-timeprincipe en voorraadbeheer, alsmede versnelde doorlooptijden. Het leerde de wereld het verschil tussen waardecreërende activiteiten en verspilling, en liet ook zien hoe van binnenuit kwaliteit in de producten kan worden ingebouwd.

Bij de Lean Startup-methode worden deze ideeën binnen de context van het ondernemerschap aangepast en wordt ondernemers voorgelegd dat zij hun voortgang op een andere manier gaan beoordelen dan andere ondernemingen. Voortgang in de fabricage wordt gemeten door de productie van fysieke goederen van hoge kwaliteit. Zoals we in hoofdstuk 3 zullen zien, maakt de Lean Startup gebruik van een andere eenheid om voortgang te meten, deze eenheid noemen wij gevalideerd leren (*validated learning*). Met leren op een wetenschappelijke manier als meetlat kunnen wij de bronnen van verspilling die een plaag zijn voor ons ondernemerschap ontdekken en elimineren.

Een veelomvattende theorie over ondernemerschap moet alle functies van een onderneming in haar beginfase aan de orde stellen: visie en concept, productontwikkeling, marketing en verkoop, opschalen, partnerschappen en distributie, en structuur en organisatieontwerp. Het moet een methode bieden voor het meten van de voortgang binnen de context van extreme onzekerheden. Het kan ondernemers duidelijke richtlijnen bieden hoe zij de vele afwegingen moeten maken waarmee zij geconfronteerd worden: of en wanneer zij moeten investeren in processen, het definiëren, plannen en realiseren van infrastructuur, wanneer zij beter alleen kunnen werken of een partner kunnen zoeken, wanneer zij moeten handelen op basis van feedback en wanneer zij vast moeten houden aan hun eigen visie, en hoe en wanneer zij moeten investeren in het opschalen van hun activiteiten. Maar bovenal moet het ondernemers in staat stellen meetbare voorspellingen te doen.

Denk bijvoorbeeld eens aan de aanbeveling dat je teams moet samenstellen die bestaan uit leden met verschillende functies en dat zij verantwoordelijk moeten worden gehouden voor wat wij leermijlpalen (*learning milestones*) noemen, in plaats van dat je je bedrijf opzet volgens een strikte structuur van functionele afdelingen (marketing, verkoop, informatietechnologie, human resources, etc.) die anderen verantwoordelijk houden voor het goed presteren in hun specialistische gebieden (zie hoofdstuk 7). Wellicht ben jij het met deze aanbeveling eens, maar misschien ben je ook wel sceptisch. Hoe dan ook, als je besluit om dit door te voeren, voorspel ik dat je al heel snel feedback van je teamleden zult krijgen dat dit nieuwe proces een negatieve invloed op hun productiviteit heeft. Zij zullen je vragen weer terug te keren naar de oude manier van werken waarin zij de mogelijkheid hadden om efficiënt te blijven, door te werken op basis van grootschaligheid en het werk van de ene afdeling naar de andere door te schuiven.

Ik kan dit resultaat heel gemakkelijk voorspellen en niet alleen omdat ik het vele malen ben tegengekomen bij de bedrijven waarmee ik werk. Het is namelijk een logische voorspelling die voortvloeit uit de Lean Startup-theorie zelf. Wanneer mensen gewend zijn om op lokaal niveau hun productiviteit te evalueren, vinden zij dat het een goed moment is om dat te doen op een dag waarop zij hun werk de hele tijd goed hebben uitgevoerd.

Toen ik werkzaam was als programmeur betekende dat acht uur achter elkaar zonder onderbreking programmeren. Dat was voor mij een goede dag. Maar als ik bijvoorbeeld gestoord werd door vragen, processen of – god sta me bij – vergaderingen, dan had ik een slechte dag. Maar wat had ik op zo'n dag nou feitelijk bewerkstelligd? Code en productaspecten waren voor mij voelbaar, ik kon ze zien, begrijpen en ze met trots aan anderen laten zien. Leren daarentegen is op een zeer te frustrerende manier niet voelbaar.

Bij de Lean Startup wordt mensen gevraagd om hun productiviteit op een andere manier te meten. Omdat startups vaak per ongeluk iets ontwikkelen dat niemand wil hebben, maakt het ook niet zoveel uit of zij dat binnen een bepaalde tijd of budget doen. Het doel van een startup is uit te zoeken wat het juiste product is om te ontwikkelen – datgene wat klanten willen hebben en bereid zijn om voor te betalen – en wel zo snel mogelijk. Met andere woorden, de Lean Startup-methode is een nieuwe manier van kijken naar de ontwikkeling van innovatieve nieuwe producten, waarbij de nadruk wordt gelegd op snel bepaalde handelingen herhalen en klantinzicht, een brede visie en een grote ambitie, en dat allemaal tegelijkertijd.

Henry Ford is een van de succesvolste en meest gevierde ondernemers die ooit hebben geleefd. Omdat het concept management al van het begin af aan met de automobielindustrie werd geassocieerd, denk ik dat het toepasselijk is om de auto-industrie als metafoor voor een startup te gebruiken.

Een auto met interne verbranding wordt aangedreven door twee belangrijke en zeer verschillende feedbackcycli. De eerste feedbackcyclus bevindt zich diep in de motor. Voordat Henry Ford een bekende CEO werd, was hij een ingenieur. Hij bracht vele dagen en nachten door met knutselen in zijn garage om de juiste mechanieken te ontwikkelen om de cilinders van de motor te laten bewegen. Elke kleine explosie in de cilinder geeft de motor kracht om de wielen rond te laten draaien, maar zorgt er ook voor dat de ontsteking van de volgende explosie kan plaats vinden. Alleen als de timing van deze feedbackcyclus heel precies beheerd wordt, zal de motor niet gaan sputteren of ophouden te werken.

Startups hebben een soortgelijke motor die we de groeimotor (*engine of growth*) noemen. De markten en klanten voor startups zijn zeer verschillend: een speelgoedbedrijf, een adviesbureau en een fabriek lijken niet veel met elkaar gemeen te hebben, maar, zoals we later zullen zien, zij werken met dezelfde groeimotor.

Elke nieuwe versie van een product, elk nieuw kenmerk en elk nieuw marketingprogramma is een poging om deze groeimotor te stimuleren. Net zoals bij de in zijn garage knutselende Henry Ford zullen niet alle veranderingen ook verbeteringen blijken te zijn. De ontwikkeling van nieuwe producten gebeurt met horten en stoten. Vaak zal in het leven van een startup tijd worden besteed aan het opnieuw afstellen van de motor door verbeteringen aan te brengen in het product, de marketing of de besturing.

De tweede belangrijke feedbackcyclus in een auto is die tussen de bestuurder en het stuur. Deze feedback werkt zo direct en automatisch dat we er vaak niet bij nadenken, maar het is dit besturen waarin het rijden in een auto verschilt van de meeste andere vormen van transport. Als je elke dag op een neer naar je werk moet rijden, ken je de route waarschijnlijk zo goed dat het voelt alsof jouw handen je als vanzelf naar de plek van bestemming rijden. Je kunt de route bijna slapend afleggen. Maar als ik je zou vragen om je ogen te sluiten en precies op te schrijven hoe je naar je werk rijdt – niet de routeaanwijzingen maar elke handeling die je moet uitvoeren, elke handbeweging aan het stuur en elk beweging van de pedalen – dan zou je dat een onmogelijke opgave vinden. De choreografie van het rijden is enorm complex wanneer men daar goed over nadenkt.

In tegenstelling hiermee verlangt een ruimteraket juist wel deze afstemming vooraf. Een raket moet met de grootste precisie ten aanzien van de te volgen handelingen worden gelanceerd: elke voortstuwende beweging, elke keer dat er versneld moet worden en elke verandering van koers. De kleinste fout op het moment van lancering kan duizenden kilometers later catastrofale gevolgen hebben. Helaas lijkt men in de meeste bedrijfsplannen van startups te denken dat zij de financiering van een raket moeten plannen in plaats van het besturen van een auto. Zij beschrijven de stappen die zij moeten ondernemen en de resultaten die moeten worden behaald in extreem veel detail, en net als bij het voorbereiden van onze lancering van een raket zijn zij zo opgezet dat zelfs de kleinste foutjes in de aannames catastrofale gevolgen kunnen hebben.

Een bedrijf waarmee ik heb gewerkt had de pech dat het had

voorspeld dat een van zijn nieuwe producten door een groot publiek – miljoenen – zou worden omarmd. Na een spetterende lancering voerde het bedrijf met succes zijn plannen uit. Maar helaas kwamen de klanten niet in groten getale op het product af. Erger nog, het bedrijf had geïnvesteerd in infrastructuur, personeel en ondersteuning om de instroom van klanten die het had verwacht te kunnen opvangen. Toen de klanten niet kwamen opdagen, had het bedrijf al zoveel van zijn plannen doorgevoerd dat het niet op tijd aanpassingen kon doen. Wat zij hadden bereikt was mislukking – op een succesvolle, betrouwbare maar strikte manier uitvoeren van een plan waarvan later bleek dat het ernstige gebreken in zich had.

De Lean Startup-methode daarentegen is ontworpen om je te leren hoe je een startup opbouwt. In plaats van complexe plannen te maken die zijn gebaseerd op heel veel aannames, kun je namelijk continu aanpassingen doen met een besturingsmechanisme dat wij de feedbackcyclus van bouwen-meten-leren noemen. Met behulp van deze manier van besturen kunnen wij leren wanneer en of de tijd rijp is om een 'draai' te maken die wij bijstellen (*pivot*) noemen of wanneer wij moeten consolideren (*persevere*) en verder moeten gaan op de ingezette weg. Wanneer we een motor hebben die eenmaal goed draait, biedt de Lean Startup-methode ook manieren om het bedrijf met de grootst mogelijke snelheid op te schalen en te laten groeien.

Tijdens het hele proces van sturen heb je altijd een goed beeld van waar je naartoe gaat. Als jij naar je werk rijdt, dan laat je je daar niet van weerhouden omdat er een omleiding is of omdat je een verkeerde afslag hebt genomen. Je blijft al die tijd gericht op het bereiken van je bestemming.

Startups hebben ook het 'ware noorden', een bestemming, in gedachten: het opbouwen van een bloeiend en de wereldveranderend bedrijf. Dat noem ik de *visie* van een startup. Om die visie te bereiken moeten startups werken volgens een *strategie*, die een bedrijfsmodel, een routekaart voor het product, een standpunt ten aanzien van partners en de concurrentie, en ideeën over wie de klanten zijn, omvat. Het *product* is het eindresultaat van deze strategie (zie ook het diagram op pagina 23).

Producten veranderen continu omdat zij onderhevig zijn aan het proces van optimalisering, dat ik *het afstellen van de motor* noem. Veel minder vaak zal de strategie op een draaipunt moeten worden aangepast, bijgesteld. Maar de overkoepelende visie verandert echter zelden. Ondernemers zijn vastbesloten om hun startup te zien met die bestemming voor ogen. Elke tegenslag is een kans om meer te leren over hoe zij kunnen bereiken wat zij willen bereiken (zie het diagram hierna).

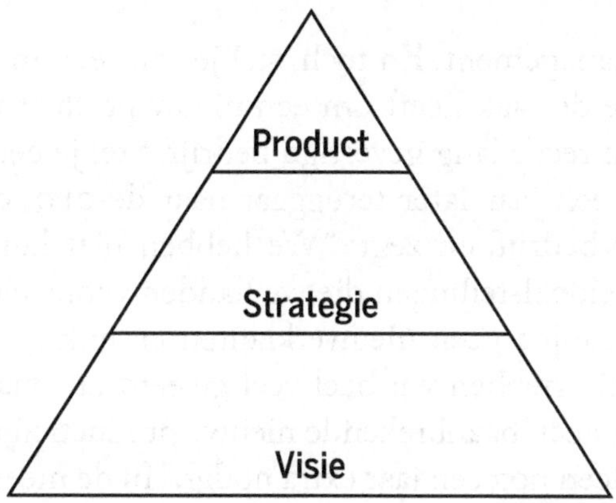

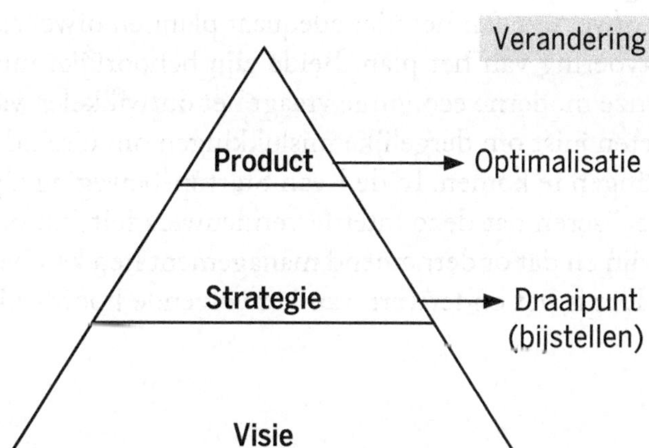

In het echte leven is een startup een portfolio van activiteiten. Er gebeuren heel veel dingen tegelijkertijd: de motor loopt, nieuwe klanten worden geworven en bestaande worden bediend, we stellen bij, probeer ons product te verbeteren, doen aan marketing en letten op de uitvoering, en we sturen, en beslissen of en wanneer we moeten bijstellen. De uitdaging van het ondernemerschap is om al deze activiteiten in evenwicht brengen. Zelfs de kleinste startup krijgt te maken met uitdagingen zoals het bedienen van bestaande klanten terwijl er ook moet worden geïnnoveerd. Zelfs de gevestigde bedrijven worden geconfronteerd met de noodzaak om te investeren in innovatie, omdat het anders uit de tijd raakt. Naarmate bedrijven groeien, zal de verhouding van deze activiteiten in het portfolio van het bedrijf veranderen.

Ondernemerschap is management. En toch, stel je eens een moderne manager voor die de taak heeft om een nieuw product te ontwikkelen binnen een reeds lang gevestigd bedrijf. Stel je eens voor dat deze persoon een jaar later teruggaat naar de CFO, de financiële man van het bedrijf, en zegt: "We hebben niet kunnen voldoen aan de groeidoelstellingen die we hadden voorspeld. Sterker nog, we hebben bijna geen nieuwe klanten en ook geen nieuwe omzet. Niettemin hebben wij heel veel geleerd en staan wij aan de vooravond van een baanbrekende nieuwe productielijn. We hebben daarvoor alleen nog een jaar extra nodig." In de meeste gevallen zal dit het laatste verslag zijn dat deze ondernemende werknemer aan zijn werkgever uitbrengt. De reden hiervoor is dat over het algemeen voor het management het niet laten zien van resultaten ofwel ligt aan het niet adequaat plannen ofwel aan een slechte uitvoering van het plan. Beide zijn behoorlijke missers, maar in onze moderne economie vraagt het ontwikkelen van nieuwe producten juist om dergelijke mislukkingen om uiteindelijk tot grote dingen te komen. In de Lean Startup-beweging zijn we ons gaan realiseren dat deze interne vernieuwers feitelijk ook ondernemers zijn en dat ondernemend management hen kan helpen te slagen. Dat is het onderwerp van het volgende hoofdstuk.

HOOFDSTUK 2

Definiëren

Wie is er nou eigenlijk een ondernemer?

Terwijl ik de wereld rondreis om te spreken over de Lean Startup, ben ik elke keer weer verrast dat ik mensen in het publiek tref die daar niet thuis lijken te horen. Naast de meer traditionele beginnende ondernemers die ik tegenkom, zijn dit vaak algemeen managers die werken bij zeer grote bedrijven die tot taak hebben om nieuwe activiteiten te ontplooien of nieuwe producten te ontwikkelen. Zij zijn zeer behendig in de politiek van het zakendoen: zij weten hoe ze autonome divisies met aparte winst- en verliesrekeningen moeten opzetten en kunnen controversiële teams beschermen tegen inmenging vanuit de top van het bedrijf. De grootste verrassing is echter dat zij visionairs zijn. Net zoals de oprichters van nieuwe bedrijven waarmee ik jarenlang heb gewerkt, kunnen zij de toekomst van hun bedrijfstak voor zich zien en zijn zij bereid om grote risico's te nemen om nieuwe en innovatieve oplossingen voor de problemen van hun bedrijven te zoeken.

Mark is bijvoorbeeld een manager van een zeer groot bedrijf en kwam naar een van mijn lezingen. Hij geeft leiding aan een divisie die onlangs de opdracht heeft gekregen om zijn bedrijf meer van deze tijd te maken door een nieuwe reeks producten te ontwikkelen die de voordelen van internet moeten benutten. Toen hij na afloop naar mij toe kwam voor een praatje, gaf ik hem aanvankelijk het standaardadvies over hoe je een innovatief team in een groot bedrijf samenstelt, maar hij onderbrak mij halverwege: "Ja, ik heb ook *The Innovator's Dilemma* gelezen[1], ik heb dat al allemaal gedaan." Hij werkte al heel lang bij het bedrijf en was bovendien een succesvol manager, dus het omgaan met de interne politiek was geen enkel probleem. Ik had het kunnen weten; zijn succes was het bewijs van zijn vermogen om te kunnen omgaan met de interne politiek binnen het bedrijf, het personeel en de processen om alles voor elkaar te krijgen.

Vervolgens probeerde ik hem te adviseren over de toekomst, over gave nieuwe productontwikkelingstechnologieën. En wederom onderbrak hij mij: "Juist. Ik weet alles over internet en ik heb ook een visie over hoe ons bedrijf daarmee om moet gaan of anders de strijd zal verliezen."

Mark heeft het als ondernemer allemaal goed voor elkaar – een goede teamstructuur, kundig personeel, een sterke visie voor de toekomst, en de wil om risico's te nemen. En daarom besloot ik tot slot aan hem te vragen waarom hij eigenlijk naar mij toe was gekomen voor advies. Hij antwoordde, "Het is alsof we beschikken over alle benodigde ruwe materialen: aanmaakhout, takken, papier, een vuursteentje en zelfs een paar vonken. Maar waar is nou toch het vuur?" De managementtheorieën die Mark had bestudeerd zien innovatie als een zwarte doos doordat zij zich richten op de structuren die bedrijven moeten opzetten om interne teams van beginners te vormen. Maar Mark had het gevoel dat hij zelf in deze zwarte doos werkte, en behoefte had aan raad.

Waar Mark naar zocht was een proces om de ruwe materialen van innovatie om te zetten in baanbrekende successen in de echte wereld. Als een team eenmaal is gevormd, wat moet het dan doen? Van welke processen moet het dan gebruikmaken? En hoe kan het verantwoordelijk worden gehouden voor het behalen van de prestatiemijlpalen? Dit zijn de vragen die de methodiek van Lean Startup wil beantwoorden.

En wat wil ik hiermee duidelijk maken? Mark is een ondernemer, net zoals een oprichter van een hightechbedrijf in Silicon Valley die begonnen is in een garage. Hij heeft de principes van de Lean Startup-methode net zo hard nodig als de mensen die wij altijd als de klassieke ondernemers hebben gezien.

Ondernemers die binnen een gevestigde organisatie werkzaam zijn, worden ook wel 'intrapreneurs' (in tegenstelling tot entrepreneurs) genoemd, naar de bijzondere omstandigheden die er zijn bij het opzetten van iets nieuws binnen een groter bedrijf. Naarmate ik de Lean Startup-filosofie in een steeds grotere diversiteit van bedrijven en bedrijfstakken ben gaan toepassen, ben ik tot de conclusie gekomen dat de intrapreneurs veel meer overeenkomsten hebben met de gemeenschap van entrepreneurs dan de meeste mensen denken. Dus wanneer ik gebruikmaak van de term entrepreneur, ofwel ondernemer, dan bedoel ik daarmee het gehele ecosysteem rondom startups, ongeacht de omvang van het bedrijf, de bedrijfstak of de fase van ontwikkeling.

Dit boek is voor elke denkbare ondernemer: van jonge visionairs met weinig steun maar fantastische ideeën tot doorgewinterde visionairs bij grote bedrijven, zoals Mark – en de mensen die hen ter verantwoording roepen.

Als ik een ondernemer ben, wat is dan een startup?

De Lean Startup is een reeks gewoonten en gebruiken die ondernemers helpen om hun kansen om van hun startup een succes te maken te vergroten. En voor de goede orde is het belangrijk om hier een definitie te geven van een startup:

Een startup is een instelling die erop gericht is een nieuw product of nieuwe dienst te ontwikkelen onder omstandigheden die gekenmerkt worden door grote onzekerheid.

Ik ben tot de conclusie gekomen dat het allerbelangrijkste aan deze definitie is wat hij niet omschrijft. Er wordt geen melding gemaakt van de omvang van het bedrijf, de bedrijfstak of de economische sector. Iedereen die een nieuwe product ontwikkelt of een nieuw bedrijf opzet onder zeer onzekere omstandigheden is een ondernemer, of deze persoon dat nou weet of niet, en het maakt ook niet uit of hij bij een overheidsinstelling werkt, een bedrijf dat gefinancierd wordt door durfkapitaal, een non-profitorganisatie of een bedrijf met een heel duidelijk winstoogmerk en financieel investeerders.

Laten we deze definitie eens nader bekijken. Het woord *instelling* heeft een bijklank van bureaucratie, processen en zelfs gelatenheid. Hoe kan dat nu onderdeel zijn van een startup? Maar toch hebben ook succesvolle startups te maken met veel activiteiten die kenmerkend zijn voor het opbouwen van een instelling: het aantrekken van creatieve werknemers, het coördineren van hun activiteiten en het ontwikkelen van een bedrijfscultuur waarmee resultaten behaald kunnen worden.

Wij verliezen vaak uit het oog dat het bij een startup niet alleen om een product, een technologische doorbraak of een briljant idee gaat. Een startup is veel groter dan de som der delen; het is een onderneming met veel belangrijke menselijke aspecten.

Het feit dat het product of de dienst van een startup een nieuwe innovatie betreft is ook een belangrijk onderdeel van de definitie en bovendien een heel lastig onderdeel. Ik geef er de voorkeur aan om de breedst mogelijke definitie van *product* te hanteren, één waarbij product elke bron van waarde voor de mensen die klant zijn behelst. Alles wat deze klanten ervaren naar aanleiding van hun interactie met een bedrijf zou als onderdeel van het product van dat bedrijf moeten worden beschouwd. Dit geldt voor een kruidenierswinkel, een website waar artikelen worden verkocht en een adviesbureau, maar ook voor sociale dienstverlening zonder winstoogmerk. In elk geval is de organisatie toegewijd aan het bieden van een nieuwe bron van waarde voor klanten en hecht het waarde aan de impact van het product op die klanten.

Het is ook belangrijk dat het woord innovatie in de breedst mogelijke zin wordt begrepen. Startups maken gebruik van vele soorten *innovatie*: nieuwe wetenschappelijke ontdekkingen, het opnieuw invulling geven aan een bestaande technologie, het ontwikkelen van een nieuw bedrijfsmodel waarmee onontdekte waarden wordt blootgelegd of het simpelweg overbrengen van een product of dienst naar een nieuwe locatie of op een eerder onderbediende groep klanten. In al deze gevallen vormt innovatie de kern van het succes van het bedrijf.

En er is nog een belangrijk onderdeel in deze definitie: de context waarbinnen de innovatie plaatsvindt. De meeste bedrijven, zowel grote als kleine, bevinden zich buiten deze context. Startups zijn er om situaties van grote onzekerheid het hoofd te bieden. Een nieuw bedrijf opzetten dat een exacte kopie is van een bestaand bedrijf, tot en met het bedrijfsmodel, de prijsstelling, de doelgroep en het product aan toe, is wellicht een aantrekkelijke economische investering, maar het betreft dan geen startup omdat een herhaald succes alleen te wijten is aan de uitvoering – zelfs zo sterk dat dit succes met grote nauwkeurigheid kan worden vormgegeven. (Dat is ook de reden waarom zo veel kleine bedrijven kunnen worden gefinancierd met eenvoudige bankleningen; het risiconiveau en de onzekerheid zijn nagenoeg bekend en de verstrekker van de lening kan dan ook de verwachtingen juist inschatten.)

De meeste hulpmiddelen waarover het algemeen management beschikt zijn echter niet ontworpen om te kunnen floreren onder de extreme onzekerheden waarin startups juist gedijen. De toekomst is onvoorspelbaar, klanten krijgen te maken met een groeiend aantal alternatieven en veranderingen volgen elkaar in steeds hoger tempo op. Toch worden de meeste startups – zowel in garages als binnen ondernemingen – gemanaged met behulp van de gebruikelijke voorspellingen, productmijlpalen en gedetailleerde ondernemingsplannen.

Het verhaal van SnapTax

In 2009 was er een startup die iets heel brutaals probeerde. Zij wilden het de belastingbetaler in de Verenigde Staten door het automatisch verzamelen van de informatie die nodig is voor de zogenaamde W2-belastingformulieren (het formulier dat de meeste werknemers aan het eind van het jaar van hun werkgever ontvangen en waarop hun belastbaar inkomen van het afgelopen jaar staat vermeld) gemakkelijker maken. Er zouden dan voor die dienst geen hoge prijzen meer aan belastingconsulenten hoeven worden betaald. Maar al gauw raakte deze startup in de problemen. Hoewel de meeste klanten wel de beschikking hadden over een printer/scanner, thuis of op kantoor, wisten slechts weinigen hoe ze deze apparaten moesten gebruiken. Na vele gesprekken met potentiële klanten kwam het team met het idee op de proppen dat klanten met hun mobiele telefoon foto's zouden kunnen nemen van de formulieren. Toen dit werd getest, vroegen de klanten iets waar ze niet op hadden gerekend: zou het ook mogelijk zijn om het gehele formulier via de telefoon gereed te maken voor verzending naar de belastingdienst?

Dat was geen gemakkelijke opgave. Normaal gesproken moeten klanten voor het invullen van de formulieren honderden vragen doorlopen, veel formulieren doorspitten en nog veel meer papierwerk afhandelen. Maar deze startup probeerde iets geheel nieuws en besloot een vroegere versie van zijn product op de markt te brengen dat veel minder kon dan een compleet belastingprogramma. De eerste versie werkte alleen voor klanten die een heel eenvoudig teruggaveformulier moesten invullen, en dan alleen nog in Californië.

In plaats van dat de klanten een heel ingewikkeld formulier moesten invullen, konden zij met de camera van hun mobiele telefoon een foto maken van hun W2-formulieren. Op basis van die ene foto ontwikkelde het bedrijf een technologie: het grootste deel van het uitgebreide teruggaveformulier invullen en indienen. Vergeleken met de oude manier van belastingformulieren invullen, die tamelijk geestdodend is, biedt dit nieuwe product, SnapTax genaamd, een magische ervaring. Vanaf het eerste bescheiden begin is dit uitgegroeid tot een opmerkelijk succesverhaal van een startup. De landelijke uitrol van het product in 2011 was het bewijs dat klanten het enorm waardeerden. In de eerste drie weken werd dit programma meer dan 350.000 maal gedownload.

Dit is het soort verbazingwekkende innovatie die je verwacht van een nieuwe startup.

De naam van het bedrijf is misschien een verrassing. SnapTax werd ontwikkeld door Intuit, de grootste fabrikant van hulpmiddelen voor financiën, belasting en boekhouding voor individuen en kleine bedrijven. Met meer dan 7700 werknemers en een jaarlijkse miljardenomzet, is Intuit nou niet echt een startup te noemen.[2]

Het team dat SnapTax heeft ontwikkeld ziet er ook niet uit als de gebruikelijke groep ondernemers. Ze werken niet vanuit een garage en eten ook niet elke dag Chinees. Hun bedrijf heeft de beschikking over veel hulpbronnen. Iedereen krijgt een goed salaris met leuke extra's en elke dag komen ze werken in een gewoon kantoor. En toch zijn het ondernemers.

Verhalen zoals deze zijn bij lange na niet zo gewoon bij grote bedrijven als zou moeten. En het is ook nog eens zo dat SnapTax concurreert met een van Intuits belangrijkste producten: het uitgebreide softwarepakket TurboTax voor de pc. Normaal gesproken vallen bedrijven zoals Intuit in de valkuil die is beschreven in het boek *The Innovator's Dilemma* van Clayton Christensen: ze zijn heel goed in het doorvoeren van telkens kleine verbeteringen aan bestaande producten en het bedienen van bestaande klanten, wat Christensen duurzame innovatie (*sustaining innovation*) noemde, maar hebben moeite met het ontwikkelen van baanbrekende nieuwe producten – ontwrichtende innovatie (*disruptive innovation*) – waarmee nieuwe duurzame bronnen van groei kunnen worden bewerkstelligd.

Bijzonder aan het hele SnapTax-verhaal is wat de teamleiders mij als verklaring gaven voor hun onwaarschijnlijke succes. Hadden zij ondernemers met supertalent aangetrokken van buiten het bedrijf? Nee, zij hadden een team samengesteld van werknemers van Intuit. Had het senior management zich continu met hun werkzaamheden bemoeid, een lot wat de meeste innovatieteams bij bedrijven ten deel valt? Nee, hun leidinggevenden steunde hen en plaatste het team op een 'eiland van vrijheid' waar het naar believen kon experimenteren. Was het een groot team, met een groot budget en veel marketingdollars? Nee hoor, ze begonnen met een team van slechts vijf mensen.

Wat het team van SnapTax in staat stelde om te innoveren zat hem niet in de genen, het lot of het gesternte, maar in een bewust proces dat door het senior management van Intuit werd gefaciliteerd. Innovatie is een tegengesteld, gedecentraliseerd en onvoorspelbaar iets, maar dat betekent nog niet dat het niet te managen valt. Dat is het namelijk wel, maar om dat goed te doen is een nieuwe vorm van managementdiscipline nodig, een die niet alleen moet worden beheerst door uitvoerende ondernemers die met iets groots op de proppen willen komen, maar ook door de mensen die hen ondersteunen, die hen stimuleren en hen ter verantwoording roepen. Met andere woorden, het cultiveren van ondernemerschap is de verantwoordelijkheid van het senior management. Vandaag de dag zal een modern bedrijf als Intuit kunnen verwijzen naar succesverhalen als dat van SnapTax omdat het de behoeften aan een nieuw managementmodel heeft erkend. En daar zaten we al jaren op te wachten.[3]

Een Lean Startup met 7000 mensen

In 1983 had de legendarische ondernemer Scott Cook, de oprichter van Intuit, het extreme idee (samen met medeoprichter Tom Proulx) dat mensen hun boekhouding met de computer moesten gaan doen. En hun succes stond helemaal niet vooraf vast; ze kregen te maken met verschillende concurrenten, een onzekere toekomst en een aanvankelijk zeer kleine markt. Een tiental jaar later ging het bedrijf naar de beurs en wist het vervolgens breed opgezette aanvallen van grotere bedrijven, waaronder de softwaremoloch Microsoft, af te wenden. Deels met de hulp van de beroemde durfkapitalist John Doerr werd Intuit een onderneming met een breed portfolio en kwam het terecht op Fortune 1000-lijst. De grote divisies van het bedrijf bieden nu tientallen producten die marktleidend zijn.

Dit is het soort ondernemerssucces waar we niet zo veel over horen; een bijeengeraapt team van underdogs dat uiteindelijk roem, erkenning en een behoorlijke rijkdom vergaart.

En nu snel door naar 2002. Cook was gefrustreerd geraakt. Hij had zojuist tien jaar aan gegevens over alle nieuwe productlanceringen van Intuit verwerkt en was tot conclusie gekomen dat het bedrijf maar weinig terugverdiende van zijn enorme investeringen. Met ander woorden, te veel van de nieuwe producten waren een mislukking. Naar traditionele maatstaven is Intuit een zeer goed geleid bedrijf, maar toen Scott dieper ging graven naar de onderliggende oorzaken van die mislukkingen, moest hij een lastige conclusie trekken: het heersende managementmodel dat hij en zijn bedrijf in de praktijk hadden gebracht, was niet toegesneden op het probleem van continue innovatie in een moderne economie.

In de herfst van 2009, toen Cook al enige jaren bezig was geweest met het veranderen van de managementcultuur bij Intuit, stuitte hij op mijn eerste uiteenzettingen over de Lean Startup en vroeg hij mij een lezing te verzorgen op het kantoor van Intuit. En in Silicon Valley is dat niet het soort uitnodiging dat je afwijst. Ik moet toegeven dat ik nieuwsgierig was. Ik stond nog aan het begin van mijn reis met Lean Startup en had weinig waardering voor de uitdagingen waarvoor een bedrijf uit de Fortune 1000 zich gesteld zag.

Mijn gesprekken met Cook en de CEO van Intuit, Brad Smith, waren mijn inwijding in het denken van de moderne algemeen manager, die net zozeer met ondernemerschap worstelt als de durfkapitalisten en oprichters van bedrijfjes die zijn begonnen in een garage. Om de uitdagingen het hoofd te bieden gingen Scott en Brad terug naar de wortels van Intuit. Zij werken er nu aan om het ondernemerschap en het nemen van risico's onderdeel te maken van al hun divisies.

Denk bijvoorbeeld eens aan een van de belangrijkste producten van Intuit. Omdat TurboTax het meest verkocht werd in de periode dat in de Verenigde Staten de belastingaangiften moesten worden gedaan, heerste er een zeer conservatieve cultuur. Gedurende het jaar waren de marketing- en productteams bezig met het ontwikkelen van een grote campagne die vlak voor het belastingseizoen werd uitgerold. Nu testten zij meer dan 500 verschillende veranderingen in een belastingseizoen dat zo'n twee en een halve maand duurt. Ze doen rond de 70 verschillende tests per week. Het team kan in real time veranderingen op de website doorvoeren op donderdag, deze gedurende het weekend laten lopen, de resultaten bekijken op maandag en op dinsdag conclusies trekken. Vervolgens ontwikkelen ze nieuwe tests op donderdag en lanceren deze op donderdagavond.

Of in de woorden van Scott, "Wat ze allemaal leren tegenwoordig is overweldigend. En het resultaat is dat er ondernemers uit voortkomen, want wanneer je slechts een test hebt, dan heb je geen ondernemers, maar handige types, omdat je je product moet verkopen. Te midden van 100 goede ideeën, moet je die van jou weten te verkopen. Dus bouw je een gemeenschap op van 'politici' en verkopers. Maar wanneer je beschikt over 500 tests die je kunt uitvoeren, dan komt ieders idee aan de beurt. En op die manier krijg je ondernemers die hun ideeën uitgevoerd zien worden en daarvan leren, en vervolgens nieuwe tests kunnen maken en daar weer van leren, in tegenstelling tot een gemeenschap van handige jongens. En daarom proberen wij dat in de hele organisatie door te voeren en maken wij gebruik van voorbeelden die helemaal niets met hightech te maken hebben, zoals het voorbeeld met de website. Elk bedrijf heeft tegenwoordig een eigen website. En je hoeft helemaal geen techneut te zijn om snelle testmethoden in te zetten."

Een dergelijke verandering is moeilijk. Het bedrijf heeft namelijk een aanzienlijk aantal bestaande klanten die om exclusieve service blijven vragen en investeerders die een continu stijgende omzet van ons verlangen.

Scott verwoordt het zo:

Het gaat in tegen wat mensen in het zakenleven hebben geleerd en wat leiders hebben gedoceerd. Het probleem ligt niet bij de teams of de ondernemers. Zij vinden het fantastisch als zij de kans krijgen om hun baby zo snel mogelijk in de markt te zetten. Zij vinden het fantastisch als zij de goedkeuring van de klant hebben in plaats van die van de hoge heren. Het echte probleem zit hem bij de leiders en het middenmanagement. Veel zakelijk leiders hebben succes gekend met analyses. Zij denken dat zij analisten zijn en dat het hun taak is om een goede planning te maken en analyses te doen en vervolgens een plan uit te werken.

De tijd die een bedrijf krijgt om zijn marktleiderschap vast te houden om vroege innovaties te exploiteren wordt steeds korter, en hierdoor worden zelfs bedrijven die zich totaal hebben ingegraven gedwongen om te investeren in innovaties. Ik ben zelfs van mening dat de enige duurzame weg naar economische groei op de lange termijn die een bedrijf kan inslaan, die van het ontwikkelen van een 'innovatiefabriek' is die gebruikmaakt van de Lean Startup-technieken om continu ontwrichtende innovaties te ontwikkelen. Met andere woorden, gevestigde bedrijven moeten zien uit te vinden hoe zij kunnen doen wat Scott Cook in 1983 deed, maar op een veel grotere schaal binnen hun eigen bedrijf en met ervaren managers die gepokt en gemazeld zijn in de traditionele managementcultuur.

Cook, die alles altijd anders doet, vroeg mij deze ideeën in de praktijk te toetsen. Daarop gaf ik een lezing, die tegelijkertijd door alle meer dan 7000 werknemers van Intuit kon worden bekeken, en waarin ik de theorie van Lean Startup toelichtte en mijn definitie daarvan herhaalde: een organisatie die is opgezet om nieuwe producten en diensten te ontwikkelen onder omstandigheden die gekenmerkt worden door grote onzekerheid.

Wat er daarna gebeurde staat voor altijd gegrift in mijn geheugen. CEO Brad Smith zat tijdens de lezing naast mij en toen ik klaar was stond hij op en zei ten overstaan van alle werknemers van Intuit, "Mensen, luister goed. Je hebt gehoord wat Erics definitie van een startup is. Een startup bestaat uit drie onderdelen en bij Intuit voldoen wij aan *alle drie* onderdelen van die definitie."

Scott en Brad zijn leiders die zich ervan bewust zijn dat het traditionele managementdenken een nieuwe impuls behoeft. Intuit is het bewijs dat deze nieuwe manier van denken ook kan werken bij gevestigde bedrijven. Brad legde mij uit hoe hij zichzelf verantwoordelijk houdt voor de nieuwe innovaties van het bedrijf door twee dingen te meten: het aantal klanten dat producten gebruikt die drie jaar geleden nog niet bestonden en het percentage van de omzet dat wordt gevormd door het assortiment dat drie jaar geleden nog niet bestond.

Onder het oude model duurde het gemiddeld vijfenhalf jaar voordat een succesvol nieuw product 50 miljoen euro aan omzet had gegenereerd. Brad vertelde mij, "Wij hebben het afgelopen jaar 50 miljoen euro omzet gemaakt met producten die 12 maanden geleden nog niet bestonden. En het gaat nu niet slechts om één bepaald product, het is een combinatie van allerlei nieuwe innovatie-initiatieven. Maar dat geeft ons wel een bepaalde energie, omdat wij nu geloven dat wij de cyclus kunnen bekorten door in een vroeg stadium producten die niet snel genoeg aanslaan te elimineren en meer energie te stoppen in producten die wel aanslaan." Voor een bedrijf met de omvang van Intuit zijn dit bescheiden resultaten, maar het is nog vroeg. Zij hebben tientallen jaren op een bepaalde manier gewerkt en gedacht, en daar moeten zij nu afstand van nemen. Het leiderschap dat zij echter tonen bij het proces om te gaan werken volgens het principe van ondernemend management laat de eerste resultaten zien.

Leiderschap verlangt het creëren van omstandigheden waarin werknemers in staat zijn om te experimenteren zoals ondernemerschap dat verlangt. De wijzigingen aan TurboTax bijvoorbeeld stelde het team van Intuit in staat om maar liefst 500 experimenten per belastingseizoen te ontwikkelen. Voor die tijd konden marketeers met fantastische ideeën die tests helemaal niet uitvoeren, zelfs als zij dat hadden gewild, omdat er geen systeem was waarmee de website zo snel kon worden aangepast. Intuit investeerde in systemen waarmee de snelheid waarmee tests konden worden ontwikkeld, uitgerold en geanalyseerd werd vergroot.

Zoals Cook zegt, "Het ontwikkelen van deze systemen voor experimenten is de verantwoordelijkheid van het senior management; zij moeten worden aangesteld door het leiderschap. Het zijn nu niet langer leiders die net als Caesar de duim omhoog of de duim omlaag geven bij elk nieuw idee. In plaats daarvan zorgen zij nu voor een cultuur en systemen waarin teams vrijelijk kunnen bewegen en innoveren met de snelheid van het systeem dat speciaal ontworpen is voor experimenten.

HOOFDSTUK 3

Leren

Als ondernemer zat niets mij meer dwars dan de vraag of mijn bedrijf wel enige progressie maakte in de richting van een succesvolle onderneming. Als ontwikkelaar en later als manager was ik gewend om voortgang te meten door ervoor te zorgen dat ons werk volgens plan verliep en dat dit van hoge kwaliteit was en niet meer kostte dan we hadden beraamd.

Na vele jaren als ondernemer werkzaam te zijn geweest, begon ik mij zorgen te maken of deze manier van voortgang meten wel de juiste was. Wat als ze nou tot de ontdekking kwamen dat we iets aan het ontwikkelen waren waar niemand op zat te wachten? Wat maakte het in dat geval dan nog uit of we het binnen de gestelde tijd en kosten deden? Wanneer ik aan het eind van de dag naar huis ging, was het enige dat ik zeker wist dat ik mensen bezig had gehouden en geld had uitgegeven. Ik hoopte ook dat de inspanningen van mijn team ons dichter bij ons doel brachten. Als we een verkeerde afslag zouden nemen, zou ik mij moeten troosten met de gedachte dat we in ieder geval iets belangrijks hadden geleerd.

Helaas is leren het oudste excuus dat er bestaat voor een mislukte uitvoering. Managers vallen er op terug wanneer zij de resultaten die zij anderen hadden voorgespiegeld niet weten te realiseren. Ondernemers, die onder druk staan om te presteren, zijn bijzonder creatief als zij willen laten zien wat ze hebben geleerd. We kunnen met een goed verhaal komen wanneer onze baan, onze carrière of onze reputatie ervan afhangt.

Leren is echter een schrale troost voor werknemers die een ondernemer volgen richting het onbekende. Het is ook een schrale troost voor investeerders die hun kostbare centen, tijd en energie hebben geschonken aan ondernemende teams. Het is ook een schrale troost voor de organisaties – groot en klein – die voor hun bestaan afhankelijk zijn van innovatie die getuigt van ondernemerschap. Met leren kun je bij de bank geen potten breken; je kunt het niet uitgeven en er ook niet mee investeren. Je kunt het niet aan je klanten geven en het ook niet als winst uitkeren aan je partners. Is het dan nog verwonderlijk dat leren een slechte naam heeft bij ondernemers en managers?

Maar als het elementaire doel van ondernemerschap is om betrokken te zijn bij het opbouwen van een organisatie onder extreem onzekere omstandigheden, dan is de meest essentiële functie daarvan leren. We moeten de waarheid leren over welke elementen van onze strategie werken en welke totaal onzinnig zijn om onze visie te realiseren. We moeten leren wat klanten echt willen, niet wat zij zeggen dat zij willen of wat zij denken dat zij zouden moeten willen. We moeten er achter komen of we de juiste weg zijn ingeslagen en of die ons zal leiden naar een groeiend en duurzaam bedrijf.

In het Lean Startup-model rehabiliteren wij het proces van leren aan de hand van een concept dat ik gevalideerd leren (*validated learning*) noem. Gevalideerd leren is niet achteraf rationaliseren of een goed verhaal hebben om een mislukking te maskeren. Het is een strikte methode voor het aantonen van vooruitgang wanneer je diep in allerlei onzekerheden zit, waarin startups nu eenmaal gedijen. Gevalideerd leren is het proces van op empirische wijze aantonen dat een team waardevolle waarheden heeft ontdekt over de huidige en toekomstige vooruitzichten van een startup. Het is veel concreter, veel preciezer en sneller dan de gebruikelijke marktvoorspellingen of de traditionele vormen van bedrijfsplanning. Het is het beste tegengif voor het dodelijke probleem van het 'behalen van een mislukking': het succesvol uitvoeren van een plan dat nergens toe leidt.

Gevalideerd leren bij IMVU

Ik zal dit illustreren met een voorbeeld uit mijn eigen loopbaan. Veel mensen hebben mij al eens het verhaal horen vertellen van de oprichting van IMVU en de vele fouten die wij hebben gemaakt bij de ontwikkeling van ons eerste product. Ik ga nu wat dieper in op een van deze fouten om het concept van gevalideerd leren duidelijk te maken.

Allen die betrokken waren bij de oprichting van IMVU dachten dat zij goede strategische denkers waren. Elk van ons had al eens eerder deelgenomen aan een onderneming die was mislukt, en geen van ons wilde dat nog een keer meemaken. In de begindagen waren onze grootste zorgen vragen als: "Wat moeten wij gaan ontwikkelen en voor wie? Welke markt kunnen wij betreden en beheersen? Hoe konden we duurzame waarde creëren die niet zou worden afgevlakt door concurrentie?[1]

Briljante strategie

Wij besloten om de markt van *instant messaging* te betreden. In 2004 bestond die markt uit honderden miljoenen actieve consumenten in de hele wereld. De meerderheid van de consumenten die gebruikmaakten van IM-producten betaalde echter niet voor dat privilege. In plaats daarvan stelden grote mediabedrijven en portals zoals AOL, Microsoft en Yahoo! hun IM-netwerken ter beschikking als verliesgevend product om andere diensten te stimuleren, terwijl ze wel bescheiden sommen geld verdienden met advertenties.

IM is een voorbeeld van een markt waar sterke netwerkeffecten spelen. Men is het erover eens dat IM net zoals de meeste andere communicatienetwerken de wet van Metcalfe volgt: de waarde van een netwerk als geheel is proportioneel aan het kwadraat van het aantal deelnemers. Met andere woorden, hoe meer mensen er in het netwerk zitten, hoe waardevoller het netwerk is. Dat is intuïtief gezien logisch: de waarde voor elke deelnemer wordt voornamelijk bepaald door met hoeveel andere hij of zij kan communiceren. Stel je eens een wereld voor waarin jij de beschikking hebt over de enige telefoon die er is; die zou geen enkele waarde hebben. Alleen wanneer andere mensen ook een telefoon hebben wordt het product waardevol.

In 2004 zat de IM-markt op slot door toevoeging van een paar partijen. De top drie netwerken beheersten meer dan 80% van het algehele gebruik en waren bezig om hun marktaandelen te consolideren ten koste van een aantal kleinere spelers.[2] Men nam aan dat het vrijwel onmogelijk was om met een nieuw IM-netwerk te komen zonder heel veel geld te besteden aan marketing.

De reden voor deze gedachte is eenvoudig. Door de grote invloed van de netwerkeffecten brengen IM-producten hoge overstapkosten met zich mee. Om over te schakelen van het ene netwerk naar het andere zouden klanten hun vrienden en collega's moeten overtuigen om ook over te stappen. Dit extra werk voor klanten is een hindernis om de IM-markt te betreden: wanneer alle klanten vastzitten bij het product van een van de partijen, zijn er geen klanten over waarmee een nieuwe relatie kan worden opgebouwd.

Bij IMVU kozen wij uiteindelijk voor een strategie waarbij we een product zouden bouwen dat de grote aantrekkingskracht van de traditionele IM-methode zou combineren met de hoge opbrengst per klant van driedimensionale videospelletjes en virtuele werelden. Omdat het vrijwel onmogelijk was om een nieuw IM-netwerk te introduceren, besloten wij om een aanvullend product te maken dat zou samenwerken met de bestaande netwerken. Kortom, onze klanten zouden in staat zijn om de virtuele goederen en avatarcommunicatietechnologie van IMVU te gebruiken zonder dat zij naar een andere IM-provider zouden hoeven over te stappen. Zij zouden moeten leren werken met de nieuwe gebruikersinterface en, het allerbelangrijkst, hun vrienden moeten meenemen.

Wij vonden dit laatste punt essentieel. Wil een add-onproduct nuttig zijn, dan zouden de klanten het moeten gebruiken met hun bestaande vrienden. Elke communicatie zou vergezeld gaan van een uitnodiging om je aan te melden bij IMVU. Ons product zou direct viraal gaan, omdat het als een epidemie verspreid zou worden onder de IM-netwerken. Om die virale groei te bereiken, was het belangrijk dat onze add-on zo veel mogelijk andere producten binnen die bestaande IM-netwerken zou ondersteunen en op allerlei soorten computers zou kunnen draaien.

Zes maanden tot de lancering

Toen we onze strategie eenmaal hadden uitgestippeld, brak er voor mijn medeoprichters en mij een periode van zeer hard werken aan. Als verantwoordelijke voor de technologie was het onder andere mijn verantwoordelijkheid om de software te schrijven die IM mogelijk zou maken tussen verschillende netwerken. Maandenlang maakten mijn medeoprichters en ik extreem lange dagen om ons eerste product op de markt te brengen. We hadden onszelf een strikte deadline van zes maanden, ofwel 180 dagen, gegeven om het product te lanceren en onze eerste betalende klanten binnen te halen. Het was een vreselijk strak schema, maar we waren vastbesloten om de lancering zoals gepland te laten plaatsvinden.

De add-on die we aan het maken waren was zo groot en complex en er waren zo veel verschillende onderdelen die continu veranderden, dat we soms wat kort door de bocht moesten gaan om alles op tijd af te krijgen. Ik zal er geen doekjes om winden: de eerste versie was gewoonweg verschrikkelijk. We hadden urenlang gediscussieerd over welke bugs we moesten repareren en welke nog acceptabel waren, welke voorzieningen we moesten schrappen en welke we er toch echt in moesten zien te krijgen. Het was tegelijkertijd een schitterende maar ook benauwende tijd: we waren heel hoopvol over de kans dat het een succes zou worden, maar ook heel bang voor de gevolgen als we een slecht product zouden leveren.

Persoonlijk maakte ik mij zorgen dat de lage kwaliteit van het product mijn reputatie als ontwikkelaar zou schaden. Mensen zouden gaan denken dat ik geen degelijk kwaliteitsproduct kan bouwen. We waren allemaal bang dat het merk IMVU schade zou worden toegebracht; we vroegen per slot van rekening mensen geld voor een product dat niet zo goed werkte. We zagen de krantenkoppen al voor ons: 'Onbekwame ondernemers ontwikkelen een waardeloos product'.

Naarmate de lancering dichterbij kwam, werd onze angst groter. In onze situatie zouden veel andere ondernemersteams toegeven aan deze angst en de lancering uitstellen. Hoewel ik deze impuls begrijp, ben ik toch blij dat wij volhielden omdat uitstel ervoor zorgt dat veel startups niet de feedback krijgen die zij nodig hebben. Door onze eerdere mislukkingen waren wij huiverig geworden voor nog een mislukking, misschien wel een grotere mislukking, dan slechts het leveren van een slecht product: het ontwikkelen van iets waar helemaal niemand op zit te wachten. En dus lanceerden wij met samengeknepen billen en onze verontschuldigingen al paraat ons product voor het grote publiek.

Lancering

En toen – gebeurde er niets! Het bleek dat onze angst ongegrond was, omdat helemaal niemand ons product ook maar uitprobeerde. In het begin was ik opgelucht omdat er in ieder geval niemand was geweest die had ontdekt hoe slecht het product was, maar al gauw maakte dat gevoel plaats voor diepe frustratie. Na alle uren die wij hadden lopen ruziën over welke voorzieningen het product moest hebben en welke bugs er moesten worden gerepareerd, zat onze waardepropositie er zo ver naast dat onze klanten bij lange na niet genoeg ervaring met dit product opdeden om te ontdekken hoe slecht onze ontwerpkeuzes waren geweest. Klanten besloten niet eens om ons product te downloaden.

De weken en maanden daarna werkten wij hard om het product te verbeteren. Ons klantenbestand begon gestaag te groeien door de online registraties en de downloadmogelijkheden. Wij beschouwden elke dag opnieuw onze nieuwe klanten als een schoolrapport dat ons vertelde hoe wij presteerden. Uiteindelijk ontdekten we hoe we het product zo konden positioneren dat klanten het op zijn minst zouden downloaden. En al die tijd voerden wij verbeteringen aan het onderliggende product door, leverden wij verbeterde versies op en voerden we dagelijks veranderingen door. Maar ondanks al onze inspanningen wisten we slechts een bijzonder klein aantal mensen te overtuigen het product te kopen.

Terugkijkend is één goede beslissing die we toen hebben genomen het vaststellen van duidelijke winstdoelen in de begindagen. We hadden ons voorgenomen in die eerste maanden 300 euro aan totale omzet te genereren, en dat haalden we, zij het maar net. Veel vrienden en familieleden vroegen wij (oké, smeekten wij) het programma te kopen. En elke maand stegen onze bescheiden omzetdoelen een klein beetje, eerst naar 350 en toen naar 400 euro. Naarmate deze cijfers omhoog gingen, namen onze problemen toe. Al gauw hadden wij geen vrienden en familie meer om ons product te downloaden; en onze frustratie groeide. Elke dag maakten wij het product beter, maar toch bleef het gedrag van onze klanten ongewijzigd: ze wilden er nog steeds niet aan.

Omdat het ons niet lukte om de cijfers te verbeteren, voelden wij ons aangespoord om nog harder ons best te doen en klanten naar ons kantoor te halen zodat wij met hen in gesprek konden en gebruikerstests konden doen. De kwantitatieve doelstellingen wakkerde de motivatie aan om een kwalitatief goed onderzoek te doen en zij vormden ook een leidraad voor de vragen die wij stelden; dat is een patroon dat in de rest van dit boek zal terugkomen.

Ik zou graag hier zeggen dat ik degene was die onze fout het eerst inzag en met de oplossing kwam, maar in werkelijkheid was ik de laatste die toegaf dat er een probleem was. Kort gezegd, onze gehele strategische analyse van de markt was helemaal verkeerd. We kwamen hier proefondervindelijk achter, met behulp van experimenten, en niet zozeer door focusgroepen of marktonderzoek. Klanten konden ons niet vertellen wat zij wilden; de meeste van hen hadden per slot van rekening nog nooit gehoord van 3D-avatars. Maar in plaats daarvan brachten zij wel de werkelijkheid aan het licht door hun handelen of juist niet handelen, terwijl wij moeite deden om het product te verbeteren.

In gesprek met de klant

Uit pure wanhoop besloten wij gesprekken aan te gaan met potentiële klanten. We nodigden hen uit op ons kantoor en zeiden tegen hen, "Probeer dit nieuwe product eens, het is van IMVU." Als de bewuste persoon een tiener was die veel gebruikmaakte van IM, of een *early adopter* van nieuwe technieken, dan ging hij met ons in gesprek. Als het daarentegen een 'doorsnee' iemand was, dan was het antwoord vaak, "Juist ja. En wat wil je nu precies dat ik doe?" We kwamen helemaal nergens met de personen uit de doorsneegroep, want zij dachten dat IMVU te ver van hen af stond.

Stel je eens een 17-jarig meisje voor dat samen met ons het product bekijkt. Ze kiest haar avatar en zegt. "Oh, dit is hartstikke leuk." Ze past de avatar aan haar wensen aan en beslist daarmee hoe die eruit zal zien. Vervolgens zeggen we tegen haar, "Oké, nu is het tijd om de IM-add-on te downloaden, waarop zij antwoordt, "Wat is dat?"

"Nou, dat is dat ding dat samenwerkt met je instant messaging client". Ze kijkt ons aan alsof ze denkt, "Daar heb ik nog nooit van gehoord, en mijn vrienden hebben er ook nog nooit van gehoord, dus waarom wil je dat ik dat doe?" We moesten veel uitleggen; een instant messaging add-on was niet een productcategorie die zij kende.

Maar omdat zij zich samen met ons in de kamer bevond, konden we haar overhalen het toch te doen. Ze downloadde het product en vervolgens zeggen we tegen haar, "Goed, nodig nu een van je vrienden uit om mee te chatten." En zij zegt, "Mooi niet." Waarop wij vragen, "Waarom niet?" En zij antwoordt, "Nou ik weet helemaal niet of dit wel zo cool is. Jullie willen dat ik het risico neem om een van mijn vrienden uit te nodigen? En wat zullen zij wel niet van mij denken? Als het helemaal niets is, denken ze dat ik ook helemaal niks ben, toch?" Waarop wij weer zeggen, "Nee, nee, het is juist ontzettend leuk als je eenmaal met iemand anders bent; het is een *sociaal* product." Ze kijkt ons vol twijfel aan; maar je kunt zien dat dit een heel belangrijk punt is. De eerste keer dat ik dit meemaakte zei ik natuurlijk, "Het is al goed, het is maar een persoon. Stuur haar maar weg en zorg voor een nieuwe kandidaat." En vervolgens komt de tweede klant binnen en hij zegt precies hetzelfde. En daarna de derde, precies hetzelfde verhaal. Je begint een patroon te ontdekken en hoe koppig je ook bent, het is duidelijk dat er iets fout zit.

Klanten bleven ons maar vertellen, "Ik wil het alleen gebruiken. Ik wil het eerst proberen om te kijken of het echt zo gaaf is voordat ik een vriend uitnodig. Ons team had een achtergrond in videospelletjes, dus begrepen wij wel wat ze bedoelden: de *single player mode*. En dus ontwikkelde wij een versie voor *single players*. En opnieuw nodigden wij klanten uit op ons kantoor. Ze pasten de avatar aan hun wensen aan en downloadden net als eerder het product. Vervolgens schakelden we over naar *single player mode* en vertelden wij hen, "Speel met je avatar en kleed deze aan; en kijk eens welke gave bewegingen hij kan maken." Gevolgd door, "Mooi, dat heb je helemaal zelf gedaan; nu is het tijd om een van je vrienden uit te nodigen." En je kunt wel raden wat er toen gebeurde. Ze zeiden allemaal, "Geen sprake van! Dit is helemaal niet cool." En wij zeiden dan, "Nou, we hebben je toch gezegd dat het niet cool zou zijn! Want wat heeft het nou voor nut om een sociaal product helemaal in je eentje te spelen?" En wij dachten dus dat we wel een medaille hadden verdiend omdat we naar onze klanten luisterden. Het enige probleem was dat onze klanten ons product nog steeds niet konden waarderen. Ze keken ons aan en zeiden, "Luister eens ouwe, je begrijpt het niet. Waarom zou ik in hemelsnaam vrienden gaan uitnodigen als ik niet eens weet of het wel echt cool is?" Het was voor ons een totale afknapper.

Omdat we nog wanhopiger waren geworden, introduceerden we een toepassing die we ChatNow noemden en waarbij je met een klik op een knop kon worden gekoppeld aan een willekeurig persoon ergens in de wereld. De enige overeenkomst tussen deze twee personen was dat ze allebei op hetzelfde moment op de knop hadden geklikt. En opeens lieten onze klanten in de tests geluiden horen als, "Oh, dit is leuk!"

Dus we nodigden ze opnieuw uit, ze gingen aan de slag met ChatNow en heel misschien ontmoetten zij dan iemand die zij cool vonden. Ze vertelden ons dan, "Hé, dat was een leuke gast; ik wil hem graag aan mijn vriendenlijst toevoegen. Waar vind ik mijn vriendenlijst?" En wij vertelden ze dan, "Nee, je wilt helemaal geen nieuwe vriendenlijst; je wilt gewoon je contacten uit AOL gebruiken." Dit was per slot van rekening hoe we hadden gepland om van de uitwisseling gebruik te maken die uiteindelijk zou leiden tot netwerkeffecten en virale groei. En stel je nu eens voor hoe de klant ons aankeek en vroeg, "Wat wil je nu precies dat ik ga doen?" En wij zeiden dan altijd, "Nou, geef die vreemdeling gewoon je IM-schermnaam zodat je hem op je vriendenlijst kunt zetten. Je zag hun ogen dan heel groot worden en vervolgens reageerden ze met, "Neem je me nu in de maling? Een vreemde op mijn AIM-vriendenlijst?" Waarop wij dan weer antwoordden, "Ja, anders moet je een hele nieuwe IM-client downloaden en een nieuwe vriendenlijst maken." Waarop zij dan reageerden met, "Weet je wel hoeveel clients ik op dit moment al heb?

"Nee. Een of twee, misschien?" Dat is in ieder geval het aantal clients dat iedereen bij ons op kantoor gebruikte. "Waarop die tiener dan reageerde, "Duh! Ik heb er wel acht."

We hadden geen idee hoeveel instant messaging clients er überhaupt in de wereld waren.

We gingen er onterecht van uit dat het een uitdaging is om nieuwe software te leren gebruiken en dat het gevaarlijk is om je vrienden naar een nieuwe vriendenlijst over te hevelen. Onze klanten maakten ons duidelijk dat dat onzin was. We wilden zo graag grafieken laten zien waaruit bleek hoe briljant onze strategie was, maar onze klanten begrepen niets van concepten als netwerkeffecten en de kosten van overschakelen. Wanneer we probeerden uit te leggen waarom zij zich zouden moeten gedragen zoals wij voorspelden, schudden ze alleen maar hun hoofd in complete verbijstering.

We hadden een mentaal model ontwikkeld voor hoe mensen gebruikmaakten van software dat al enkele jaren verouderd was. Uiteindelijk, en op een pijnlijke manier, begon het na tientallen vergaderingen tot ons door te dringen dat het concept van de IM add-on vol met gebreken zat.[3]

Onze klanten wilden helemaal geen IM add-on; zij wilden een apart IM-netwerk. Zij vonden het leren werken met een nieuw

IM-programma helemaal geen belemmering; integendeel, onze *early adopters* gebruikten meerdere IM-programma's tegelijkertijd. En onze klanten werden niet afgeschrikt door het idee dat zij hun vrienden zouden moeten meenemen naar een nieuw IM-netwerk; het bleek zelfs dat zij wel plezier beleefden aan deze uitdaging. En nog verrassender, onze veronderstelling dat klanten de op avatars gebaseerde IM vooral zouden gebruiken met hun bestaande vrienden was ook verkeerd. Ze wilden nieuwe vrienden ontmoeten, een activiteit waarvoor de 3D-avatars juist zeer goed geschikt zijn. Beetje bij beetje wisten onze klanten onze schijnbaar briljante aanvangsstrategie te ontleden.

Gedane werk weggooien

Misschien kun je je inleven in onze situatie en mij mijn koppigheid vergeven. Het was per slot van rekening mijn werk van de voorbije maanden dat overboord moest worden gegooid. Ik had vele uren gestopt in het ontwikkelen van de software waarmee ons IM-programma samen zou kunnen werken met andere netwerken. En dat idee was de kern van onze oorspronkelijke strategie. Toen de tijd was aangebroken om bij te stellen en die oorspronkelijke strategie te verlaten, moest bijna al mijn werk – duizenden regels code – aan de kant worden geschoven. Ik voelde mij bedrogen. Ik was zeer toegewijd aan de nieuwste methoden voor softwareontwikkeling (die gezamenlijk ook wel *agile development* werden genoemd), omdat die de belofte in zich hadden dat ze verspilling uit het proces van productontwikkeling zouden halen. Maar desondanks had ik een bijdrage geleverd aan de grootste verspilling van allemaal: het ontwikkelen van een product dat onze klanten weigerden te gebruiken. En dat was zonder meer ontmoedigend.

En dus vroeg ik mij af: gezien het feit dat mijn werk een verspilling van tijd en energie was gebleken, zou het bedrijf dan nu net zo ver zijn als ik de afgelopen zes maanden cocktails drinkend op een strand had doorgebracht? Was mijn aanwezigheid überhaupt wel nodig geweest? Was het misschien beter geweest als ik mijn werk helemaal niet had gedaan?

Er is, zoals ik aan het begin van dit hoofdstuk al heb gezegd, altijd een laatste uitweg voor mensen die hoe dan ook hun eigen mislukking willen verantwoorden. Ik troostte mij met de gedachte dat als we dit eerste product niet hadden ontwikkeld – met al zijn fouten – we nooit deze belangrijke inzichten over onze klanten hadden verkregen. We hadden dan nooit geweten dat onze strategie vol gebreken zat. En er zit enige waarheid in dit excuus: wat we tijdens die belangrijke eerste maanden hebben geleerd, wees IMVU wel de juiste richting die zou leiden naar ons uiteindelijke doorbrekende succes.

En gedurende enige tijd voelde ik me beter door deze troost dat we iets geleerd hadden, maar mijn opluchting was slechts van korte duur. Want dit is de vraag die mij het meest dwarszat: als het doel van deze maanden was om deze belangrijke inzichten over onze klanten krijgen, waarom moest dat dan zo lang duren? Hoeveel van onze inspanningen heeft bijgedragen aan de belangrijke lessen die wij moesten leren? Hadden we deze lessen al eerder kunnen trekken als ik er niet zo op gebrand was geweest om het product beter te maken door extra mogelijkheden toe te voegen en fouten te repareren?

Waarde versus verspilling

Met andere woorden, welke van onze inspanningen creëren waarde en welke leiden tot verspilling?

Deze vraag is de kern van de op de Lean-methode geïnspireerde productierevolutie; het is ook de eerste vraag die elke aanhanger van de Lean-productiemethode wordt getraind te stellen. Het leren om verspilling te herkennen en deze vervolgens op een systematische manier te elimineren heeft bedrijven die volgens deze methode werken, zoals Toyota, in staat gesteld hun bedrijfstak te domineren. In de wereld van de softwareontwikkeling vonden de *agile development*-methodieken die ik tot die tijd had toegepast hun oorsprong in het Lean-denken. Ook deze methoden waren gericht op het elimineren van verspilling.

En toch had deze methode mij een kant opgestuurd waarbij het grootste deel van de inspanningen van mijn teamleden verspilling bleken. Waarom?

Het antwoord daarop vond ik pas in de jaren daarna. Lean-denken definieert waarde als het bieden van een voordeel aan de klant; al het andere is verspilling. In de productiesector kan het de klanten niet schelen hoe het product in elkaar wordt gezet, alleen maar dat het goed werkt. Maar bij een startup is het onbekend wie de klant is en wat de klant waardevol zal vinden, een gevolg van de onzekerheid die juist een essentieel onderdeel is van de definitie van een startup. Ik realiseerde mij dat wij als startup een nieuwe definitie van waarde moesten hebben. De uiteindelijke voortgang die we hadden geboekt met IMVU was dat we in die eerste maanden veel hadden geleerd over wat voor onze klanten waarde inhoudt.

Alles wat we in die eerste maanden hadden gedaan dat niet had bijgedragen aan ons leerproces was een vorm van verspilling. Was het mogelijk geweest om hetzelfde te leren met minder inspanning? Het antwoord is heel duidelijk ja.

Denk allereerst maar eens aan de discussies en de daaruit voortvloeiende prioriteitsstelling van onze inspanningen ten aanzien van toepassingen die klanten nooit zouden ontdekken. Als we het product eerder hadden uitgeleverd, hadden we die verspilling kunnen voorkomen. En denk hierbij ook aan alle verspilling die voortkwam uit onze verkeerde aannames ten aanzien van onze strategie. Ik had ervoor gezorgd dat ons product kon samenwerken met een tiental andere IM-cliënten en -netwerken. Was als dat werk echt nodig geweest om onze aannames te toetsen? Hadden we dezelfde feedback kunnen krijgen van onze klanten met de helft van het aantal netwerken? Of met slechts drie? Of misschien wel met één? Omdat de klanten van alle IM-netwerken ons product helemaal niks vonden, zou het leerniveau hetzelfde zijn geweest, maar zouden onze inspanningen veel minder zijn geweest.

En dit is wat mij 's nachts wakker hield: moesten we überhaupt wel netwerken ondersteunen? Is het ook mogelijk dat we hadden kunnen ontdekken hoe gebrekkig onze aannames waren zonder ook maar iets te ontwikkelen? Als we bijvoorbeeld onze klanten eenvoudigweg de mogelijkheid hadden geboden om het product bij ons te downloaden uitsluitend op basis van de voorgestelde kenmerken voordat we ook maar iets hadden ontwikkeld? Vergeet niet dat vrijwel geen enkele klant bereid was ons oorspronkelijke product te gebruiken, en dus hadden we weinig excuses hoeven aandragen als we niet hadden kunnen leveren. (Merk op dat dit iets anders is dan klanten vragen wat zij willen. In de meeste gevallen weten klanten namelijk niet vooraf wat zij willen.) We hadden een experiment kunnen doen waarbij we klanten de mogelijkheid boden om iets te proberen en vervolgens hun gedrag kunnen meten.

Zulke gedachten brachten mij behoorlijk van mijn stuk, omdat zij mijn functie ondermijnden. Als verantwoordelijke voor productontwikkeling vond ik dat het mijn taak was om ervoor te zorgen dat er op tijd producten en toepassingen van hoge kwaliteit werden geleverd. Maar als veel van die toepassingen een verspilling van tijd bleken te zijn, wat moest ik dan doen? Hoe konden we deze verspilling voorkomen?

Ik ben tot de conclusie gekomen dat leren een essentieel onderdeel is van de vooruitgang van startups. De inspanningen die niet absoluut nodig zijn om te ontdekken wat klanten willen, kunnen worden geëlimineerd. Ik noem het gevalideerd leren (*validated learning*) omdat het altijd wordt aangetoond door positieve verbetering in de kernmetingen van een startup. Zoals we hebben gezien, is het niet zo moeilijk om jezelf voor de gek te houden over wat jij denkt dat je klanten willen. Maar het is ook heel gemakkelijk om dingen te leren die geheel irrelevant zijn. En daarom wordt gevalideerd leren ondersteund door empirische gegevens die verzameld worden op basis van het gedrag van echte klanten.

Waar vind je validatie?

Zoals ik kan bevestigen, kan iedereen die van zijn startup geen succes weet te maken claimen dat hij veel geleerd heeft van de ervaring. Zij hebben een boeiend verhaal te vertellen. Het is je misschien opgevallen dat er in het verhaal van IMVU tot nu toe iets ontbreekt. Ondanks mijn claims dat wij in die eerste maanden heel veel geleerd hebben, lessen die uiteindelijk tot een succes zouden leiden, heb ik geen enkel bewijs geleverd om dat te staven. Terugkijkend is het altijd gemakkelijk om zulke claims te maken en geloofwaardig over te komen (en daarvan zullen we later in dit boek meer bewijs zien). Maar zie IMVU in die eerste maanden als een bedrijf dat probeerde om investeerders, werknemers, familieleden en vooral onszelf ervan te overtuigen dat wij onze tijd en bronnen niet hadden verkwist. Maar wat voor bewijs hadden hij daarvoor?

Onze verhalen over de mislukkingen waren zonder meer onderhoudend en we hadden ook fascinerende theorieën over wat we verkeerd hadden gedaan en wat we in de toekomst moesten gaan doen om een succesvol product te maken. Bewijs kwam echter pas toen we die theorie in de praktijk brachten en nieuwe versies van het product maakten, die zeer goed aansloegen bij de klanten.

In de daaropvolgende maanden begon het verhaal van IMVU pas echt, niet met onze briljante aannames, strategieën en whiteboardsessies, maar met het keiharde werk dat we hadden verricht om te ontdekken wat klanten echt wilden en vervolgens het aanpassen van ons product aan die behoeften. We gingen uit van de visie dat het onze taak was om een synthese te vinden tussen onze visie en wat klanten zouden accepteren; het was niet ons doel om te capituleren voor wat klanten dachten dat zij wilden hebben of om klanten te vertellen wat ze zouden moeten willen.

Naarmate we onze klanten beter begonnen te begrijpen, waren we ook in staat onze producten te verbeteren. Terwijl we dat deden, veranderden we de manier waarop wij in ons bedrijf werkten volledig. In die eerste dagen waren er geen veranderingen te zien in de metingen die we deden, ondanks onze inspanningen om het product te verbeteren. Wij behandelden elke dag opnieuw elke klant als een nieuwe scorekaart. We besteedden aandacht aan het percentage nieuwe klanten dat een bepaald gedrag vertoonde na kennismaking met ons product, zoals het downloaden of kopen van ons product. En elke dag kocht ongeveer hetzelfde aantal klanten ons product, en dat aantal lag heel dicht bij nul, ondanks de vele verbeteringen.

Toen we echter onze oorspronkelijke strategie hadden bijgesteld, begonnen de dingen te veranderen. Gepaard aan betere strategie werden ook onze inspanningen op het gebied van productontwikkeling opeens veel productiever – niet omdat we harder werkten, maar omdat we slimmer werkten en de echte behoeften van onze klanten niet uit het oog verloren. Positieve veranderingen in de manier waarop wij onze voortgang maten werd de kwantitatieve validering dat er daadwerkelijk een leerproces plaatsvond. Dit was bijzonder belangrijk, omdat wij nu aan onze belanghebbenden – werknemers, investeerders en onszelf – konden laten zien dat we daadwerkelijk vooruitgang boekten, en dat we onszelf niet voor de gek hielden. Het is bovendien de juiste manier om over productiviteit na te denken bij een startup: niet afgemeten aan hoeveel dingen we hebben ontwikkeld, maar aan hoe omvangrijk het gevalideerd leren is dat onze inspanningen ons opleveren.[4]

In onze eerdere experimenten bijvoorbeeld, veranderden wij compleet onze website, homepage en het proces voor productregistratie om 'avatar chat' te vervangen door '3D instant messaging'. Alle klanten werden automatisch verdeeld over deze twee versies van de site; de ene helft zag de ene site en de andere helft de andere. We waren in staat om het verschil in gedrag van deze twee groepen te meten. Niet alleen waren de personen in de experimentele groep eerder geneigd om zich aan te melden voor het product, ook was het waarschijnlijker dat zij betalende klanten voor de lange termijn zouden worden.

Er waren ook heel veel experimenten die faalden. In een periode dat wij geloofden dat klanten het product niet gebruikten omdat zij de vele voordelen ervan niet begrepen, gingen wij zelfs zo ver dat we personeel van de klantenservice gingen betalen om zich voor te doen als virtuele gidsen voor nieuwe klanten. Helaas waren de klanten die deze VIP-behandeling kregen niet meer geneigd om actieve of betalende klanten te worden.

Zelfs toen we de strategie van de IM-add-on lieten varen, duurde het nog maanden voordat we doorhadden *waarom* het niet had gewerkt. Nadat we de zaken hadden bijgesteld en vele mislukte experimenten later, kwamen we uiteindelijk tot het volgende inzicht: klanten wilden IMVU alleen gebruiken om online *nieuwe* vrienden te maken. Onze klanten omarmden intuïtief iets dat maar langzaam tot ons door drong. Alle bestaande sociale producten op internet richtten zich op de identiteit die klanten in het echte leven hadden. Maar de avatartechnologie van IMVU was echter bijzonder geschikt om mensen online kennis met elkaar te laten maken zonder in te boeten aan veiligheid of dat zij ze zichzelf blootstelden aan mogelijke identiteitsdiefstal. Toen we eenmaal deze hypothese hadden geformuleerd, werd het veel waarschijnlijker dat onze experimenten ook positieve resultaten zouden opleveren. Elke keer dat we het product aanpasten zodat het gemakkelijker werd voor de gebruikers om nieuwe vrienden te vinden en te behouden, merkten we dat klanten eerder betrokken raakten. Dit is de echte productiviteit van een startup: op een systematische manier ontdekken wat de juiste dingen zijn om te ontwikkelen.

Dit waren slechts een paar van de honderden experimenten die we week in week uit deden toen we inzicht begonnen te krijgen in welke consumenten ons product kochten en waarom. Elk beetje kennis dat wij wisten te verzamelen was aanleiding voor nieuwe experimenten, waardoor we steeds beter onze voortgang ten aanzien van ons doel konden meten.

De harde werkelijkheid van niets

Ondanks de eerste successen van IMVU waren onze brutocijfers nog steeds erg matig. Helaas is dit vanwege de traditionele manier waarop bedrijven worden geëvalueerd een gevaarlijke situatie. De ironie hiervan is dat het vaak makkelijker is om geld bij elkaar te brengen of andere bronnen aan te trekken wanneer je geen omzet maakt, geen klanten hebt en er ook helemaal geen beweging in het bedrijf zit, dan wanneer je een klein beetje van alles hebt. Als je helemaal niets hebt, wordt de verbeelding gestimuleerd, kleine aantallen daarentegen roepen de vraag op of grote aantallen ooit realiteit worden. Iedereen kent (of denkt te kennen) verhalen van producten die in één klap een enorm succes werden. Zolang er nog niets is verschenen en er geen gegevens zijn verzameld, is het mogelijk om in de toekomst opeens succesvol te zijn. Maar matige cijfers drukken die hoop de kop in. Dit fenomeen zorgt voor een nogal botte stimulans: het uitstellen van het verzamelen van gegevens totdat je helemaal zeker bent van je succes. Zoals we zullen zien hebben dergelijke vertragingen natuurlijk het ongelukkige effect dat het de hoeveelheid verspilde arbeid zal vergroten, de noodzakelijke feedback zal verminderen en op dramatische wijze het risico zal vergroten dat de startup iets zal ontwikkelen waar niemand op zit te wachten.

Het op de markt brengen van een product en er het beste van te hopen is ook geen goed plan, omdat deze stimulans reëel is. Toen wij IMVU opzetten, hadden wij geen enkel idee van het bestaan van dit probleem. Onze eerste investeerders en adviseurs vonden het wel vreemd dat wij in ons eerste plan een omzet van 300 euro per maand hadden begroot. Maar toen na enkele maanden onze omzet zo rond de 500 euro per maand schommelde, begonnen enkelen toch hun vertrouwen te verliezen. En dat gold ook voor een aantal adviseurs, werknemers en zelfs echtelieden. Er was zelfs een moment dat sommige investeerders ons in alle ernst adviseerden om ons product terug te trekken en even onder de radar te gaan. Maar toen we begonnen bij te stellen en te experimenteren en daarbij wat we hadden geleerd verwerkten in onze productontwikkeling en marketinginspanningen, werden de cijfers gelukkig steeds beter.

Maar niet zo heel veel beter! Aan de ene kant waren we blij dat de groeigrafiek de vorm van een hockeystick begon te vertonen, maar aan de andere kant kwam de grafiek ook niet verder dan een paar duizend euro per maand. Deze statistieken uit de beginperiode waren, ondanks dat ze veelbelovend waren, niet voldoende om het vertrouwen terug te winnen dat we bij onze vroegtijdige mislukking hadden verloren. En ook waren wij nog niet bekend met het begrip gevalideerd leren om met een alternatief concept op de proppen te komen. Wij prijzen ons gelukkig dat enkele van onze eerste investeerders het belang begrepen en bereid waren om verder te kijken dan de matige brutocijfers en onze echte vooruitgang konden waarnemen. (De precieze grafieken vind je terug in hoofdstuk 7.)

En daarom kunnen we de verspilling die voortkomt uit de harde werkelijkheid van niets enigszins verzachten met gevalideerd leren. Wij moesten aantonen dat onze inspanningen op het gebied van productontwikkeling ons zouden leiden naar een groot succes, zonder toe te geven aan de verleiding om terug te vallen op de pronkzucht ten aanzien van de cijfers en op 'succestheater' – alles wat we in het werk stelden om onszelf succesvol te laten lijken. We hadden het met marketingtrucjes kunnen proberen, een advertentie tijdens de Superbowl kunnen kopen of flamboyante pr kunnen inzetten als een manier om onze brutocijfers op te krikken. Dat had de investeerders wel de energie gegeven dat er beweging in het bedrijf zat, maar alleen voor een korte tijd. Uiteindelijk zouden de fundamenten onder het bedrijf worden weggeslagen en zou de pr niets meer kunnen betekenen. En omdat we kostbare bronnen zouden hebben verkwist aan theatraliteiten in plaats van aan vooruitgang, zouden we pas echt in de problemen zitten.

Zestig miljoen avatars later gaat het nog steeds uitstekend met IMVU. Het resultaat is niet alleen een fantastisch product, een fabuleus team en veelbelovende financiële resultaten, maar tevens een geheel nieuwe manier van het meten van de vooruitgang van startups.

Lessen die verder reiken dan IMVU

Ik heb meermaals de kans gehad om het verhaal van IMVU te gebruiken als een casestudy sinds de Graduate School of Business van Stanford University een officieel onderzoek wijdde aan de beginjaren van IMVU.[5] Onze case is nu onderdeel van het studieprogramma over ondernemerschap bij diverse hogescholen, waaronder Harvard Business School, waar ik nu werkzaam ben. Ik heb deze verhalen ook al talloze malen verteld tijdens workshops, lezingen en congressen.

Elke keer dat ik het verhaal van IMVU toelicht, kunnen studenten de verleiding bijna niet weerstaan om de aandacht te vestigen op de tactieken die hieruit duidelijk worden: het al vroeg op de markt brengen van een prototype van lage kwaliteit, klanten van het begin af aan laten betalen en gematigde omzetdoelstellingen als een manier om verantwoordelijkheid te stimuleren. Dit zijn nuttige technieken, maar zij vormen niet de moraal van het verhaal. Er zijn te veel uitzonderingen. Niet elke klant zal genoegen nemen met een prototype van lage kwaliteit, bijvoorbeeld. Als de studenten sceptisch zijn, willen ze nog wel eens beargumenteren dat de technieken niet van toepassing zijn op hun eigen bedrijfstak of situatie, maar alleen bij IMVU werkten omdat het een softwarebedrijf is, een internetbedrijf voor consumenten, of een toepassing die geen kritische elementen heeft die bepalend zijn voor het voortbestaan.

Geen van deze visies is erg behulpzaam. De Lean Startup-methode is niet een verzameling van afzonderlijke tactieken. Het is een benadering van productontwikkeling die gebaseerd is op principes. De enige manier om de aanbevelingen van de methode te begrijpen is de onderliggende principes te begrijpen die ervoor zorgen dat de methode werkt. Zoals we in latere hoofdstukken zullen zien, is het Lean Startup-model toegepast in een breed scala aan bedrijven en bedrijfstakken: fabricage, schone technologie, horeca en zelfs bij wasserijen. De tactieken die voorkomen in het verhaal van IMVU kunnen voor jouw specifieke bedrijf wel of niet van nut zijn.

En daarom is de enige weg vooruit elke startup in elke bedrijfstak te zien als een groots experiment. De vraag is niet "Kan dit product worden gemaakt?" In de moderne economie is het voor te stellen dat vrijwel elk product kan worden gemaakt. Veel belangrijker vragen zijn daarom “Moet dit product worden gemaakt?” en “Kunnen wij een duurzaam bedrijf opbouwen rond dit assortiment van producten en diensten?” Om deze twee vragen te beantwoorden, hebben we een methode nodig waarmee we op systematische wijze een bedrijfsplan kunnen ontleden naar afzonderlijke onderdelen en elk onderdeel empirisch kunnen testen.

Met andere woorden, we hebben een wetenschappelijke methode nodig. In het Lean Startup-model wordt elk product, elk kenmerk, elke marketingcampagne – alles wat een startup doet – beschouwd als een experiment dat ontworpen is om gevalideerd leren te bewerkstelligen. Deze experimentele benadering werkt bij diverse bedrijfstakken en sectoren, zoals we in hoofdstuk 4 zullen zien.

HOOFDSTUK 4

Experimenteren

Ik ben veel startups tegengekomen die moeite hebben om de volgende vragen te beantwoorden: Naar welke meningen van klanten moeten we luisteren, als we dat al moeten doen? Hoe moeten we prioriteiten stellen ten aanzien van de velen toepassingen die we zouden kunnen bouwen? Welke kenmerken zijn essentieel voor het succes van het product en welke zijn ondergeschikt? Wat kunnen we zonder problemen veranderen en wat zal klanten boos kunnen maken? Wat zou de hedendaagse klant kunnen plezieren, maar die van morgen helemaal niet? Waar moeten we nu als eerste aan gaan werken?

Het zijn enkele van de vragen die teams lastig vinden om te beantwoorden als zij het plan hebben gevolgd van 'laten we dit product gaan uitleveren en kijken wat er gebeurt'. Ik noem dit ook wel de ondernemersschool van 'just do it' (gewoon doen) naar analogie van de zeer beroemde slogan van Nike.[1] Helaas, als het plan is om maar af te wachten wat er gebeurt, dan zal het team daar ook zeker in slagen – namelijk zien wat er gebeurt – maar het zal niet noodzakelijkerwijs enig gevalideerd leren opleveren. Dit is een van de belangrijkste lessen van de wetenschappelijke methode: als je niet kunt falen, kun je ook niet leren.

Van alchemie tot wetenschap

De methodiek van de Lean Startup beschouwt de inspanningen van een startup als experimenten waarmee de strategie op de proef wordt gesteld, om te bekijken welke onderdelen briljant zijn en welke totaal waardeloos. Een echt experiment volgt een wetenschappelijke methode. Het begint met een duidelijke hypothese waarin aannames worden gedaan over wat er zou moeten gebeuren. Vervolgens test het deze aannames op empirische wijze. Net zoals wetenschappelijke experimenten zijn gestoeld op een theorie, zijn de startupexperimenten gebaseerd op de visie van startup. Het doel van elke startupexperiment is te ontdekken hoe een duurzaam bedrijf kan worden opgebouwd rond die visie.

Denk groot, begin klein

Zappos is de grootste online schoenenwinkel ter wereld en heeft een jaarlijkse bruto-omzet van meer dan 1 miljard euro. Het staat bekend als een van de meest succesvolle en klantvriendelijke internetbedrijven in de hele wereld, maar zo zijn ze niet begonnen.

Oprichter Nick Swinmurn was gefrustreerd omdat er nergens een goed bereikbare online winkel was met een grote collectie schoenen. Hij had een nieuwe en superieure detailhandel voor ogen. Swinmurn had ervoor kunnen kiezen om lang te wachten of kunnen vasthouden aan het uittesten van zijn gehele visie met magazijnen, distributiepartners en de belofte van aanzienlijke verkopen. Veel pioniers op internet met een bedrijf hebben dat ook zo gedaan, waaronder beruchte mislukkingen als Webvan en Pets.com.

Maar in plaats daarvan startte hij een experiment. Zijn hypothese was dat klanten er klaar voor waren om schoenen via internet te kopen. Om dit uit te proberen, begon hij aan de lokale schoenenwinkels te vragen of hij foto's mocht maken van hun voorraad. In ruil voor de toestemming om foto's te nemen, zou hij de foto's online plaatsen en terugkomen om de schoenen te kopen tegen de volle prijs als een klant ze online via hem bestelde.

Zappos begon met een heel klein en eenvoudig product. Het was ontworpen om met name één vraag te beantwoorden: bestaat er voor schoenen al voldoende vraag naar een onovertroffen online winkelervaring? Een goed ontworpen startupexperiment zoals dat waarmee Zappos begon, doet echter meer dan het testen van een enkel aspect van een bedrijfsplan.

Tijdens het testen van deze eerste aanname werden er ook andere aannames getest. Om de schoenen te kunnen verkopen, moest Zappos in contact treden met klanten: het innen van betalingen, het afhandelen van de retourpakketten en het verzorgen van klantondersteuning. Dit is iets heel anders dan marktonderzoek doen. Als Zappos had vertrouwd op bestaand marktonderzoek of een enquête had gehouden, had het kunnen vragen wat klanten dachten dat zij wilden. Maar door in plaats daarvan een product te ontwikkelen, zij het een simpel product, leerde het bedrijf veel meer:

1. Het beschikte over duidelijkere gegevens over wat de vraag van de klanten was, omdat het klantgedrag in de praktijk kon observeren en geen hypothetische vragen hoefde te stellen.
2. Het bedrijf plaatste zichzelf in een positie waarbij het direct contact moest maken met de klanten en zo kon leren wat hun behoeften waren. Het bedrijfsplan bijvoorbeeld zou kunnen uitgaan van kortingen op de normale prijzen, maar hoe reageren klanten op producten waarop deze kortingsstrategie van toepassing is?
3. Het bedrijf liet zichzelf verrassen door klanten die zich anders gedroegen dan verwacht, waarmee zij informatie prijsgaven die Zappos anders wellicht nooit te weten was gekomen. Wat als klanten bijvoorbeeld de schoenen terugstuurden?

Het oorspronkelijke experiment bood Zappos een duidelijke en kwantificeerbare uitkomst: ofwel genoeg klanten zouden de schoenen kopen, of niet. Het plaatste het bedrijf ook in een positie waarin het echte klanten en partners kon observeren, met hen in contact kon treden en van hen kon leren. Dit kwalitatief leren is een essentiële voorwaarde voor kwantitatief testen. Hoewel de allereerste inspanningen op bijzonder kleine schaal plaatsvonden, weerhield dit Zappos er niet van om zijn grote visie werkelijkheid te laten worden. In 2009 werd Zappos zelfs overgenomen door internetgigant Amazon.com, voor naar verluidt 1,2 miljard euro.[2]

Voor veranderingen op de lange termijn moet je nu experimenteren

Caroline Barlerin is de directeur van een internationale divisie van Hewlett-Packard op het gebied van sociale innovatie. HP is een multinational met meer dan 300.000 werknemers en een jaaromzet van meer dan 100 miljard euro. Caroline, die leiding geeft aan het proces om de betrokkenheid van internationale gemeenschappen stimuleren, is een sociaal ondernemer die meer werknemers van HP wil aansporen om gebruik te maken van de mogelijkheden die het beleid van het bedrijf biedt op het gebied van vrijwilligerswerk.

De richtlijnen van het bedrijf stimuleren werknemers om tot vier uur per week van hun werktijd te besteden aan vrijwilligerswerk in hun eigen gemeenschap; dat vrijwilligerswerk kan elke vorm van filantropische activiteit zijn: het schilderen van hekjes, het bouwen van huizen of zelfs het gratis inzetten van werkgerelateerde vaardigheden buiten het bedrijf. Het was Carolines prioriteit om deze laatste vorm van vrijwilligerswerk te stimuleren. Omdat er onder de werknemers van HP veel talent en waarde aanwezig was, kon dit potentieel een zeer grote positieve impact hebben. Zo kon een ontwerper een non-profitbedrijf helpen met de bouw van een nieuwe website. Een team van technici kon de bekabeling in een school voor internettoegang verzorgen.

Carolines project is pas van start gegaan en de meeste werknemers weten helemaal niet dat dit beleid ten aanzien van vrijwilligerswerk bestaat, en daarom zijn er slechts enkelen die er gebruik van maken. Het meeste vrijwilligerswerk was niet ingrijpend en betrof handwerk, zelfs wanneer de vrijwilligers hoogopgeleide deskundigen waren. Het is Barlerins visie om de honderdduizenden werknemers van het bedrijf om te vormen tot een arbeidspotentieel dat goede dingen kan doen voor de samenleving.

Dit zijn de soort bedrijfsinitiatieven die elke dag bij bedrijven in de hele wereld tot stand komen. Volgens de conventionele definitie lijkt het niet echt op een startup of wat we wel eens op tv zien. Op het eerste gezicht lijkt het geschikt voor de traditionele management- en planningsmethoden. Maar ik hoop echter dat hetgeen we in hoofdstuk 2 hebben besproken je al een beetje argwanend heeft gemaakt. We zouden dit project op de volgende manier kunnen analyseren met behulp van het Lean Startup-raamwerk.

Carolines project heeft te maken met grote onzekerheden: nog nooit eerder was er een campagne voor vrijwilligerswerk van deze omvang binnen HP opgezet. Hoeveel vertrouwen moet zij er in hebben dat ze de ware reden kent waarom mensen vrijwilligerswerk gaan doen? En belangrijker nog, wat weet ze eigenlijk over het veranderen van het gedrag van honderdduizenden mensen in meer dan 170 landen? Het is haar doel om haar collega's te inspireren de wereld beter te maken. Vanuit dat gezichtspunt lijkt het plan vol te zitten met nog niet geteste aannames – en heel veel visie.

In overeenstemming met de traditionele managementmethoden besteedt Barlerin tijd aan plannen, instemming vergaren van diverse afdelingen en andere managers en het uitstippelen van een routekaart met initiatieven voor de eerste achttien maanden van haar project. Ze heeft ook een stevig raamwerk voor verantwoording met maatstaven voor de invloed die haar project zou moeten hebben op het bedrijf gedurende de komende vier jaar. Net als veel andere ondernemers heeft zij een bedrijfsplan dat heel fraai haar bedoelingen uitlegt. Maar ondanks al dat werk, behaalt ze tot nu toe slechts kleine successen en komt ze niet met zekerheid te weten of haar visie zal kunnen groeien.

Een aanname zou bijvoorbeeld kunnen zijn dat de al lang geldende waarden van het bedrijf een verplichting inhielden om de samenleving te verbeteren, maar dat de recente economische terugval had geresulteerd in een binnen het bedrijf breed geaccepteerde strategie om de nadruk te leggen op winstgevendheid op de korte termijn. Wellicht zouden werknemers die al heel lang in dienst waren de wens voelen om hun waarden van iets terug te geven aan de samenleving willen bevestigen door vrijwilligerswerk te doen. Een tweede aanname zou kunnen zijn dat zij meer tevredenheid uit hun vrijwilligerswerk halen, en dit ook duurzamer achten, als zij hun professionele vaardigheden konden inzetten, wat een grotere impact zou hebben vanwege de organisaties waaraan zij hun tijd gaven. Carolines plannen omvatten ook veel praktische aannames over de bereidheid van werknemers om de tijd te nemen om vrijwilligerswerk te doen, hun niveau van betrokkenheid en wenselijkheid, en hoe zij deze mensen het best kon bereiken met haar boodschap.

Het Lean Startup-model biedt een manier om deze hypotheses op een krachtige manier te testen, direct en gedegen. Strategisch plannen vergt maanden om af te ronden; deze experimenten zouden direct kunnen beginnen. Door klein te beginnen kon Caroline, zonder concessies te doen aan haar overkoepelende visie, voorkomen dat er mettertijd veel verspilling zou ontstaan. Als Caroline haar project als een experiment zou aanpakken, zou dat er als volgt uit kunnen zien.

Opdelen

De eerste stap zou zijn om de overkoepelende visie op te delen in verschillende elementen. De twee belangrijkste aannames die ondernemers doen zijn wat ik de *waardehypothese* (value hypothesis) en de *groeihypothese* (growth hypothesis) noem.

De waardehypothese test of een product of dienst daadwerkelijk waarde levert voor klanten als zij het eenmaal gaan gebruiken. Maar wat is een goede indicator dat werknemers het doneren van hun tijd waardevol vinden? We zouden ze om hun mening kunnen vragen in een enquête, maar dat zal niet heel erg zuiver zijn omdat de meeste mensen er moeite mee hebben om hun eigen gevoelens objectief te beoordelen.

Experimenten bieden een veel nauwkeuriger maatstaf. Wat zouden we in de praktijk kunnen zien dat een aanwijzing zou kunnen zijn voor de waarde die de deelnemers ervaren wanneer zij vrijwilligerswerk doen? We zouden kunnen zoeken naar mogelijkheden om een klein aantal werknemers vrijwilligerswerk te laten doen en vervolgens kunnen kijken naar de retentiewaarden van deze werknemers. Hoeveel van hen zouden zich opnieuw aanmelden voor vrijwilligerswerk? Wanneer een werknemer geheel vrijwillig zijn tijd en aandacht schenkt aan dit programma, is dat een sterke aanwijzing dat hij het waardevol vindt.

Voor de groeihypothese, waarmee wordt getest hoe nieuwe klanten een product of dienst vinden, kunnen we een vergelijkbare analyse doen. Wanneer het programma eenmaal goed draait, hoe verspreidt dit zich dan onder de werknemers, van de *early adopters* tot een brede acceptatie in het hele bedrijf. Een zeer waarschijnlijke manier waarop dit programma zou kunnen groeien is door middel van virale groei. Als dat zo is, dan is gedrag het belangrijkste aspect dat moet worden gemeten: zouden de allereerste deelnemers actief andere werknemers gaan vertellen over het programma?

In dit geval zou een eenvoudig experiment een klein aantal al lang bij het bedrijf werkzame werknemers omvatten – een stuk of tien misschien – die een bijzondere kans op vrijwilligerswerk zouden worden geboden. Omdat een van Carolines hypotheses was dat werknemers zouden worden gemotiveerd om de historische betrokkenheid van HP bij vrijwilligerswerk waar te maken, zou het experiment zich richten op werknemers die het sterkst een gevoel van afstand tussen hun dagelijkse routines en de uitgesproken waarden van het bedrijf voelden. Het is de bedoeling om juist niet de gemiddelde klant te vinden, maar de *early adopters*: de klanten die de behoefte aan het product het sterkst en direct voelen. Die klanten zijn geneigd om sneller gemaakte fouten te vergeven en zij zijn ook heel bereidwillig om feedback te geven.

Vervolgens zou Caroline met een techniek die ik het *concierge minimum viable product* noem – uitvoerig beschreven in hoofdstuk 6 – ervoor kunnen zorgen dat de ervaring van de eerste paar deelnemers zo goed mogelijk was, helemaal in overeenstemming met haar visie. In tegenstelling tot bij een focusgroep zou het haar doel zijn om daadwerkelijk te meten wat de klanten deden. Hoeveel van de eerste vrijwilligers bijvoorbeeld maakten ook echt hun vrijwilligersopdracht af? En hoeveel werknemers stelden zich een tweede keer beschikbaar? En hoeveel zijn er bereid om een collega te overtuigen deel te nemen aan een volgende vrijwilligersactiviteit?

Aanvullende experimenten kunnen worden gedaan op basis van deze vroege feedback en leerervaringen. Als bijvoorbeeld het groeimodel verlangt dat een bepaald percentage van de deelnemers hun ervaringen deelt met collega's en hen stimuleert ook deel te nemen, dan kan de mate waarin dit gebeurt worden getest, zelfs met een klein aantal mensen. Als tien personen het eerste experiment doorlopen, van hoeveel daarvan verwachten wij dan dat ze zich wederom beschikbaar stellen voor vrijwilligerswerk? Als hen wordt gevraagd om een collega te werven, van hoeveel personen verwachten wij dan dat zij dat zullen doen? Onthoud dat dit wel de *early adopters* moeten zijn die het meeste voordeel hebben bij het programma.

Met andere woorden, wat gebeurt er als tien *early adopters* besluiten om zich niet opnieuw aan te melden? Dat zou dan een belangrijk – en zeer negatief – resultaat zijn. Als de cijfers na dergelijke vroege experimenten er niet veelbelovend uitzien, dan schort er duidelijk iets aan de strategie. Dat betekent nog niet dat de handdoek in de ring moet worden gegooid; integendeel, het betekent dat er behoefte is aan directe kwalitatieve feedback over hoe het programma kan worden verbeterd. Op zulke momenten biedt deze manier van experimenteren een voordeel boven traditioneel marktonderzoek. We hoeven geen enquête te organiseren of nieuwe mensen te vinden om te bevragen. We beschikken namelijk al over een groep mensen met wie we kunnen praten, en over kennis ten aanzien van hun feitelijke gedrag: de deelnemers aan het eerste experiment.

Dit hele experiment kan binnen een week zijn afgerond, minder dan een tiende van de tijd die nodig is voor het traditionele planningsproces van een strategie. En het kan ook tegelijkertijd met strategische planning plaatsvinden, terwijl het plan nog wordt geschreven. Zelfs wanneer experimenten negatieve resultaten opleveren, kunnen die mislukkingen zeer behulpzaam zijn en de inhoud van de strategie beïnvloeden. Wat moet er bijvoorbeeld gebeuren als er geen vrijwilligers kunnen worden gevonden die het waardeconflict binnen de organisatie ervaren zoals dat in belangrijke mate in het bedrijfsplan werd verondersteld? Als dat het geval is, gefeliciteerd: het is tijd om bij te stellen (een concept dat verder wordt uitgewerkt in hoofdstuk 8).[3]

Een experiment is een product

In het Lean Startup-model is een experiment meer dan slechts een theoretisch onderzoek. Het is ook een eerste product. Als dit of een ander experiment succesvol is, stelt dat de manager in staat te starten met zijn campagne: *early adopters* erbij betrekken, werknemers toevoegen aan elk volgend experiment of elke volgende stap, en uiteindelijk het maken van het product. Tegen de tijd dat het product klaar is om breed te worden gedistribueerd, zal het al klanten hebben getrokken. Problemen zullen zijn opgelost en er zullen gedetailleerde specificaties zijn over wat er moet worden gebouwd. In tegenstelling tot de traditionele strategieplanning of traditioneel marktonderzoek komen deze specificaties voort uit de feedback over wat op dit moment werkt en zijn zij niet gebaseerd op verwachtingen over wat morgen zou kunnen werken.

Als voorbeeld uit de praktijk nemen we Kodak. De geschiedenis van Kodak bestaat uit camera's en film, maar tegenwoordig beheert het ook een niet gering internetbedrijf, Kodak Gallery genaamd. Marc Cook is vice president producten van Kodak Gallery en hij werkt aan een verandering van de ontwikkelcultuur bij het bedrijf en wil een bredere acceptatie van experimenteren.

Marc vertelde mij, "Vroeger was het zo dat de productmanager zei "Dit is wat ik wil". De reactie van de ingenieur was dan, "Dat ga ik bouwen". Maar in plaats daarvan probeer ik mijn team ervan te overtuigen om eerst de volgende vier vragen te beantwoorden:

1. Herkennen klanten het probleem dat jij voor hen probeert op te lossen?
2. Als er een oplossing was, zouden zij die dan kopen?
3. Zouden zij die dan van ons kopen?
4. Kunnen wij een oplossing bouwen voor dat probleem?

De algemene tendens bij productontwikkeling is meteen naar vraag 4 te gaan en een oplossing te bouwen voordat er een bevestiging is dat klanten dat probleem ook ervaren. Kodak Gallery bood op zijn website bijvoorbeeld trouwkaarten aan met goudkleurige teksten en plaatjes. Die ontwerpen waren enorm populair bij klanten die gingen trouwen, en het team besloot daarop om de kaarten opnieuw te ontwerpen zodat ze ook bij andere gelegenheden, zoals feestdagen, konden worden gebruikt. Marktonderzoek en het ontwerpproces gaven aan dat klanten de nieuwe kaarten leuk zouden vinden en daarmee werden de aanzienlijke inspanningen die werden gedaan om deze kaarten te maken verantwoord.

Enkele dagen voor de lancering realiseerde het team zich dat de kaarten te lastig te onderscheiden waren op basis van de afbeeldingen op de website; mensen konden niet zien hoe mooi ze waren. En ook waren ze lastig te produceren. Cook realiseerde zich toen dat ze verkeerdom hadden gewerkt. Hij legt uit, "Totdat we hadden uitgevogeld hoe we dit product konden verkopen en maken, had het geen zin om verder tijd te besteden aan de ontwikkeling ervan."

Op basis van die ervaring veranderde hij zijn benadering en begeleidde hij zijn team bij de ontwikkeling van een aantal nieuwe kenmerken van een product dat het mensen gemakkelijker maakt om foto's te delen die zij tijdens een evenement hebben genomen. Zij geloofden dat een online evenementenalbum een manier voor mensen zou zijn om foto's die waren gemaakt tijdens een bruiloft, een conferentie of een andere bijeenkomst, te delen met andere aanwezigen. In tegenstelling tot andere services om foto's te delen was het evenementenalbum van Kodak Gallery goed beveiligd, waardoor de foto's alleen konden worden gedeeld met mensen die ook daadwerkelijk het evenement hadden bezocht.

Cook brak met het verleden toen hij de groep begeleidde bij het proces van het vaststellen van de risico's en de aannames voordat hij ook maar iets zou bouwen. En vervolgens testte hij deze aannames op een experimentele wijze.

Twee belangrijke hypotheses lagen ten grondslag aan het voorgestelde evenementenalbum:

1. Allereerst veronderstelde het team dat klanten de albums wilden maken.
2. Het team veronderstelde dat deelnemers aan evenementen fo-

to's zouden uploaden naar evenementenalbums die gemaakt waren door vrienden of collega's.

Het team van Kodak Gallery ontwikkelde een eenvoudig prototype van het evenementenalbum. Er ontbraken nog veel voorzieningen – zo veel eigenlijk dat het team er niet zo happig op was om het aan klanten te laten zien. Maar zelfs in dit vroege stadium was het feit dat ze klanten in staat stelden om het prototype te gebruiken behulpzaam bij het weerleggen van hun hypothesen. Allereerst was het maken van een album niet zo gemakkelijk als het team had voorspeld; geen enkele van de eerste klanten was in staat om er een te maken. En daarnaast klaagden klanten dat er in deze eerste versie veel functies ontbraken.

Deze negatieve resultaten ontmoedigden het team. De problemen met de bruikbaarheid frustreerde hen, net zoals de klachten van klanten over de ontbrekende functies, waarvan vele waren terug te vinden in het oorspronkelijke plan. Cook legt uit dat ondanks dat er een aantal belangrijke functies in het product ontbraken, het project niet mislukt was. Het aanvankelijke product – met al zijn gebreken – bevestigde dat er bij gebruikers een behoefte was om evenementenalbums te maken, en dat op zich was zeer waardevolle informatie. Toen klanten begonnen te klagen over de ontbrekende functies, was dit voor het team een teken dat ze op de juiste weg zaten. Het team beschikte nu in een vroeg stadium over bewijs dat die kenmerken inderdaad belangrijk waren. Maar hoe zat het dan met de toepassingen die wel in het oorspronkelijke plan verwerkt waren maar waar klanten niet over klaagden? Misschien waren die functies niet zo belangrijk als zij in het begin leken.

Met behulp van een bètaversie kon het team nog meer leren en aanpassen. Terwijl de eerste gebruikers enthousiast waren en de cijfers veelbelovend, deed het team een belangrijke ontdekking. Door gebruik te maken van een online enquêtehulpmiddel genaamd KISSinsights, kwam het team er achter dat veel klanten de mogelijkheid wilden hebben om de volgorde van de foto's zelf te bepalen voordat zij anderen zouden vragen hun bijdrage te leveren. Omdat ze wisten dat ze nog niet klaar waren voor de officiële lancering, weerhield Cook zijn general manager ervan de marketingcampagne te starten door uit te leggen dat bijstellen en experimenteren voordat de campagne van start zou gaan tot betere resultaten zou leiden. In een wereld waarin de lanceringsdata van marketingcampagnes vaak maanden van tevoren worden vastgesteld, was wachten totdat het team het probleem had opgelost een breuk met het verleden.

Dit proces betekende een grote verandering voor Kodak Gallery; werknemers wisten niet beter dan dat hun vooruitgang werd gemeten aan de hand van de taken die ze hadden volbracht. Maar zoals gezegd, succes hangt niet af van het realiseren van een bepaald kenmerk, succes betekent leren hoe je het probleem van de klant kunt oplossen.[4]

De lokale wasservice

Door de hoge aanschafkosten beschikt in India minder dan zeven procent van de bevolking over een eigen wasmachine. De meeste mensen doen hun was ofwel thuis met de hand of betalen een dhobi, een wasvrouw, om het voor ze te doen. Dhobi's nemen het wasgoed mee naar de dichtstbijzijnde rivier, wassen het, slaan het op de rotsen om het vuil eruit te krijgen en hangen het op om te drogen. Dit proces neemt zo'n twee tot zeven dagen in beslag. Het resultaat? De kleren worden met een dag of tien teruggebracht en zijn zeer waarschijnlijk niet zo schoon.

Akshay Mehra werkte al acht jaar bij Procter & Gamble in Singapore toen hij een mogelijkheid zag. Als brand manager van de merken Tide en Pantene voor India en de Aziatische landen, bedacht hij dat hij wasdiensten beschikbaar kon stellen aan mensen die deze eerder nooit konden betalen. Toen hij terugkeerde naar India, werd hij lid van de Village Laundry Services (VLS), die was opgericht door Innosight Ventures. VLS startte een aantal experimenten om een aantal aannames voor het opzetten van een bedrijf te testen.

Voor hun eerste experiment plaatste VLS een gewone consumentenwasmachine op de laadbak van een pick-uptruck die geparkeerd stond op de hoek van een straat in Bangalore. Het experiment kostte slechts 8000 euro en het enige doel was het aantonen dat mensen hun wasgoed zouden afstaan en zouden betalen om het te laten wassen. De ondernemers wasten de kleding niet ter plekke op de vrachtwagen, die er alleen maar stond voor de show en marketingdoeleinden. Ze namen het wasgoed ergens anders mee naartoe om het te wassen en brachten het aan het eind van de dag weer terug bij hun klanten.

Het team van VLS hield dit experiment een week vol. Het parkeerde een vrachtwagen op verschillende straathoeken en probeerde steeds meer te weten te komen over hun potentiële klanten. Zij wilde weten hoe zij mensen konden aanmoedigen naar de vrachtwagen te komen. Was het belangrijk hoe snel de was werd gedaan? Was het belangrijk hoe schoon de was werd? Wat was het dat mensen wilden wanneer zij hun wasgoed bij hen achterlieten? Ze ontdekten dat klanten heel graag hun wasgoed aan hen gaven om het te laten wassen. Maar deze klanten waren wel wantrouwend als het ging om de wasmachine die achterop de truck stond en ze waren bang dat VLS hun was mee zou nemen en nooit meer terug zou komen. Om iets te doen aan die bezorgdheid, ontwierp VLS een iets degelijkere mobiele kar, zodat het meer leek op een kraampje.

VLS experimenteerde ook met het parkeren van de kar voor een lokale keten van kleine supermarkten. Verdere aanpassingen op basis van de feedback hielpen VLS bij het ontdekken in welke diensten de mensen het meest geïnteresseerd waren en hoeveel zij bereid waren daarvoor te betalen. Ze kwamen er achter dat klanten ook vaak wilden dat hun kleren gestreken werden en dat ze bereid waren om twee keer zoveel te betalen als ze hun was in vier uur terug hadden in plaats van 24 uur.

Het resultaat van deze eerste experimenten was dat VLS een eindproduct kon maken in de vorm van een één bij anderhalve meter grote mobiele kraam met een energiezuinige consumentenwasmachine, een droger en een extra lang elektriciteitssnoer. In de kraam maakten ze gebruik van westerse wasmiddelen en ook werd er door VLS dagelijks schoon water aangeleverd.

Sindsdien is de Village Laundry Service enorm gegroeid en zijn er nu veertien locaties in Bangalore, Mysore en Mumbai. CEO Akshay Mehra vertelde mij, "We hebben in 2010 116.000 kilo aan wasgoed verwerkt (tegen 30.600 kilo in 2009). En bijna 60 procent van onze omzet komt van terugkerende klanten. We hebben inmiddels alleen al in het afgelopen jaar op al onze locaties meer dan 10.000 klanten bediend."[5]

Een Lean Startup bij de overheid

Op 21 juli 2010 ondertekende president Obama van de VS de wet 'Dodd-Frank Wall Street reform and Consumer Protection Act'. Daarmee werd ook een nieuw federaal instituut, de Consumer Federal Protection Bureau (CFPB) een feit. Deze instelling heeft tot taak Amerikaanse burgers te beschermen tegen woekerleningen door financiële instellingen zoals creditcardbedrijven, verschaffers van leningen aan studenten en kredietverstrekkers. Volgens het plan moet dit worden gerealiseerd door het inrichten van een callcenter waar getrainde werknemers telefoontjes van het algemene publiek zullen beantwoorden.

Als het aan zo'n nieuwe overheidsinstelling lag, zou het zeer waarschijnlijk veel personeel in dienst nemen op basis van een groot budget en een duur en tijdrovend plan opzetten. De CFPB echter wilde het anders aanpakken. Ondanks een budget van 500 miljoen euro en het feit dat er veel ruchtbaarheid aan de oprichting is gegeven, is de CPFB eigenlijk een gewone startup.

President Obama belastte zijn chief technology officer, Aneesh Chopra, met het verzamelen van ideeën over hoe dit nieuwe instituut kon worden opgezet, en zo raakte ik er ook bij betrokken. Tijdens een van Chopra's bezoeken aan Silicon Valley nodigde hij een aantal ondernemers uit manieren aan te dragen om een startupmentaliteit bij een nieuw op te zetten instituut te kweken. Hij richtte zich met name op het inzetten van technologie en innovatie om die instelling efficiënter, kostenbesparend en degelijk te maken.

Mijn suggesties kwamen direct voort uit de principes die we in dit hoofdstuk bespreken: behandel CFPB als een experiment, stel vast dat elementen van het plan aannames en geen feiten zijn en bedenk een manier om ze op de proef te stellen. Met behulp van deze inzichten konden we een minimaal levensvatbaar product ontwikkelen en de instelling operationeel maken – op een zeer kleine schaal – lang voordat het officiële plan in werking zou worden gezet.

De allerbelangrijkste veronderstelling in het huidige plan is dat als Amerikanen eenmaal weten dat zij met het CFPB contact kunnen opnemen voor hulp bij financiële fraude en misbruik, dat een groot aantal burgers dat ook daadwerkelijk zal doen. Het klinkt alleszins redelijk, omdat het is gebaseerd op het onderzoek over hoeveel Amerikanen elk jaar met fraude te maken krijgen. Als het aantal fraudegevallen opvallend sterk afwijkt van het aantal dat in het plan wordt genoemd, dan is er een substantiële herziening nodig. Maar wat nu als Amerikanen die slachtoffer zijn van financieel misbruik zichzelf helemaal niet als slachtoffers zien en daarom ook geen hulp zoeken? En wat als er verschillende meningen zijn over welke problemen belangrijk zijn? En wat wanneer zij die instelling bellen en hulp vragen bij problemen die buiten hun bereik liggen?

Als die instelling eenmaal opereert met een budget van 500 miljoen euro en een dienovereenkomstig groot personeelsbestand, zal het aanpassen van het plan een dure en tijdrovende aangelegenheid zijn, dus waarom zou je nog wachten om feedback te vergaren? Om direct met experimenteren te beginnen, zou de instelling een eenvoudige telefoonlijn kunnen openen waarbij ze gebruikmaken van een van de nieuwere kostenbesparende en snel in te richten platforms als Twilio. In een paar uur zouden ze al eenvoudige menu's kunnen hebben zodat de bellers een financieel probleem kunnen kiezen waarna ze worden doorverbonden. In de eerste versie zouden deze menusuggesties kunnen worden gehaald uit bestaand onderzoek. In plaats van dat er een medewerker aan de lijn komt, zou bij elk menu de beller via een vooraf ingesproken bandje nuttige informatie kunnen krijgen over hoe hij zijn probleem kan oplossen.

In plaats van deze hotline al in het hele land uit te rollen, zou de instelling het experiment op kleine schaal kunnen uitvoeren: begin met een klein geografisch gebied, misschien slechts maar een paar wijken in een stad, en in plaats van te betalen voor dure tv- en radioreclames om mensen te informeren over de dienst, zou gebruikgemaakt kunnen worden van een veel directere manier van adverteren. Billboards, advertenties in lokale kranten of speciaal op de doelgroep gerichte online advertenties zouden een oplossing kunnen zijn. Omdat het gebied dat bereikt wordt zo klein is, zouden ze het zich kunnen veroorloven om een bepaald bedrag te besteden aan het creëren van grote bekendheid in het doelgebied. De totale kosten zouden niettemin nog erg laag zijn.

Als een veelomvattende oplossing voor het probleem van financieel misbruik is dit minimaal levensvatbaar product lang niet zo goed als wat bereikt zou kunnen worden met een instelling met een budget van 500 miljoen euro. Maar daarentegen is het ook niet erg duur. Dit product kan in luttele dagen of weken worden ontwikkeld en het hele experiment zou waarschijnlijk niet meer dan een paar duizend euro kosten.

Wat we van dit experiment zouden leren, zou van onschatbare waarde zijn. Op basis van de eerste groep bellers zou de instelling direct een beeld krijgen van wat voor soort problemen Amerikanen denken te hebben, en niet slechts de problemen die zij zouden 'moeten' hebben. De instelling zou kunnen beginnen met het testen van marketingboodschappen: Wat motiveert mensen om te bellen? Ze zouden ook een begin kunnen maken met het extrapoleren van actuele trends: Welk percentage van de mensen in het doelgebied pakt feitelijk de telefoon? De extrapolatie zou niet perfect zijn, maar het zou wel een basaal idee geven van het gedrag, en dat zou veel accurater zijn dan een marktonderzoek zou opleveren.

Maar het allerbelangrijkste is dat dit product zou fungeren als een zaadje dat kan uitgroeien tot een veel uitgebreidere dienst. Maar met een dergelijk begin zou de instelling kunnen deelnemen aan een continu proces van verbetering, waarbij het langzaam maar zeker meer en betere oplossingen kan toevoegen. Uiteindelijk zouden er achter de telefoons professionals moeten plaatsnemen, die eventueel in het begin alleen een bepaalde categorie van problemen afhandelen, zodat deze professionele maatschappelijk werkers de beste kans op succes hebben. En tegen de tijd dat het officiële plan dan kon worden doorgevoerd, zou deze initiële dienst kunnen dienen als een in de praktijk getest sjabloon.

De CFPB begint net, maar het is nu al te merken dat zij een experimentele benadering hebben gekozen. In plaats van een geografisch beperkte uitstroom bijvoorbeeld, hebben zij hun eerste producten opgedeeld naar de aard van de problemen. Ze hebben een voorlopige volgorde gemaakt van de financiële producten waarbij ze consumenten hun diensten aanbieden, en er daarbij voor gekozen eerst de problemen rond creditcards aan te pakken. Naarmate hun eerste experiment zich uitbreidt, zullen zij de mogelijkheid hebben om alle andere klachten en consumentenfeedback die zij ontvangen nauwgezet in de gaten te houden. Deze gegevens zullen van invloed zijn op de diepte, breedte en uitrol van toekomstige diensten.

Davis Forrest, hoofd technologie bij CFPB, vertelde mij, "Het is ons doel om Amerikaanse burgers een gemakkelijke manier te bieden om ons te vertellen over de problemen die zij als consumenten tegenkomen in de financiële wereld. We hebben de mogelijkheid om goed in de gaten te houden wat de mensen ons vertellen en te reageren op nieuwe informatie. Markten veranderen continu en het is onze taak om mee te veranderen."[6]

De ondernemers en managers die in dit boek worden genoemd zijn slim, capabel en zeer resultaatgericht. In veel gevallen zitten zij midden in de opbouw van een organisatie en doen zij dat op een manier die overeenkomt met de manieren van het huidige managementdenken. In zowel de publieke als de private sectoren komen zij dezelfde uitdagingen tegen, ongeacht de bedrijfstak. En zoals we hebben gezien, hebben zelfs de meest doorgewinterde managers en leidinggevenden bij de best geleide bedrijven ter wereld moeite om hun bedrijven alsmaar verder te ontwikkelen en innovatieve nieuwe producten te lanceren.

Zij zien zich gesteld voor de uitdaging om het gangbare managementdenken waarbij men vooral vertrouwen heeft in wetenschappelijk onderbouwde plannen overboord te gooien. Vergeet niet dat plannen een hulpmiddel is dat alleen werkt als er sprake is van een lange en stabiele bestaansgeschiedenis. En denken wij nu met z'n allen dat de wereld om ons heen elke dag een beetje stabieler wordt? Anders gaan denken is moeilijk, maar wel essentieel wil een startup succesvol zijn. Ik hoop dat dit boek managers en ondernemers kan helpen om deze verandering tot stand te brengen.

DEEL 2

STUREN

Hoe visie leidt tot sturing

In de kern is een startup een katalysator die ideeën omvormt tot producten. Naarmate klanten steeds meer met die producten in aanraking komen, zal er feedback en daarmee informatie ontstaan. Deze feedback is zowel kwalitatief (zoals wat klanten wel en niet leuk vinden) als kwantitatief (zoals hoeveel mensen het gebruiken ervan waardevol vinden). Zoals we in deel 1 hebben gezien, zijn de producten die een startup ontwikkelt feitelijk experimenten; het leren hoe een duurzaam bedrijf kan worden opgebouwd is het resultaat van die experimenten. Voor startups is die informatie veel belangrijker dan dollars, erkenning of genoemd worden in de pers, omdat het de toekomstige ideeën kan beïnvloeden en herformuleren.

We kunnen dit proces, dat uit drie stappen bestaat, in een eenvoudig diagram weergegeven:

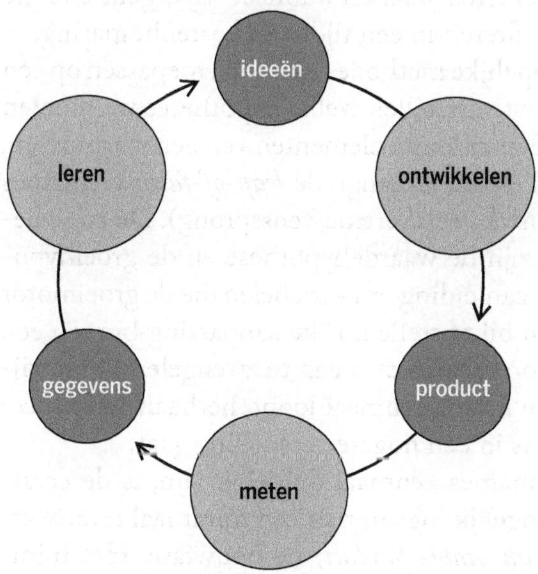

De totale tijd van de feedbackcyclus minimaliseren

De feedbackcyclus van bouwen-meten-leren vormt de kern van het Lean Startup-model. In deel 2 zullen wij dit nader bespreken.

Veel mensen zijn professioneel getraind in een element van deze feedbackcyclus. Voor ontwikkelaars is dat leren om dingen zo efficiënt mogelijk te bouwen. Sommige managers zijn deskundigen in het uitstippelen van een strategie en het leren achter een whiteboard. En er zijn genoeg ondernemers die hun energie richten op kernwoorden: het beste productidee of het best ontworpen eerste product, of ze maken zich druk over gegevens en maatstaven. De waarheid is dat geen van deze activiteiten op zichzelf van het allergrootste belang is. In plaats daarvan moeten wij onze energie richten op het minimaliseren van de totale tijd van deze feedbackcyclus. Dat is de essentie van sturing geven aan een startup en het is tevens het onderwerp van deel 2 van dit boek. We zullen de gehele feedbackcyclus van bouwen-meten-leren doorlopen en alle componenten in detail bespreken.

Het doel van deel 1 was het ontdekken van het belang van leren als maatstaf voor de vooruitgang van een startup. Ik hoop dat inmiddels duidelijk is dat wij door onze aandacht te richten op gevalideerd leren, veel van de verspilling kunnen voorkomen waar startups tegenwoordig mee te maken krijgen. Net zoals bij Lean-productie, zal het leren waar en wanneer wij ergens energie in moeten stoppen resulteren in een tijds- en kostenbesparing.

Om de wetenschappelijke methode te kunnen toepassen op een startup, moeten we eerst vaststellen welke hypotheses we moeten testen. Ik noem de meest riskante elementen van een startupplan, de onderdelen waar alles van af hangt, de *leap-of-faith*-aannames (aannames ten aanzien van een vertrouwenssprong). De twee belangrijkste aannames zijn de waardehypothese en de groeihypothese. Deze geeft vaak aanleiding om variabelen die de groeimotor van de startup bepalen bij te stellen. Elke aanpassing binnen een startup is een poging om deze motor aan te zwengelen om te kijken of hij start. Als de motor eenmaal loopt, herhaalt het proces zich, waarbij hij telkens in een hogere versnelling gaat.

Wanneer deze aannames eenmaal duidelijk zijn, is de eerste fase die wij zo snel mogelijk ingaan met een minimaal levensvatbaar product (*minimum viable product*) de bouwfase. Het minimaal levensvatbaar product is die versie van het product die het mogelijk maakt om de volledige cyclus van bouwen-meten-leren te doorlopen met zo weinig mogelijk inspanning en zo min mogelijk ontwikkeltijd. Het minimaal levensvatbaar product ontbeert nog veel voorzieningen die later essentieel kunnen blijken te zijn. Maar op een bepaalde manier vraagt het maken van een minimaal levensvatbaar product ook om extra werk: we moeten in staat zijn om de impact ervan te meten. Zo is het bijvoorbeeld niet voldoende om een prototype te bouwen dat uitsluitend op de intrinsieke kwaliteit wordt beoordeeld door ontwikkelaars en ontwerpers. We moeten het product ook presenteren aan potentiele klanten om hun reactie te polsen. We moeten misschien zelfs wel proberen om hen het prototype te verkopen, zoals we hierna zullen zien.

Wanneer we de meetfase betreden, zal de grootste uitdaging zijn dat we moeten bepalen of de energie die is gestoken in de productontwikkeling ook leidt tot daadwerkelijke vooruitgang. Onthoud dat als wij iets ontwikkelen waar niemand op zit te wachten, het helemaal niet uitmaakt of we het binnen een gestelde tijd of een gesteld budget doen. De methode die ik aanbeveel word *innovation accounting* genoemd, ofwel administreren en meten van innovatie, een kwantitatieve benadering die ons in staat stelt vast te stellen of onze inspanningen om de motor bij te stellen tot enig resultaat hebben geleid. Het biedt ons bovendien de mogelijkheid om zogenaamde learning milestones (leermijlpalen) te ontwikkelen, als alternatief voor de traditionele management- en productmijlpalen. Deze leermijlpalen zijn voor ondernemers nuttig, omdat zij een manier zijn om heel precies en objectief hun voortgang te beoordelen; zij zijn ook zeer waardevol voor managers en investeerders die de ondernemers ter verantwoording roepen. Maar niet alle metingen komen op dezelfde manier tot stand, en in hoofdstuk 7 leg ik het gevaar uit van zogenaamde *vanity metrics* (ijdele metingen) in tegenstelling tot de rechttoe rechtaan *actionable metrics* (opvolgbare metingen), die helpen het klantgedrag te analyseren ter ondersteuning van het verantwoorden van de innovatie.

Tot slot misschien wel het belangrijkste aspect, het bijstellen. Nadat we de cyclus van bouwen-meten-leren hebben doorlopen, worden we geconfronteerd met de lastigste vraag voor elke ondernemer: of de oorspronkelijke strategie moet worden bijgesteld of moet worden doorgezet. Als wij hebben ontdekt dat een van onze hypotheses onjuist is, moeten we een ingrijpende verandering doorvoeren en een nieuwe strategische hypothese formuleren.

De Lean Startup-methode werkt aan de ontwikkeling van kostenefficiënte bedrijven omdat het startups in staat stelt te herkennen wanneer het tijd is om het roer om te gooien, zodat zij minder geld en tijd verspillen. Hoewel we de feedbackcyclus formuleren als bouwen-meten-leren omdat de activiteiten vaak in die volgorde plaatsvinden, werkt onze planning juist in de omgekeerde volgorde: we stellen vast wat we moeten leren, maken gebruik van *innovation accounting* om vast te stellen wat we moeten meten om te kunnen bepalen of we ook gevalideerd leren, en vervolgens ontdekken we welk product we moeten bouwen om dat experiment te kunnen uitvoeren en die meting te kunnen doen. Alle technieken uit deel 2 zijn ontworpen om de totale doorlooptijd van de feedbackcyclus bouwen-meten-leren zo veel mogelijk te beperken.

HOOFDSTUK 5

Sprongen maken

In 2004 kwamen drie studenten aan in Silicon Valley met hun kersverse sociale netwerken voor studenten. Het was op een aantal campussen al actief. Het sociale netwerk was geen marktleider en ook niet het eerste sociale netwerk op een universiteit; andere bedrijven hadden hun product al eerder gelanceerd en die boden ook meer voorzieningen. Met 150.000 geregistreerde gebruikers maakte het erg weinig omzet, maar in die zomer wisten zij hun eerste 500.000 euro aan durfkapitaal bij elkaar te krijgen. Binnen een jaar wisten zij nog eens 12,7 miljoen euro binnen te halen.

Je zult nu wel begrepen hebben dat deze drie studenten Mark Zuckerberg, Dustin Moszkovitz en Chris Hughes van Facebook waren. Hun verhaal is inmiddels wereldberoemd. Veel dingen daaraan zijn opmerkelijk, maar ik wil er graag één uitpikken: hoe was Facebook in staat om zoveel geld bij elkaar te krijgen terwijl het feitelijk maar door zo weinig mensen werd gebruikt.[1]

Wat in ieder geval de meeste indruk op de investeerders maakte waren twee feiten over de initiële groei van Facebook. Het eerste feit was de hoeveelheid tijd die de actieve gebruikers van Facebook doorbrachten op de site. Meer dan de helft van de gebruikers kwam elke dag terug.[2]

Dit is een voorbeeld van hoe een bedrijf zijn waardehypothese kan valideren – dat consumenten het product waardevol vinden. Het tweede indrukwekkende feit over de beginperiode van Facebook was de snelheid waarmee het de eerste universiteitscampussen aan zich had weten te binden. De snelheid waarmee deze groei plaatsvond was verbazingwekkend: Facebook werd gelanceerd op 4 februari 2004 en tegen het einde van die maand maakten al bijna driekwart van de studenten van Harvard er gebruik van, zonder dat er ook maar een cent aan marketing of reclame was besteed. Met andere woorden, Facebook had ook zijn groeihypothese gevalideerd. Deze twee hypotheses vertegenwoordigen twee van de belangrijkste *leap-of-faith*-vragen waar elke nieuwe startup mee te maken krijgt.[3]

Toentertijd merkte ik dat veel mensen de eerste investeerders van Facebook bekritiseerden omdat er geen bedrijfsmodel was en er slechts een bescheiden omzet was gegenereerd, afgemeten aan de door de investeerders geboden waarde. Zij beschouwden Facebook als een terugkeer naar de excessen van het internettijdperk, toen bedrijven met weinig omzet grote sommen geld wisten binnen te halen om een strategie na te jagen van 'de ogen op je gericht weten te krijgen' en 'zo snel mogelijk groeien'. Veel startups in het internettijdperk hadden gepland om later geld te maken door de mooie plaatjes die zij van anderen hadden gekocht door te verkopen aan andere adverteerders. Maar deze mislukkingen in het internettijdperk waren niet meer dan bemiddelaars, die op een effectieve manier geld uitgaven om de aandacht van de klant te trekken en deze vervolgens door te verkopen aan anderen. Met Facebook was het anders, omdat er een andere groeimotor aan ten grondslag lag. Het bedrijf gaf helemaal niets uit aan klantacquisitie en de hoge mate van betrokkenheid betekende dat het elke dag zeer veel klantenaandacht vergaarde. Er was nooit enige twijfel dat die aandacht waardevol zou zijn voor adverteerders, de vraag was alleen hoeveel zij bereid waren daarvoor te betalen.

Veel ondernemers proberen het volgende Facebook te bouwen, maar wanneer zij proberen om de lessen van Facebook en andere beroemde succesvolle startups toe te passen, raken zij al snel in de war. Is de les van Facebook dat startups hun klanten in het begin van hun bestaan geen geld moeten vragen? Of is het dat startups nooit geld moeten uitgeven aan marketing? Deze vragen kunnen niet op een abstracte manier worden beantwoord; voor elke techniek bestaan wel oneindig veel voorbeelden om het tegendeel te bewijzen. En zoals we in deel 1 zagen, moeten startups experimenten uitvoeren die helpen vaststellen welke technieken in hun unieke situatie zullen werken. Voor startups is de rol van de strategie het helpen ontdekken wat de juiste vraag is om te stellen.

Strategie is gebaseerd op aannames

Elk bedrijfsplan begint met een aantal aannames. Het omvat een strategie waarin die aannames als feit worden gepresenteerd en geeft daarnaast aan hoe de visie van het bedrijf kan worden gerealiseerd. Maar omdat de aannames niet bewezen zijn (het zijn per slot van rekening aannames) en vaak ook vals zijn, zal het doel van de eerste activiteiten van een startup moeten zijn om deze aannames zo snel mogelijk te toetsen.

Traditionele managementstrategieën excelleren in het helpen van managers om helder vast te stellen welke aannames in een bepaald bedrijf worden gedaan. De eerste uitdaging voor een ondernemer is een organisatie opbouwen waarin deze aannames op een systematische wijze kunnen worden getoetst. De tweede uitdaging is om, net zoals in alle andere situaties waarin een onderneming terecht kan komen, de gedegen tests zo uit te voeren dat de overkoepelende visie van het bedrijf niet uit het oog wordt verloren.

Veel aannames in doorsnee bedrijfsplannen zijn helemaal niet zo bijzonder. Het gaat vaak om overbekende feiten die uit ervaring binnen de bedrijfstak voortkomen of om duidelijke gevolgtrekkingen. In het geval van Facebook was het duidelijk dat adverteerders bereid waren te betalen voor de aandacht van de klant. Maar verscholen in deze platgetreden details liggen ook een aantal aannames die iets meer lef vereisen om ze zonder blikken of blozen te kunnen vaststellen: wij gaan ervan uit dat klanten een duidelijke wens hebben om een product zoals het onze te gebruiken, of we gaan ervan uit dat supermarkten ons product zullen gaan verkopen. Doen alsof deze aannames waar zijn, is een klassieke uiting van de supermacht van een ondernemer. We noemen ze mede daarom *leaps of faith* (vertrouwenssprongen) omdat het succes van de gehele onderneming van deze aannames afhankelijk is. Als ze juist zijn, dan liggen er enorm veel mogelijkheden in het verschiet. Als ze niet juist zijn, loopt de startup het risico geheel te mislukken.

De meeste vertrouwenssprongen nemen de vorm aan van een redenering op basis van analogie.

Zo kan ik mij een bedrijfsplan herinneren waarin de argumentatie als volgt was: “Net zoals de ontwikkeling van het progressief laden van afbeeldingen het wijdverbreide gebruik van het internet over een telefoonverbinding mogelijk maakte, zal ook zal onze progressieve rendertechniek ons product in staat stellen om te draaien op eenvoudige pc's." Je hebt waarschijnlijk geen idee wat het progressief laden van afbeeldingen betekent, maar dat doet er ook niet zo veel toe. Maar je herkent wel de redenering (misschien heb je die zelf ook wel eens gebruikt):

Eerder werd technologie X gebruikt om de markt Y te veroveren met de hulp van kenmerk Z. Wij beschikken nu over een nieuwe technologie X2 die ons in staat zal stellen om de markt Y2 te veroveren omdat wij ook kenmerk Z hebben.

Het probleem met analogieën als deze is dat zij de ware *leap of faith* verhullen. Dat is namelijk hun doel: de hele onderneming er minder risicovol uit te laten zien. Zij zijn gewend om investeerders, werknemers of partners te overtuigen mee te doen. De meeste ondernemers zouden ineenkrimpen wanneer zij hun vertrouwenssprong als volgt beschreven zien:

Grote aantallen mensen wilden al toegang tot internet hebben. Ze wisten wat het was, ze konden het betalen, maar het was niet toegankelijk omdat de tijd die nodig was om de afbeeldingen te laden veel te lang was. Toen de methode van het progressief laden van beelden werd geïntroduceerd, stelde dat mensen in staat om toegang te krijgen tot internet en hun vrienden erover te vertellen. Op deze manier had bedrijf X markt Y veroverd.

En op een zelfde manier zijn er nu ook al veel potentiële klanten die direct toegang tot ons product willen. Zij weten dat ze het willen, ze kunnen het betalen, maar zij kunnen er geen toegang toe krijgen omdat de rendersnelheid te laag is. Wanneer wij ons product met de progressieve rendertechnologie introduceren, zal klanten onze software omarmen en hun vrienden erover vertellen, zodat wij markt Y2 veroveren.

Een paar dingen vallen op aan deze hergebruikte maar iets aangepaste verklaring. Allereerst is het belangrijk om duidelijk de feiten vast te stellen, is het echt waar dat het progressief laden van afbeeldingen ervoor zorgde internet breed werd omarmd, of was dit slechts een van de vele factoren? Belangrijker nog, is het echt waar dat er op dit moment grote aantallen potentiële klanten zijn die zitten te wachten op onze oplossing? De eerste analogie was zo geformuleerd dat hij belanghebbenden ervan moest overtuigen dat het een redelijke eerste stap zou zijn om de technologie van de startup verder te ontwikkelen en te kijken of klanten het ook zouden gaan gebruiken. De aangepaste benadering zou duidelijk moeten maken dat er allereerst empirische tests moeten worden uitgevoerd: laten we ervoor zorgen dat we zeker weten dat er hongerige klanten zijn die maar al te graag onze nieuwe technologie willen omarmen.

Analogieën en antilogieën

Er is feitelijk niets mis met het baseren van een strategie op vergelijkingen met andere bedrijven en bedrijfstakken. Die benadering kan je zelfs helpen om aannames te ontdekken die nog geen vertrouwenssprong opleveren. De durfkapitalist Randy Komisar bijvoorbeeld, wiens boek *Getting to Plan B* het concept van vertrouwenssprongen gedetailleerd behandelt, gebruikt een raamwerk van analogieën en antilogieën om een strategie op te stellen.

Hij legt het concept analogie-antilogie uit aan de hand van de iPod. "Als je zoekt naar analogieën, zou je uitkomen bij de walkman", zegt hij. "Het bood een oplossing voor een fundamentele vraag die Steve Jobs zichzelf nooit heeft hoeven stellen: 'Zullen mensen met oortelefoontjes naar muziek luisteren in de openbare ruimte?' Wij vinden dat nu een onzinvraag, maar hij is wel essentieel. Toen Sony zichzelf die vraag stelde, hadden zij daar geen antwoord op. Steve Jobs beschikte als gevolg van de analogie wel over het antwoord". Sony's walkman was de basis van die analogie. Vervolgens moest Jobs een oplossing vinden voor het feit dat hoewel mensen bereid waren om muziek te downloaden, zijn niet bereid waren om daarvoor te betalen. "Napster was een voorbeeld van een antilogie. En door die antilogie ging hij zijn bedrijf op een bepaalde manier vormgeven", zegt Komisar. "Uit deze analogieën en antilogieën komen een aantal unieke, onbeantwoorde vragen voort. Dat zijn vertrouwenssprongen die ik als ondernemer neem als ik doorga met deze onderneming. Zij zullen mijn bedrijf laten slagen of falen. In het geval van de iPod was een van die vertrouwenssprongen de aanname dat mensen zouden betalen voor muziek." En die vertrouwenssprong bleek inderdaad correct.[4]

Meer dan 'op de juiste plek op het juiste moment'

Er zijn vele voorbeelden van beroemde ondernemers die miljoenen hebben verdiend omdat zij op het juiste moment op de juiste plek leken te zijn. Maar tegenover elke succesvolle ondernemer die op het juiste moment op de juiste plek was, staan er veel meer die er ook waren, daar op die plek op het juiste moment, maar die er toch niet in slaagden om van hun bedrijf een succes te maken. Henry Ford was in het gezelschap van bijna 500 andere ondernemers aan het begin van de 20e eeuw. Stel je eens voor dat je een ondernemer in de auto-industrie bent, bekwaam in moderne technieken, en aan de basis staat van een van de grootste kansen op de markt in de hele geschiedenis. Maar het merendeel wist er helemaal geen munt uit te slaan.[5] En hetzelfde fenomeen zagen we met Facebook, dat in het begin concurrentie ondervond van andere sociale netwerken op universiteiten, maar wier oorspronkelijke voorsprong later irrelevant bleek te zijn.

Wat die succesverhalen onderscheidt van de mislukkingen is dat succesvolle ondernemers de vooruitziende blik, de mogelijkheden en de middelen hadden om te ontdekken welke onderdelen van hun plannen uitstekend werkten en welke niet op zijn plaats waren, en vervolgens hun strategieën in overeenstemming daarmee aanpasten.

Waarde en groei

Zoals we zagen bij Facebook zijn er twee vertrouwenssprongen die boven alle anderen uitsteken: de hypothese ten aanzien van de waardecreatie en de groeihypothese. De eerste stap bij het begrijpen van een nieuw product of nieuwe dienst is uit te vinden of het in de basis waarde creëert of waarde vernietigt. Ik maak hierbij gebruik van jargon uit de economie door te verwijzen naar waarde in plaats van naar winst, omdat ondernemers ook personen kunnen zijn die een non-profitorganisatie starten, zoals startups in de publieke sector, of personen die interne veranderingen willen doorvoeren en succes niet alleen afmeten aan winst. En nog verwarrender is dat er veel organisaties zijn die op de korte termijn zeer winstgevend zijn, maar uiteindelijk waarde vernietigen, zoals de ondernemingen die zich schuldig maken aan zogenaamde ponzifraude en de frauduleuze bedrijven die het spoor bijster zijn geraakt (zoals Enron en Lehman Brothers).

Vrijwel hetzelfde geldt voor groei. Net als met waarde is het van essentieel belang dat ondernemers de oorzaken van de groei van hun startup begrijpen. Er bestaan veel waardevernietigende soorten groei die moeten worden vermeden. Een voorbeeld is een bedrijf dat groeit met de hulp van geld dat continu bij investeerders wordt geworven en veel betaalde reclame, maar geen waardecreërend product levert.

Zulke bedrijven maken zich schuldig aan wat ik succestheater noem, waarbij zij gebruikmaken van de schijn van groei om mensen te laten denken dat zij succesvol zijn. Een van de doelstellingen van *innovation accounting*, dat uitgebreid wordt besproken in hoofdstuk 7, is een onderscheid te kunnen maken tussen deze misleidende startups en daadwerkelijke vernieuwers. Volgens de traditionele manieren van verantwoording afleggen worden deze nieuwe ondernemingen beoordeeld vervolgens dezelfde normen die worden gebruikt voor gevestigde bedrijven, maar de aanwijzingen die daarbij naar voren komen zijn geen betrouwbare voorspellers van de toekomst van een startup. Denk maar eens aan bedrijven als Amazon.com, dat grote verliezen te verduren kregen op weg naar baanbrekend succes.

Net zoals bij de traditionele tegenhanger is het bij het *innovation accounting* nodig dat een startup een kwantitatief financieel model aanhoudt dat kan worden ingezet om de voortgang op een degelijke manier te evalueren. Echter, in de begindagen van een startup zijn er niet genoeg gegevens om ook maar een onderbouwde suggestie te doen over hoe dit model eruit moet zien. De eerste strategische plannen van een startup zijn waarschijnlijk gestoeld op ingevingen en intuïties, en dat is ook goed. Maar om die intuïtie om te zetten in gegevens, moeten ondernemers, zoals Steve Blank het uitdrukt, "buiten gaan spelen" en beginnen met leren.

Genchi Gembutsu

Het belang van strategische beslissingen baseren op een goed begrip van de klant uit de eerste hand is een van de kernprincipes waarop het productiesysteem van Toyota is gestoeld. Bij Toyota wordt hieraan gerefereerd met de Japanse term *genchi gembutsu*, een van de belangrijkste termen uit de Lean-productiemethode. In het Nederlands zouden wij dit kunnen vertalen als 'probeer het zelf maar'. Zakelijke beslissingen worden dan gebaseerd op kennis uit de eerste hand. Jeffery Liker, die uitvoerig onderzoek heeft gedaan naar de Toyata Way, zegt er het volgende over:

> *Toen ik mensen bij Toyota ondervroeg en hen vragen stelde over wat de Toyota Way zo anders maakt dan andere managementmethoden, was over het algemeen het eerste antwoord* genchi gembutsu *— of ik nu in een fabriek stond of bij productontwikkeling, de verkoop, de distributie of op de pr-afdeling was. Je kunt er nooit helemaal zeker van zijn dat je alle aspecten van een probleem in een bedrijf begrijpt, totdat je het met eigen ogen gaat bekijken. Het is niet acceptabel om zomaar iets aan te nemen of om te vertrouwen op de berichtgeving van anderen.*[6]

Om dit te illustreren kunnen we kijken naar de ontwikkeling van Toyota's minivan Sienna voor het modeljaar 2004. Bij Toyota wordt de manager die verantwoordelijk is voor het ontwerp en de ontwikkeling van een nieuw model *chief engineer* genoemd, een functieoverschrijdende leider die toezicht houdt op het gehele proces van concept tot ontwikkeling. De Sienna voor het jaar 2004 werd toegekend aan Yuji Yokoya, die nog maar vrij weinig ervaring had in Noord-Amerika, de voornaamste doelmarkt van de Sienna. Om uit te vinden hoe ze de minivan konden verbeteren, deed hij een nogal gewaagd voorstel: een rondreis waarbij alle vijftig staten van Amerika werden aangedaan, alsmede alle dertien provincies en gebieden van Canada en alle delen van Mexico. In totaal legde hij meer dan 85.000 km af. In zowel kleine als grote steden huurde Yokoya een actueel model van de Sienna om in rond te rijden, en daarnaast sprak hij met en observeerde hij echte klanten. Op basis van de waarnemingen die hij zelf had gedaan, kon Yokoya zijn belangrijkste aannames over wat de klanten in Noord-Amerika verwachtten van een minivan toetsen.

Heel vaak denken we dat het verkopen aan directe klanten gemakkelijker is dan verkopen aan grote bedrijven, omdat je bij directe klanten geen complexiteit aan afdelingen en verschillende mensen met allemaal een andere functie tijdens het aankoopproces tegenkomt. Maar Yokoya ontdekte dat dit helemaal niet opgaat voor zijn klanten: "De ouders of grootouders kopen dan wel de minivan, maar de kinderen bepalen wat ermee gebeurt.

De kinderen nemen bezit van het achterste deel van het voertuig. En de kinderen zijn ook de meest kritische personen – en hebben ook het meeste oog voor hun omgeving. Als ik tijdens mijn reis iets geleerd heb, was het dat de nieuwe Sienna kinderen moest aanspreken."[7] Het vaststellen van deze aannames hielp bij de verdere ontwikkeling van de auto. Zo spendeerde Yokoya bijvoorbeeld een ongebruikelijk groot bedrag van het ontwikkelbudget van de Sienna aan het interne comfort. Het gaat dan om kenmerken die van essentieel belang zijn voor gezinnen die langeafstandstrips maken (dergelijke reizen zijn in Amerika veel gebruikelijker dan in Japan).

De resultaten waren indrukwekkend en er was een opzienbarende stijging van het marktaandeel van de Sienna. De verkoop van het 2004-model lag 60 procent hoger dan die van het 2003-model. Uiteraard is een product zoals de Sienna een klassiek voorbeeld van aanhoudende innovatie, het soort waarin de best geleide en langgevestigde bedrijven, zoals Toyota, excelleren. Ondernemers krijgen te maken met andere uitdagingen omdat zij moeten werken onder een veel grotere onzekerheid. Terwijl bedrijven die werken aan aanhoudende innovatie genoeg kennis hebben van wie hun klanten zijn en waar zij zich bevinden om gebruik te kunnen maken van *genchi gembutsu* om uit te vinden wat klanten willen, onthullen de eerste contacten van een startup met potentiële klanten slechts welke aannames het eerst moeten worden getoetst.

Ga er eens uit

Cijfers vertellen een belangrijk verhaal, maar ik herinner ondernemers er altijd aan dat het bij meten ook om mensen gaat. Hoeveel tussenpersonen er ook zitten tussen een bedrijf en zijn klanten, uiteindelijk zijn deze klanten ademende, denkende en kopende individuen. Hun gedrag is te meten en te veranderen. Zelfs wanneer je iets verkoopt aan grote instellingen, zoals bij het business-to-businessmodel, kan het nuttig zijn om niet uit het oog te verliezen dat ook die bedrijven bestaan uit individuen. Alle succesvolle verkoopmodellen zijn afhankelijk van het ontleden van de monolithische visie op organisaties tot de afzonderlijke mensen waaruit die organisaties bestaan. Zoals Steve Blank ondernemers al jaren doceert, bestaan de feiten die wij moeten verzamelen over klanten, markten, leveranciers en kanalen alleen buiten het kantoorgebouw. Startups moeten intensief contact onderhouden met potentiële klanten om ze te kunnen begrijpen, dus ga er op uit en maak kennis met ze.

De eerste stap in dit proces is bevestigen dat je vragen met betrekking tot deze vertrouwenssprong gebaseerd zijn op de werkelijkheid, dat de klant een belangrijk probleem heeft dat het waard is om opgelost te worden.[8] Toen Scott Cook in 1982 Intuit oprichtte, had hij een visie – die in die tijd behoorlijk radicaal was – dat klanten op een dag hun computers zouden gebruiken om betalingen te doen en hun uitgaven bij te houden. Toen Cook zijn baan als adviseur opgaf en de sprong naar het ondernemerschap waagde, begon hij niet met stapels marktonderzoek of diepteanalyses staand voor een whiteboard. In plaats daarvan pakte hij twee telefoonboeken: een van Palo Alto, Californië, waar hij toen woonde, en een van Winnetka, Illinois.

Hij belde willekeurig mensen op en vroeg hen of hij een paar vragen mocht stellen over de manier hoe zij hun boekhouding deden. Die eerste gesprekken waren bedoeld om zijn vragen ten aanzien van de vertrouwenssprong beantwoord krijgen: vinden mensen het vervelend om hun rekeningen met de hand te betalen? Dat bleek inderdaad zo te zijn en deze vroege validatie was voor Cook de bevestiging dat hij moest gaan werken aan een oplossing daarvoor.[9]

Bij die eerste gesprekken ging het niet over de productenkenmerken of een mogelijke oplossing; dat zou een domme poging zijn geweest. De gemiddelde klanten waren toen niet bekwaam genoeg met hun pc's om een mening te hebben over of zij hun computers op deze nieuwe manier wilden gaan gebruiken. Die eerste gesprekken vonden plaats met doorsneeklanten, het waren geen *early adopters*. Maar toch gaven deze gesprekken hem een belangrijk inzicht: als Intuit een manier kon vinden om dit probleem op te lossen, zou er een groot en breed publiek kunnen zijn op basis waarvan hij een aanzienlijk bedrijf kon opbouwen.

Ontwerp en het oorspronkelijke beeld van de klant

Het doel van in een vroeg stadium contact leggen met klanten is niet definitieve antwoorden krijgen. In plaats daarvan dienen zij om op een basale, ruwe manier duidelijk te maken dat wij onze potentiële klanten begrijpen en weten welke problemen zij hebben. Met die wetenschap kunnen we een oorspronkelijk beeld van de klant schetsen in een kort document dat tot doel heeft om de beoogde doelklant te vermenselijken. Dit oorspronkelijke beeld is een zeer belangrijke leidraad voor productontwikkeling en zorgt ervoor dat de prioriteitstelling in de dagelijkse beslissingen, die elk productieteam moet nemen, past bij de klanten die het bedrijf wil behagen.

Er bestaan vele technieken voor het scheppen van een juist en oorspronkelijk klantbeeld en deze zijn allemaal na vele jaren van praktijkervaring in de ontwerpgemeenschap ontwikkeld. Traditionele benaderingen zoals interactieontwerp of ontwerpdenken zijn zeer nuttig. Ik heb het altijd ironisch gevonden dat veel van deze benaderingen uitzonderlijk experimenteel en proefondervindelijk zijn en dat ze gebruikmaken van technieken zoals het snel bouwen van prototypen en directe klantobservaties om een leidraad te bieden voor het werk van de ontwerpers. Maar vanwege de manier waarop ontwerpbureaus altijd zijn gecompenseerd, komt al dit werk samen in een monolithisch product voor de klant. Maar plotseling houdt het snelle leren en experimenteren op; de veronderstelling is dat ontwerpers alles wat er te leren valt al hebben geleerd. Voor startups is dit een model dat niet werkt. Hoeveel ontwerpactiviteiten er ook zijn, de vele complexiteiten rondom het realiseren van een product in de echte wereld kunnen niet worden voorspeld.

Een nieuwe stroom ontwerpers ontwikkelt momenteel gloednieuwe technieken onder de vlag van Lean User Exprerience (Lean UX). Zij erkennen dat het oorspronkelijke beeld van de klant een hypothese is en geen feit. Het klantprofiel zou als voorlopig moeten worden beschouwd totdat de strategie door middel van gevalideerd leren heeft bewezen dat wij deze soort klant op een duurzame manier kunnen bedienen.[10]

Verlamming door analyse

Er liggen altijd twee gevaren op de loer wanneer ondernemers marktonderzoek doen en met klanten praten. Aanhangers van de 'gewoon doen'-school van ondernemen willen meteen aan de slag gaan en geen tijd besteden aan het analyseren van hun strategie. Zij willen graag meteen met bouwen beginnen, vaak als zij slechts een paar klanten hebben gesproken. Maar helaas is het zo dat klanten niet echt weten wat zij willen en deze ondernemers dus gemakkelijk misleid kunnen worden en denken dat zij op de juiste weg zitten.

Andere ondernemers worden vaak slachtoffer van het verschijnsel 'verlamming door analyse' (*analysis paralysis*), omdat zij hun plannen maar blijven bijstellen. In dit geval zijn het praten met klanten, het lezen van onderzoeksrapporten en het uitwerken van strategieën op een whiteboard net zo min van nut. Het probleem met de meeste plannen van ondernemers is niet zozeer dat zij niet zouden zijn opgezet volgens duidelijke strategische principes, maar dat de feiten waarop zij zijn gebaseerd simpelweg onjuist zijn. Helaas kunnen de meeste van deze fouten niet worden ontdekt tijdens strategieanalyses omdat zij afhankelijk zijn van de subtiele interactie tussen producten en klanten.

Als te veel analyseren gevaarlijk is maar geen enkele analyse direct tot mislukking leidt, hoe weten ondernemers dan wanneer zij moeten stoppen met analyseren en beginnen met bouwen? Het antwoord is een concept dat minimaal levensvatbaar product (*minimum viable product*) wordt genoemd, het onderwerp van hoofdstuk 6.

HOOFDSTUK 6

Testen

Groupon is een van de snelst groeiende bedrijven ooit. Het ontleent zijn naam aan een samenvoeging van de Engelse woorden 'group' en 'coupons'. Dit is een ingenieus idee dat geleid heeft tot een complete industrie van na-apers in de sector van de *social commerce*. Maar het begon weinig succesvol. Toen klanten de eerste Groupon-deal accepteerden, kochten maar liefst twintig mensen een pizza volgens de aanbieding 'twee voor een geld' in een restaurant op de eerste verdieping van het kantoor van het bedrijf in Chicago – en dat was nu niet bepaald een wereldveranderende gebeurtenis.

En eigenlijk was Groupon helemaal niet bedoeld voor zulke commerciële activiteiten. De oprichter, Andrew Mason, wilde van zijn bedrijf een 'collectief platform voor activisme' maken met de naam The Point. Het doel was om mensen samen te brengen om problemen op te lossen die zij niet alleen konden oplossen, zoals het geld bij elkaar brengen voor een goed doel of het boycotten van een bepaalde detailhandelaar. De eerste resultaten van The Point waren echter teleurstellend en aan het eind van 2008 besloten de oprichters iets nieuws te proberen. Hoewel zij nog steeds grote ambities hadden, waren zij vastberaden om het nieuwe product eenvoudig te houden. Ze bouwden een minimaal levensvatbaar product. Klinkt dat als een bedrijf dat miljoenen gaat verdienen? Mason vertelt het verhaal:

We begonnen een WordPress-blog met niet veel meer dan de tekst Groupon. Elke dag plaatsten we een nieuw bericht. Het werd een compleet gekkenhuis. In de eerste versie van Groupon verkochten we T-shirts. In de begeleidende tekst schreven we "Dit T-shirt

wordt geleverd in de kleur rood, maat L. Als je een andere kleur of maat wilt, stuur ons dan een mailtje." We hadden daar geen apart formulier voor, het was een beetje een rommeltje.
Het bleek genoeg om aan te tonen dat het concept werkte en dat het iets was dat mensen echt aansprak. Het maken van de coupons gebeurde allemaal met FileMaker. We activeerden een script waarmee een pdf van de coupon per e-mail naar mensen werd verstuurd. Op een gegeven moment verkochten we 500 sushicoupons op een dag en verstuurden we tegelijkertijd 500 pdf-bestanden met Apple Mail. Tot de maand juli in het eerste jaar wisten we eigenlijk niet goed waar we mee bezig waren. Ik probeerde alles bij te houden en op een of andere manier een product samen te stellen.[1]

Met de hand gemaakte pdf-bestanden, een pizzacoupon en een eenvoudige blog waren genoeg om Groupon te lanceren naar ongekend succes; het ligt op schema om het snelste bedrijf in de geschiedenis te worden dat een omzet van 1 miljard euro behaald. Het heeft een revolutie veroorzaakt in de manier waarop lokale bedrijven nieuwe klanten vinden, door speciale deals aan klanten in meer dan 375 steden in de hele wereld aan te bieden.[2]

Een minimaal levensvatbaar product (MLP) helpt ondernemers om zo snel mogelijk een begin te maken met het leerproces.[3] Dat betekent echter niet noodzakelijkerwijs het kleinst denkbare product; het gaat gewoon om de snelste manier te vinden om de feedbackcyclus van bouwen-meten-leren te doorlopen met zo weinig mogelijk inspanning.

In tegenstelling tot de traditionele manieren van productontwikkeling, die meestal gepaard gaan met een lange en goed doordachte incubatietijd en streven naar een perfect product, is het doel van een MLP een leerproces te starten en niet te beëindigen. Anders dan bij een prototype of een concepttest, is een MLP ontworpen om niet alleen vragen op het gebied van productontwerp of technische aspecten te beantwoorden. Het doel van een MLP is om de fundamentele hypothese voor het bestaan van het bedrijf te toetsen.

Waarom eerste producten niet perfect moeten zijn

Bij IMVU schaamden wij ons toen wij geld probeerden los te krijgen van durfkapitalisten. Om te beginnen vertoonde ons product nog gebreken en was het van lage kwaliteit. En daarnaast waren we weliswaar trots op onze resultaten, maar die waren nou niet bepaald wereldschokkend. Het goede nieuws was echter dat onze groeicurve een stijgende lijn, in de vorm van een hockeystick, liet zien. Het slechte nieuws was dat deze hockeystick niet verder reikte dan 8000 euro omzet per maand. Deze cijfers waren zo laag dat investeerders ons vaak vroegen, "Welke rekeneenheid gebruiken jullie in de grafieken? Zijn die getallen duizenden?" En dan moesten wij antwoorden, "Nee meneer, dat zijn absolute getallen."

Deze vroege resultaten waren echter bijzonder belangrijk bij het voorspellen van de weg die IMVU zou inslaan. Zoals je in hoofdstuk 7 zult lezen, waren wij in staat om twee van onze *leap-of-faith*-aannames te valideren: IMVU bood klanten waarde, en daarnaast hadden wij een werkende groeimotor. De brutocijfers waren klein omdat wij het product verkochten aan visionaire vroege klanten, ook wel *early adopters* genoemd. Voordat nieuwe producten succesvol aan een grote markt kunnen worden verkocht, moeten zij eerst worden verkocht aan *early adopters*. Dat is een heel aparte soort klanten. Zij accepteren – sterker nog, prefereren – een 80-procentoplossing; je hoeft geen perfecte oplossing te bieden om hun interesse te wekken.

Early adopters op het gebied van technologie stonden in lange rijen voor Apples allereerste iPhone, ondanks dat het een aantal essentiële kenmerken zoals kopiëren en plakken, 3G-internet en ondersteuning voor zakelijke e-mail miste. De eerste zoekmachine van Google kon alleen zoekopdrachten vervullen over bijzondere onderwerpen zoals Stanford Universiteit en het besturingssysteem Linux, maar het zou nog jaren duren voordat het alle informatie van de wereld zou kunnen sorteren. Maar dat weerhield de *early adopters* er niet van om er vol lof over te zijn.

Zij gebruiken hun verbeelding om in te vullen wat een product mist. Zij prefereren de dingen zoals zij zijn, omdat zij het belangrijker vinden om de eerste te zijn die een nieuw product of een nieuwe technologie gebruikt of toepast. Bij consumentenproducten gaat het vaak om de kick de eerste van een groep te zijn die kan pronken met een nieuwe basketbalschoen, muziekspeler of te gekke telefoon. Bij grotere bedrijfsproducten gaat het om het verkrijgen van een concurrentievoordeel door een risico te nemen met iets nieuws waarover de concurrenten nog niet beschikken. *Early adopters* zijn argwanend als iets er te volmaakt uitziet: als het klaar is om door iedereen te worden omarmd, hoeveel voordeel kun je dan nog behalen door er vroeg bij te zijn? Het gevolg is dat aanvullende kenmerken of iets veel fraaier maken dan de *early adopters* verlangen een vorm van verspilde bronnen en tijd is.

Dit is een harde werkelijkheid die voor veel ondernemers moeilijk te accepteren is. Per slot van rekening is de visie die ondernemers in hun hoofd hebben er een van een product voor de massa van hoge kwaliteit dat de wereld zal veranderen, en niet slechts een product dat gebruikt wordt door een klein groepje mensen dat bereid is om het te proberen voordat het klaar is. Dat wereldveranderende product is vervolmaakt, ziet er goed uit en is klaar voor het grote publiek. Het sleept prijzen in de wacht op beurzen en bovenal is het iets dat je vol trots aan je pa en ma kunt laten zien. Een vroeg, gebrekkig, incompleet product voelt als een onacceptabel compromis. Hoeveel van ons zijn niet opgevoed met de verwachting dat we altijd ons beste beentje voor zetten? Of zoals een manager mij onlangs toevoegde, “Voor mij voelt dit MLP een beetje als een gevaar – op een goede manier – omdat ik altijd zo’n perfectionist ben geweest.”

Minimaal levensvatbare producten kunnen zeer verschillen in complexiteit, van eenvoudige oppervlakkige tests (eigenlijk niet veel meer dan een advertentie) tot echte vroege prototypes compleet met gebreken en ontbrekende voorzieningen. Precies vaststellen hoe complex een MLP moet zijn, kan niet op een formulaire manier worden gedaan. Daar is een bepaald inzicht voor nodig. Gelukkig is het niet heel moeilijk om dat inzicht te ontwikkelen: de meeste ondernemers en productontwikkelaars overschatten in ernstige mate over hoeveel voorzieningen een MLP moet beschikken. In geval van twijfel, hou het zo eenvoudig mogelijk.

Denk bijvoorbeeld eens aan een dienst die verkocht wordt met een maand gratis proefgebruik. Voordat een klant de dienst kan gebruiken, moet hij zich aanmelden voor deze proefperiode. Een logische veronderstelling van het bedrijfsmodel is dan dat klanten zich zullen aanmelden voor een proefperiode wanneer zij eenmaal beschikken over enige informatie over de dienst. Een essentiële vraag die daarbij in overweging moet worden genomen, is of klanten zich inderdaad zullen aanmelden voor de proefperiode gezien de aanwezigheid van een aantal beloofde kenmerken (de waardehypothese).

Ergens in het bedrijfsmodel, waarschijnlijk ver weg verstopt in een spreadsheet, staat het 'percentage klanten dat de aanbieding voor de gratis proefperiode ziet en zich vervolgens aanmeldt.' In onze raming zeggen we misschien dat dit 10 procent moet zijn. Maar als je erover nadenkt is dit een vraag die betrekking heeft op een vertrouwenssprong. Het zou eigenlijk in grote rode letters moeten worden geschreven: WIJ VERONDERSTELLEN DAT 10 PROCENT VAN DE KLANTEN ZICH ZAL AANMELDEN.

De meeste ondernemers benaderen een vraag als deze door het product te bouwen en vervolgens te kijken hoe klanten erop reageren. Ik zie dit als de compleet omgekeerde wereld, omdat het tot grote verspilling kan leiden. Allereerst, als blijkt dat wij iets aan het bouwen zijn waar niemand op zit te wachten, is de hele exercitie een vermijdbare besteding van tijd en geld. Als klanten zich niet zullen aanmelden voor de gratis proef, zullen zij nooit de fantastische voorzieningen kunnen ervaren die nog in het verschiet liggen. Zelfs als zij zich wel aanmelden, zijn er nog vele andere manieren waarop verspilling kan plaatsvinden. Bijvoorbeeld, hoeveel kenmerken moeten wij in het product opnemen zodat dit aantrekkelijk is voor *early adopters*? Elke aanvullende voorziening is een vorm van verspilling, en als wij het testen van extra voorzieningen uitstellen, gaat dat gepaard met een enorme hoeveelheid potentiële kosten als het gaat om leren en doorlooptijd.

De les van de MLP is dat alle aanvullende werkzaamheden die verder gaan dan wat benodigd was om het leerproces te starten, een vorm van verspilling is, hoe belangrijk het misschien ook leek te zijn.

Om dit duidelijk te maken, zal ik een aantal MLP-technieken beschrijven van echte Lean Startups. In elk geval zul je lezen over ondernemers die de verleiding proberen te weerstaan om te veel te bouwen en te veel te beloven.

De video als minimaal levensvatbaar product

Drew Houston is de CEO van Dropbox, een bedrijf in Silicon Valley dat een zeer eenvoudig te gebruiken dienst biedt voor het delen van bestanden. Je hoeft alleen maar de toepassing te installeren waarna een Dropbox-map verschijnt op het bureaublad van je computer. Alles wat je naar die map sleept wordt direct geüpload naar de Dropbox-dienst en vervolgens razendsnel gesynchroniseerd met al je computers en apparaten.

Het team van oprichters bestond uit technici, omdat er bijzondere technische vaardigheden nodig waren om het product te bouwen. Zo was er bijvoorbeeld integratie met diverse computerplatforms en besturingssystemen nodig: Windows, Macintosh, iPhone, Android enzovoort. Elk van deze implementaties geschiedt op een diep niveau in het systeem en vereist specialistische kennis om de gebruikerservaring zo bijzonder mogelijk te maken. Een van de grootste concurrentievoordelen van Dropbox is dat het product zo vlekkeloos werkt dat de concurrentie er moeite mee heeft om het na te bootsen.

Dit zijn nou niet bepaald de types die je als marketinggenieën zou beschouwen. Sterker nog, geen van hen had ooit een marketingbaan gehad. Er waren vooraanstaande durfkapitalisten die hen steunden en men had kunnen denken dat zij een standaardmanier van ingenieursdenken voor het opbouwen van hun bedrijf zouden toepassen: bouw het en dan komen de klanten vanzelf wel. Maar Dropbox pakte het anders aan.

In lijn met hoe ze hun product hadden ontwikkeld, wilden de oprichters feedback van klanten hebben over wat voor hen echt belangrijk was. Dropbox moest in het bijzonder zijn *leap-of-faith*-vraag zien te beantwoorden: als wij een superieure gebruikerservaring kunnen bieden, zullen mensen ons product dan proberen? Zij geloofden – en terecht, zoals later zou blijken – dat bestandssynchronisatie een probleem was waarvan de meesten mensen niet wisten dat ze dat hadden. Wanneer je eenmaal de oplossing ervaart, kun je je niet voorstellen hoe je het ooit zonder hebt gedaan.

Dit is niet het soort ondernemersvraag dat je kunt stellen of waarop je een antwoord kunt verwachten in een focusgroep. Klanten weten vaak niet wat zij willen, en zij vonden het dan ook heel vaak lastig om te begrijpen wat Dropbox was toen het concept aan hen werd uitgelegd. Houston werd ook door schade en schande wijs toen hij bij investeerders geld voor zijn onderneming probeerde te werven. In talloze besprekingen legden investeerders hem uit dat dit plekje op de markt al overvol was met bestaande producten en dat geen van alle veel winst had gemaakt en dat het probleem dat opgelost zou worden niet zo belangrijk was. Drew vroeg dan vervolgens: "Heeft u persoonlijk wel eens die andere producten gebruikt?" Als het antwoord daarop bevestigend was, vroeg hij: "En werkten zij toen vlekkeloos?" Het antwoord was bijna altijd nee. Maar bij elke bijeenkomst konden de durfkapitalisten zich geen wereld voorstellen die overeenkwam met Drews visie. Drew daarentegen geloofde dat als de software als een zonnetje liep, de klanten vanzelf in drommen zouden komen.

De uitdaging was dat het onmogelijk was om de werkende software te tonen in de vorm van een prototype. Vanwege de aard van het product moesten zij een aantal technische hordes nemen; ook was er een online deel dat zeer betrouwbaar moest zijn en grote beschikbaarheid moest bieden. Om het risico te vermijden dat hij op een dag na jaren van ontwikkeling wakker zou worden met een product waar niemand op zat te wachten, deed Drew iets onverwachts, maar heel simpels: hij maakte een video.

De video is supereenvoudig, een drie minuten durende demonstratie van de technologie zoals die behoort te werken. De video was echter bestemd voor een gemeenschap van *early adopters* in de technologie-industrie. Drew heeft de video zelf ingesproken en terwijl hij zijn verhaal doet, kijkt de toeschouwer naar zijn beeldscherm. Wanneer hij de bestanden beschrijft die hij graag wil synchroniseren, kan de kijker zien hoe zijn muis zijn computer manipuleert. En natuurlijk zul je, als je goed oplet, ontdekken dat de bestanden die hij heen en weer gesleept vol met grapjes en leuke verwijzingen zitten die werden gewaardeerd door deze gemeenschap van *early adopters*. Drew herinnert zich, "Er kwamen honderdduizenden bezoekers naar de website. Onze wachtlijst voor de bètaversie groeide binnen een dag van 5000 naar 75.000 mensen. Wij werden totaal overvallen." Momenteel is Dropbox een van de best lopende bedrijven van Silicon Valley, met een geschatte waarde van meer dan 1miljard euro.[5]

In dit geval was de video het minimaal levensvatbare product. Het MLP valideerde Drews veronderstelling dat klanten het product dat hij aan het ontwikkelen was wilden, en niet omdat zij dat kenbaar hadden gemaakt in een focusgroep of vanwege een of andere hoopgevende analogie met andere bedrijven, maar omdat zij zich er daadwerkelijk zelf voor aanmeldden.

Het concierge minimum viable product

Laten we eens kijken naar een andere soort MLP-techniek: het *concierge minimum viable product*. Om te begrijpen hoe deze techniek werkt, moeten we kennismaken met Manuel Rossel, CEO van een in Austin, Texas gevestigde startup met de naam Food on the Table. Food on the Table verzorgt wekelijks een maaltijdprogramma en boodschappenlijsten die gebaseerd zijn op etenswaren waarvan jij en je gezinsleden houden, en struint vervolgens de supermarkten in de buurt af om de beste koopjes voor die ingrediënten te spotten.

Nadat je je hebt aangemeld via de website, moet je een kleine procedure doorlopen waarin je aangeeft bij welke supermarkt je meestal je boodschappen doet en een vinkje plaatsen bij de voedselproducten waar je gezinsleden van houden. Later kun je dan nog een supermarkt in de buurt opgeven als je prijzen wilt vergelijken. Vervolgens krijg je een lijst te zien met producten die zijn gebaseerd op je voorkeuren en word je gevraagd: "Waarvoor ben je deze week in de stemming?" Maak je keuze, kies het aantal maaltijden dat je wilt gaan maken en geef aan wat je het belangrijkst vindt als het gaat om tijd, geld, gezondheid of variatie. Op dat moment gaat de site op zoek naar recepten die overeenkomen met jouw wensen, berekent de kosten van de maaltijd voor je en biedt je de mogelijkheid om een boodschappenlijstje af te drukken.[6]

Het is duidelijk dat dit een vrij uitgebreide dienst is. Achter de schermen ontwikkelt een professioneel team van koks recepten die zo voordelig mogelijk gebruikmaken van de producten die te koop zijn bij lokale supermarkten in het hele land. Die recepten worden via een computeralgoritme vergeleken met de specifieke wensen en voorkeuren van de gezinnen. Stel je het werk eens voor dat hiermee gepaard gaat: er moet een database worden bijgehouden van vrijwel elke supermarkt in het land, inclusief wat er elke week in de aanbieding is. De supermarkten moeten worden vergeleken met toepasselijke recepten en waar nodig worden aangepast, gelabeld en gesorteerd. Als er in een bepaald recept broccoli zit, is dat dan hetzelfde ingrediënten als de broccoli die nu in de aanbieding is bij de lokale supermarkt?

Nadat je deze beschrijving hebt gelezen, ben je misschien verrast dat Food on the Table ooit begon met één enkele klant. In plaats van duizenden supermarkten in het hele land op te nemen, zoals het nu doet, had Food on the Table ooit slechts één supermarkt in zijn bestand. Maar hoe kwam het bedrijf tot de keuze voor die winkel? Dat werd niet door de oprichters gedaan – althans niet totdat zij hun eerste klant hadden. En zo begonnen zij ook ooit zonder recepten – totdat hun eerste klant zover was om haar eigen maaltijdplanning te beginnen. Het bedrijf bediende zijn eerste klant ook zonder enige software te hebben ontwikkeld, en zonder koks in dienst te hebben.

Manuel bezocht samen met de vice president die over producten ging, Steve Sanderson, lokale supermarkten en verenigingen van moeders in zijn woonplaats Austin. Onderdeel van hun missie was de kenmerkende observatie van klanten zoals dat ook onderdeel is van het designdenken en andere technieken om ideeën te vormen. Manuel en zijn team echter waren ook op zoek naar iets anders: hun eerste klant.

Toen zij in contact kwam met potentiële klanten, gingen zij een gesprek met hen aan zoals elke goede marktonderzoeker zou doen, maar aan het eind van elk gesprek probeerden zij ook hun product te verkopen. Zij beschreven de voordelen van Food on the Table, gaven een bedrag op voor een wekelijks abonnement en vroegen de klant om zich aan te melden. In de meeste gevallen werden zij afgewezen. De meeste mensen zijn per slot van rekening geen *early adopters* en zullen zich niet aanmelden voor een nieuwe dienst als zij die nog niet gezien hebben. Maar uiteindelijk meldde één iemand zich wel aan.

Die ene *early adopter* kreeg de 'conciërgebehandeling'. In plaats van contact te leggen met het product van Food on the Table via onpersoonlijke software, kreeg ze iedere week persoonlijk bezoek van de CEO van het bedrijf. Hij en de vice president bekeken dan wat er te koop was bij de winkel van haar voorkeur en zij selecteerden vervolgens met zorg recepten op basis van haar voorkeuren, waarbij zij zelfs zo ver gingen dat zij haar favoriete recepten uit het hoofd kenden die zij regelmatig voor haar gezin bereidde. Elke week overhandigden zij haar persoonlijk een door henzelf voorbereid pakket met een boodschappenlijst en relevante recepten, vroegen zij haar om feedback en voerden zij de nodige veranderingen door. Maar het belangrijkste was dat zij elke week een cheque van 9,95 euro konden innen.

Over inefficiënt gesproken! Beoordeeld naar traditionele criteria is dit een vreselijk systeem, dat totaal niet opgeschaald kan worden en een complete verspilling van tijd is. De CEO en de vice president waren in plaats van hun bedrijf op te bouwen verstrengeld in het geestdodende werk van het oplossen van het probleem van slechts één klant. In plaats van dat zij zichzelf promootten bij miljoenen mensen, verkochten zij zichzelf aan slechts één persoon. En het ergste van alles was nog wel dat hun inspanningen niet leken te resulteren in iets tastbaars. Ze hadden geen product, geen omzet van betekenis, geen database met recepten en zelfs niet eens een duurzame organisatie.

Maar gezien vanuit de visie van een startup zetten zij grote stappen. Elke week leerden zij steeds meer over wat benodigd was om van hun product een succes te maken. Na een paar weken waren zij klaar voor nog een klant. Elke klant die zij binnenhaalden maakte het gemakkelijker om de volgende te werven, omdat Food on the Table zich kon blijven richten op dezelfde supermarkt, waardoor zij de producten en de mensen die daar winkelden goed leerden kennen.

Elke nieuwe klant kreeg de conciërgebehandeling: persoonlijke bezoeken aan huis, het complete pakket. Maar na nog een paar nieuwe klanten begonnen de kosten om hen persoonlijk te bedienen toe te nemen.

Pas op het moment dat de oprichters te druk waren om nog nieuwe klanten te werven, begonnen Manuel en zijn team te investeren in de automatisering van de productontwikkeling. Elke aanpassing aan hun minimaal levensvatbare product stelde hen in staat om een beetje meer tijd te besparen en een paar nieuwe klanten van dienst te zijn: het leveren van de recepten en boodschappenlijsten per e-mail in plaats van tijdens een persoonlijk bezoek, het beginnen met het samenstellen van lijsten van wat er te koop was met de hulp van software zodat dit niet meer met de hand hoefde te worden gedaan en uiteindelijk ook het accepteren van creditcardbetalingen via internet in plaats van het innen van handgeschreven cheques.

In korte tijd hadden zij een aanzienlijk dienstenaanbod, allereerst in Austin en omgeving en uiteindelijk in het hele land. Maar gaandeweg bleef het productontwikkelteam altijd gericht op het opschalen van iets dat goed werkte in plaats van proberen iets te bedenken dat in de toekomst zou kunnen werken. Met als resultaat dat hun productontwikkeling gepaard ging met veel minder verspilling dan gebruikelijk is voor een onderneming als deze.

Het is belangrijk om dit tegenover een voorbeeld van een klein bedrijf te plaatsen, waar het gebruikelijk is dat de CEO, oprichter, president en eigenaar normaal gesproken direct zijn klanten bedient, een voor een. Bij een conciërge-MLP is deze gepersonaliseerde dienst niet het product, maar een activiteit om van te leren, die ontworpen is om de *leap-of-faith*-aannames in het groeimodel van het bedrijf te testen. Vaak is het resultaat van een conciërge-MLP dat het voorgestelde groeimodel niet wordt bekrachtigd, waarmee duidelijk wordt dat een andere benadering nodig is. Dit kan zelfs gebeuren als het oorspronkelijke MLP winstgevend is voor het bedrijf. Zonder een formeel groeimodel stappen veel bedrijven in de valkuil dat zij tevreden zijn met een klein winstgevend bedrijf, terwijl wanneer er wordt bijgestuurd (een verandering in de koers of strategie wordt aangebracht) dit kan leiden tot een substantiële groei. De enige manier om dat met zekerheid te weten, is wanneer het groeimodel op systematische wijze met echte klanten is getest.

Vergeet de acht personen achter het gordijn

Maak kennis met Max Ventilla en Damon Horowitz, techneuten met een visie om een nieuw soort zoeksoftware te ontwikkelen gericht op het beantwoorden van de soort vragen die modernere bedrijven zoals Google in verwarring brengt. Google in verwarring? Denk er maar eens over na. Google en soortgelijke zoekmachines zijn uitstekend in het beantwoorden van vragen naar feitjes: Wat is de hoogste berg ter wereld? Wie was de 23e president van de Verenigde Staten? Maar bij subjectievere vragen heeft Google het moeilijk. Vraag maar eens, "Wat is een leuke plek voor een drankje na de wedstrijd in mijn stad?" en dan laat de techniek het afweten. Wat interessant is aan deze categorie vragen is dat ze vrij gemakkelijk voor een mens zijn te beantwoorden. Stel je eens voor dat je op een feestje bent met vrienden. Hoe groot is de kans dat je dan een bruikbaar antwoord zou krijgen op je subjectieve vraag? Die kans is heel groot. In tegenstelling tot het beantwoorden van vragen naar feiten heeft de moderne technologie moeite met het beantwoorden van subjectieve vragen omdat er niet één enkel antwoord is. Zulke vragen zijn afhankelijk van de persoon die ze beantwoordt, zijn of haar persoonlijke ervaring, smaak en beoordeling van waar jij naar op zoek bent.

Om dit probleem op te lossen hebben Max en Damon een product ontwikkeld dat zij Aardvark noemden. Met hun gedegen technische kennis en ervaring in de bedrijfstak zou het logisch zijn geweest te verwachten dat zij meteen met programmeren zouden beginnen. In plaats daarvan namen zij zes maanden de tijd om uit te vinden wat zij zouden moeten bouwen. Maar zij brachten dat jaar geen tijd door met het uitstippelen van een strategie voor een whiteboard en zij startten ook geen uitgebreid marktonderzoek.

In plaats daarvan bouwden zij een reeks functionerende producten, die elk zo waren ontworpen dat zij ermee konden testen of het een oplossing bood voor het probleem van hun klanten. Elk product werd aangeboden aan bètatesters, wier gedrag gebruikt werd om elke specifieke hypothese te valideren of te weerleggen (zie de voorbeelden hieronder).

De volgende lijst met projecten bevat voorbeelden van Aardvarks periode waarin ideeën werden gevormd.[7]

Rekkit. Een dienst om alle beoordelingen op internet te verzamelen zodat jij betere aanbevelingen krijgt.

Ninjapa. Een manier om accounts in diverse toepassingen te openen via één enkele website en je gegevens voor diverse sites te beheren.

The Webb. Een centraal nummer dat je kunt bellen om met een echt persoon te praten die je bij alles kan helpen wat je online zou kunnen doen.

Web Macros. Een manier om bepaalde reeksen van handelingen op websites vast te leggen zodat je veel voorkomende acties kunt herhalen, zelfs op verschillende websites, en stappenplannen van hoe jij een bepaalde taak op internet hebt verricht met anderen kunt delen.

Internet Button Company. Een manier om handelingen samen te voegen die je op websites kunt verrichten en een functionaliteit om op een slimme manier formulieren in te vullen. Gebruikers konden zelf knoppen coderen en deze met anderen delen als ware het bookmarks.

Max en Damon hadden een visie dat computers konden werden gebruikt om een virtuele persoonlijke assistent te maken aan wie hun klanten vragen konden stellen. Omdat de assistent ontworpen was voor subjectieve vragen, was voor het beantwoorden daarvan het oordeel van mensen nodig. Daarom werden er bij de eerste experimenten met Aardvark verschillende variaties op dit thema geprobeerd en bouwden zij een reeks prototypes voor de verschillende manieren waarop klanten de virtuele assistent konden benaderen en hun vragen werden beantwoord. De eerste prototypes slaagden er niet in om de klanten erbij te betrekken.

Zoals Max het beschrijft, "Wij financierden zelf het bedrijf en introduceerden goedkope prototypes om mee te testen. Het zesde prototype werd uiteindelijk Aardvark. Elk prototype nam twee tot vier weken in beslag. Wij maakten zo veel mogelijk gebruik van mensen om de backend te repliceren. Wij nodigden honderd tot tweehonderd vrienden uit de prototypes te proberen en hielden bij hoeveel daarvan terugkwamen. De resultaten waren zonder uitzondering negatief totdat Aardvark verscheen."

Vanwege de korte tijdlijn kwam bij geen van de prototypes geavanceerde technologie kijken. In plaats daarvan waren het MLP's die ontworpen waren om een veel belangrijker vraag te toetsen: wat zou ervoor nodig zijn om klanten zo betrokken te laten raken bij het product dat zij hun vrienden erover zouden vertellen?

"Toen we eenmaal voor Aardvark hadden gekozen", zegt Ventilla, "gingen wij verder met het gebruiken van echte personen die stukjes van de backend repliceerden gedurende een periode van negen maanden. We namen acht mensen aan om de vragen te beheren, conversaties te categoriseren enzovoort."

"We konden ook ons startkapitaal verhogen en wisten meer geld bij investeerders los te krijgen voordat het systeem was geautomatiseerd. Het was de veronderstelling dat het de grens tussen menselijke en kunstmatige intelligentie zou doorbreken; in ieder geval wisten wij aan te tonen dat wij iets aan het bouwen waren waar mensen op zouden reageren."

"Terwijl wij ons product verfijnden, vroegen wij elke week zes tot twaalf personen te reageren op proefmodellen, prototypes of simulaties waar wij mee bezig waren. Het was een mengeling van bestaande gebruikers en mensen die het product nog nooit eerder hadden gezien. Wij lieten onze ontwikkelaars ook vaak deelnemen aan deze sessies, zodat zij niet alleen in realtime aanpassingen konden doen, maar ook opdat wij zelf konden ervaren hoe vervelend het voor een gebruiker is als hij niet weet wat hij moet doen."[8]

Het Aardvark-product dat zij besloten te gaan gebruiken werkte via instant messaging (IM). Klanten konden Aardvark een vraag sturen via IM en Aardvark zou hen een antwoord geven dat kwam uit het sociale netwerk van de klanten: het systeem zou de vrienden van de klanten en de vrienden van die vrienden benaderen en de vraag aan hen stellen. Als er een geschikt antwoord binnen was, zou het dit rapporteren aan de oorspronkelijke klant.

Natuurlijk vraagt een dergelijk product om een goed werkend algoritme: wanneer er een bepaalde vraag binnenkomt, wie is dan de geschiktste persoon in het sociale netwerk van klanten om die specifieke vraag te beantwoorden? Een vraag over restaurants in San Francisco bijvoorbeeld zou niet moeten worden doorgestuurd naar iemand in Seattle. Een grotere uitdaging echter was het feit dat een vraag over bijvoorbeeld het programmeren van computers zeer waarschijnlijk niet naar een student aan de kunstacademie moest worden gestuurd.

Tijdens het gehele proces van testen kwamen Max en Damon veel lastige technologische problemen zoals deze tegen. Elke keer weigerden zij echter nadrukkelijk om deze direct in een vroeg stadium op te lossen. In plaats daarvan maakten zij gebruik van de Wizard of Oz-manier van testen om het na te bootsen. Bij een test volgens het Wizard of Oz-principe menen klanten dat zij werken met het feitelijke product, maar achter de schermen is het mensenwerk. Net zoals het conciërge-MLP is zo'n benadering ongelooflijk inefficiënt. Stel je eens een dienst voor die klanten in staat stelde om menselijke onderzoekers (gratis) vragen te stellen en waarbij ze ook direct een antwoord konden verwachten. Zo'n dienst zou, als het op grote schaal zou functioneren, verlies maken, maar het is wel heel eenvoudig om het op kleine schaal te bouwen. Op zo'n schaal stelde het Max en Damon in staat om de volgende zeer belangrijke vragen te beantwoorden: als we lastige technische problemen van een product dat gebaseerd is op kunstmatige intelligentie kunnen oplossen, zouden mensen het dan gebruiken? Zou hun gebruik leiden tot de ontwikkeling van een product dat daadwerkelijk waarde biedt?

Dit systeem stelde Max en Damon in staat om hun product telkens opnieuw bij te stellen, waarbij zij concepten die veelbelovend leken maar niet levensvatbaar zouden zijn, verwierpen. Toen zij klaar waren om op te schalen hadden zij een kant-en-klare routekaart van wat zij zouden gaan bouwen. Het resultaat: Aardvark werd naar verluidt overgenomen voor een bedrag van 50 miljoen euro – door Google.[9]

De rol van kwaliteit en ontwerp in een MLP

Een van de meest vervelende aspecten van een minimaal levensvatbaar product is de uitdaging die er is ten aanzien van de traditionele mening over kwaliteit. De beste professionals en ambachtslieden streven er allemaal naar om kwaliteitsproducten af te leveren; het gaat namelijk om hun trots.

Moderne productieprocessen steunen op hoge kwaliteit als een manier om de efficiency omhoog te brengen. Zij opereren volgens W. Edward Demings beroemde uitspraak dat de klant het allerbelangrijkste onderdeel van het productieproces is. Dit betekent dat we ons volledig moeten richten op het produceren van de resultaten die de klant als waardevol beschouwt. Wanneer wij slordig werk toestaan in ons proces, zal dat onvermijdelijk leiden tot grote kwaliteitsverschillen. Variatie in processen leidt in de ogen van de klant tot producten van variërende kwaliteit die in het beste geval herzien moeten worden en in het slechtste geval zullen leiden tot het verlies van een klant. De meeste moderne bedrijfsvoeringen en ontwikkelfilosofieën zien het bieden van ervaringen van hoge kwaliteit aan klanten als een zeer belangrijk principe; het zijn ook de grondbeginselen van Six Sigma, de Lean-productiemethode, designdenken, extreme programming en de beweging van softwareontwikkeling als ambacht.

De discussies over kwaliteit veronderstellen dat het bedrijf al weet welke kenmerken van zijn product door de klant als waardevol zullen worden beschouwd. Bij een startup is dit echter een zeer risicovolle veronderstelling. Vaak weten wij zelfs niet eens zeker wie de klant is. Daarom geloof ik in het geval van startups in het volgende kwaliteitsprincipe:

Als we niet weten wie de klant is, weten we ook niet wat kwaliteit is.

Zelfs een MLP van lage kwaliteit kan in dienst staan van de ontwikkeling van een fantastisch product van hoge kwaliteit. Het klopt inderdaad dat klanten MLP's vaak als producten van lage kwaliteit zien. Als dat zo is, moet we daar gebruik van maken door het als een kans te zien om meer te leren over welke kenmerken klanten belangrijk vinden. Dat is hoe dan ook veel beter dan pure speculatie of strategiebepaling staand voor een whiteboard, omdat het een stevige empirische basis biedt waarop toekomstige producten kunnen worden gebouwd.

Maar soms reageren klanten echter heel anders. Veel bekende producten werden ooit op de markt gebracht in lage kwaliteit, en klanten waren er weg van. Stel je eens voor dat Craig Newmark in de begindagen van Craiglist had geweigerd om zijn eenvoudige e-mailnieuwsbrief te publiceren omdat het geen hoogstaand ontwerp had. Wat als de oprichters van Groupon hadden gevonden dat 'twee pizza's voor de prijs van één' beneden hun stand was?

Ik heb twee soortgelijke ervaringen gehad. In de begindagen van IMVU zaten onze avatars vast op één plek en konden ze niet over het scherm bewegen. Waarom dat zo was? We waren bezig met het bouwen van een MLP en waren nog niet begonnen aan de lastige taak van het bouwen van de technologie om avatars door de virtuele omgeving waarin zij woonden te laten bewegen. In de wereld van de videogames is het standaard dat 3D-avatars vloeiend bewegen wanneer zij lopen, obstakels op hun weg vermijden en een slimme weg naar hun bestemming kiezen. Beroemde goed verkopende games zoals *The Sims* van Electronic Arts was de basis van dit principe. Wij wilden niet een versie van deze voorziening uitleveren die van lage kwaliteit was, en daarom besloten wij om het product voorlopig te leveren met statische avatars.

De feedback van klanten was consistent: zij wilden beschikken over de mogelijkheid om de avatars in hun omgeving te bewegen. Wij beschouwden dit als slecht nieuws, omdat het betekende dat we behoorlijk wat tijd en geld zouden moeten spenderen aan een oplossing van hoge kwaliteit die te vergelijken was met *The*

Sims. Maar voordat wij onszelf daarop gingen toeleggen, besloten wij om nog een MLP te proberen. We gebruikten een eenvoudige hack, wat bijna als valsspelen aanvoelde. We veranderden het product zodanig dat klanten konden klikken op de plek waarheen zij hun avatar wilden verplaatsen, en die zou daar dan direct verschijnen. Hij zou niet lopen, en geen hindernissen ontwijken. De avatar verdween en zou dan een seconde later weer op de nieuwe plek verschijnen. We konden ons geen fraaie graphics of geluiden ter ondersteuning veroorloven. Wij vonden het onbevredigend dat we het product zo moesten uitleveren, maar voor meer hadden wij geen geld.

Je kunt je onze verbazing wel voorstellen toen we positieve feedback van klanten begonnen te krijgen. We hebben nooit direct naar het kunnen verplaatsen van de avatar gevraagd (we schaamden ons te veel daarvoor). Maar toen wij onze klanten vroegen om de beste ideeën van IMVU op te noemen, zat avatar-'teleportatie' consequent bij de top drie (en het is bijna niet te geloven maar zij omschreven het vaak specifiek als 'geavanceerder dan *The Sims*'). Dit goedkope compromis deed het veel beter dan sommige andere kenmerken van het product waar wij heel trots op waren, voorzieningen die veel meer tijd en geld hadden gekost om ze te maken.

Klanten kan het niets schelen hoeveel tijd iets kost om te maken. Zij vinden het alleen maar belangrijk dat het voldoet aan hun behoeften. Onze klanten gaven de voorkeur aan de teleportatiefunctie omdat het hen in staat stelde om zo snel mogelijk daar te komen waar zij heen wilden. Terugkijkend daarop, is dat ook wel logisch. Zouden we allemaal niet heel snel op onze plaats van bestemming willen zijn? Geen wachtrijen, niet uren in een vliegtuig zitten of wachten op de stoep, niet overstappen, geen taxi's of metro's. 'Beam me up, Scotty'. Onze dure benadering om de echte wereld na te bootsen werd op een slimme manier verslagen door een gave illusie die veel minder kostte maar de voorkeur genoot bij onze klanten.

En welke versie van het product is ook alweer lage kwaliteit?

Bij een MLP moet men de moed hebben om de eigen aannames op de proef te stellen. Als klanten reageren zoals wij verwachten, kunnen we dat beschouwen als een bevestiging dat onze aannames juist zijn. Als we een slecht ontworpen product op de markt brengen en de klanten (zelfs de *early adopters*) niet kunnen ontdekken hoe ze het moeten gebruiken, wordt daarmee de noodzaak bevestigd dat we moeten investeren in een veel beter ontwerp. Maar wij moeten onszelf altijd de vraag stellen: wat nu als zij minder waarde hechten aan het ontwerp dan wij?

De Lean Startup-methode staat daarom niet afkerig tegenover het bouwen van producten van hoge kwaliteit, maar alleen als dat in dienst staat van het doel klanten te overtuigen. We moeten bereid zijn om onze traditionele professionele normen aan de kant te schuiven om het proces van gevalideerd leren zo snel mogelijk te beginnen. Maar nogmaals, dit betekent niet dat er op een slordige of ongedisciplineerde manier gewerkt moet worden. (Dit is een belangrijke waarschuwing. Er bestaat namelijk een categorie kwaliteitsproblemen die tot resultaat heeft dat de feedbackcyclus van bouwen-meten-leren wordt vertraagd. Gebreken maken het namelijk lastiger om het product verder te ontwikkelen. Zij staan feitelijk ons vermogen om te leren in de weg en kunnen daarom beter niet getolereerd worden in welk productieproces dan ook. We zullen methoden om vast te stellen wanneer investeringen moeten worden gedaan in het voorkomen van dergelijke problemen nader bespreken in deel 3).

Wanneer je overweegt om je eigen minimaal levensvatbaar product te ontwikkelen, denk dan aan deze eenvoudige regel: verwijder elke voorziening, elk proces of elke inspanning die niet direct bijdraagt aan het leerproces waar je naar op zoek bent.

Snelheidshobbels bij het bouwen van een MLP

Het bouwen van een MLP is niet zonder risico's, zowel echte risico's als ingebeelde. Beide kunnen een startup in de wielen rijden, tenzij de risico's vooraf worden onderkend. De meest voorkomende hobbels zijn juridische kwesties, angst voor de concurrentie, risico's rondom het merk en de impact op het moraal.

Voor startups die afhankelijk zijn van patentbescherming, zijn er bijzondere uitdagingen wanneer zij een vroeg product in de markt willen zetten. In bepaalde rechtsgebieden kan een patent pas worden aangevraagd als het product voor het grote publiek beschikbaar is, en afhankelijk van de manier waarop de MLP is vormgegeven, kan het vrijgeven van het product deze klok in werking stellen. Zelfs als je startup zich niet in een van die juridische rechtsgebieden bevindt, kun je internationale patentbescherming wensen en moet je uiteindelijk waarschijnlijk voldoen aan deze veel strengere eisen. (Naar mijn mening zijn dergelijke zaken een van de vele manieren waarop de huidige patentwetgeving innovatie tegenhoudt, en dat zou dan ook moeten worden hersteld in een algemeen openbaar beleid.)

In veel bedrijfstakken worden patenten met name gebruikt voor defensieve doeleinden, om concurrenten af te schrikken en op afstand te houden. In dergelijke gevallen zijn de patentrisico's van een MLP klein vergeleken met de voordelen die het leerproces oplevert. Echter, in bedrijfstakken waar een nieuwe wetenschappelijke doorbraak de kern is van het concurrentievoordeel van een bedrijf, moeten deze risico's met veel meer voorzichtigheid in evenwicht worden gebracht. In alle gevallen moeten ondernemers juridisch advies inwinnen om er zeker van te zijn dat zij de risico's volledig begrijpen.

Juridische risico's kunnen ontmoedigend zijn, maar je zult verbaasd zijn om te horen dat het meest voorkomende bezwaar dat ik door de jaren heen ben tegengekomen tegen het bouwen van een MLP de angst was dat de concurrentie – met name grote gevestigde bedrijven – de ideeën van de startup zouden stelen. Was het maar zo gemakkelijk om een goed idee te laten stelen! Onderdeel van de bijzondere uitdaging van een startup is dat het vrijwel onmogelijk is om anderen opmerkzaam te maken op je idee, bedrijf of product – laat staan dat daar een concurrent bij zou zitten. Ik heb ondernemers die hier bang voor zijn vaak de volgende opdracht meegegeven: neem een van je ideeën (een van je minder heldere ingevingen, misschien), zoek de naam op van een relevante productmanager bij een gevestigd bedrijf die verantwoordelijk is voor dat gebied en probeer het bedrijf zo ver te krijgen om jouw idee te stelen. Bel ze op, stuur ze een memo, verzend een persbericht – ga aan de slag en probeer het maar. De waarheid is dat de meeste managers bij de meeste bedrijven al overstelpt worden met goede ideeën. Hun uitdaging ligt in het prioriteren en uitvoeren, en juist die uitdagingen geven startups de hoop te kunnen overleven.[10]

Als een concurrent veel beter in uitvoering is dan een startup als het idee eenmaal bekend is, dan is de startup toch al ten dode opgeschreven. De reden om een nieuw team samen te stellen om een idee na te jagen is dat jij erin gelooft dat je de feedbackcyclus van bouwen-met-leren sneller kan doorlopen dan ieder ander. Als dat zo is, maakt het helemaal niet uit wat de concurrentie weet. Als dat niet zo is, heeft een startup veel grotere problemen en zal zwijgzaamheid die niet oplossen. Vroeger of later zal een succesvolle startup te maken krijgen met concurrentie van snelle volgers. Een forse voorsprong is zelden genoeg om het verschil te maken en de tijd die wordt doorgebracht in zwijgzaamheid – weg van de klanten – zal zeer waarschijnlijk niet voor een voorsprong zorgen. De enige manier om te winnen is door snellere te leren dan de rest.

Veel startups maken een plan om te investeren in het opbouwen van een groot merk, en een MLP kan daarbij een gevaarlijke onderneming zijn. Maar op dezelfde manier worden ondernemers in bestaande organisaties vaak beperkt door de angst dat zij het gevestigde merk van het moederbedrijf schaden. In alle gevallen is er een eenvoudige oplossing: introduceer de MLP onder een andere merknaam. Daarnaast is een al lang gevestigde reputatie alleen een risico wanneer bedrijven openlijk hun activiteiten bekendmaken, bijvoorbeeld via pr of door het creëren van een hype. Wanneer een product niet kan voldoen aan de opgeroepen verwachtingen, kan er langdurige schade aan een bedrijfsmerk ontstaan. Maar startups hebben het voordeel dat zij nog niet zo zichtbaar zijn, een belachelijk klein aantal klanten hebben en nog vrij onbekend zijn. In plaats van hierover klagen, moet je deze voordelen gebruiken om onder de radar te experimenteren en vervolgens een publieke marketinglancering organiseren als het product zichzelf heeft bewezen bij echte klanten.[11]

Tot slot kan het ook nuttig zijn om je voor te bereiden op het feit dat MLP's vaak geen succes zijn. In tegenstelling tot de traditionele concepttesten of prototypes zijn MLP's ontworpen om alle vragen te beantwoorden, niet alleen die over ontwerp of techniek. En vaak bieden zij ook de zo benodigde dosis realiteit. En het kan zeer onprettig zijn te moeten omgaan met de vertekende werkelijkheid. Visionairs zijn dan ook met name bang voor een *false negative*: dat klanten een gebrekkig MLP afwijzen omdat het te klein of te beperkt is. Maar het is precies deze houding die je tegenkomt wanneer bedrijven compleet vormgegeven producten lanceren zonder deze vooraf te hebben getest. Zij konden het niet over hun hart verkrijgen om ze te testen als ze nog niet in hun volle glorie waren. En toch zit er enige wijsheid in deze angst van de visionair. Teams die vastgeroest zitten in traditionele productontwikkelingsmethoden worden getraind om regelmatig beslissingen over wel of niet doorgaan te nemen. Dat is namelijk de essentie van het watervalmodel of het stage-gate-model. Als een MLP mislukt, zijn teams geneigd om de hoop op te geven en het project helemaal te laten vallen. Maar dit probleem kan worden opgelost.

Van MLP tot innovation accounting

De oplossing voor dit dilemma is toewijding aan continue bijstelling. Je moet er volledig mee instemmen dat je, wat het resultaat van de tests van MLP ook zal zijn, nooit – voortijdig – de hoop zult opgeven. Succesvolle ondernemers geven niet op wanneer de eerste problemen opdoemen, en blijven niet tegen beter weten in volhouden. Zij beschikken over een unieke combinatie van doorzettingsvermogen en flexibiliteit. De MLP is niet meer dan een eerste stap in hun leerproces. En op de weg die zij volgen zullen zij – na veel aanpassingen – ontdekken dat een bepaald element van hun product of strategie gebrekkig is en besluiten dat het tijd is om een verandering door te voeren – ik noem dit het bijstelpunt (*pivot*) – naar een andere methode voor het bereiken van hun visie.

Startups ondervinden met name risico's wanneer belanghebbenden en investeerders (met name wanneer het gaat om CFO's van interne bedrijfsprojecten) zich in een vertrouwenscrisis bevinden. Toen het project werd goedgekeurd of de investering werd gedaan, beloofde de ondernemer dat het nieuwe product de wereld zou veranderen. De klanten zouden in groten getale binnenstromen. Maar waarom is dat maar bij zo weinig producten het geval?

Volgens de traditionele managementmethode bevindt een manager die iets belooft en dat niet kan waarmaken zich in zwaar weer. Er zijn dan slechts twee mogelijke verklaringen: er is een fout gemaakt bij de uitvoering of er is niet goed gepland. Beide fouten zijn onvergeeflijk. Ondernemer-managers krijgen te maken met een lastig probleem: wanneer de plannen die wij maken en de voorspellingen die wij doen vol zitten met onzekerheden, hoe kunnen wij dan successen claimen wanneer we onvermijdelijk er niet in slagen om dat te leveren wat we hebben beloofd? Anders gezegd, hoe weet de CFO of investeerder nu dat we falen omdat we iets heel belangrijks hebben geleerd en niet omdat we het hebben verprutst of er helemaal naast zaten?

De oplossing voor dit probleem is te vinden in de kern van het Lean Startup-model. We hebben allemaal behoefte aan een gedisciplineerde, systematische benadering om uit te vinden of we vooruitgang boeken en of we ook daadwerkelijk gevalideerd leren. Ik noem dit systeem *innovation accounting*, een bepaalde manier van administreren en meten van de innovatie, een alternatief dat speciaal voor startups is ontwikkeld. Dit vormt het onderwerp van hoofdstuk 7.

HOOFDSTUK 7

Meten

In het begin is een startup niet veel meer dan een model getekend op een vel papier. De financiële aspecten in het bedrijfsplan omvatten verwachtingen over hoeveel klanten het bedrijf denkt te trekken, hoeveel het zal uitgeven en hoeveel omzet en winst dat allemaal zal opleveren. Dat is een ideaal dat over het algemeen ver weg staat van waar de startup zich in de begindagen bevindt.

Het is de taak van een startup om (1) op een degelijke manier te meten waar het zich op dat moment bevindt, waarbij het de harde werkelijkheid die bij die beoordeling naar voren komt confronteert en vervolgens om (2) experimenten te ontwerpen om te leren hoe de werkelijke cijfers dichter bij het ideaal kunnen komen, zoals dat in het bedrijfsplan is neergelegd.

De meeste producten – zelfs die mislukken – wekken wel enige mate van interesse. De meeste producten hebben wel een paar klanten, een beetje groei en enige positieve resultaten. Een van de gevaarlijkste resultaten van een startup is dat het een beetje mee hobbelt in het land van de levende doden. Van nature zijn werknemers en ondernemers optimistisch. We willen blijven geloven in onze ideeën, zelfs wanneer de tekenen niet goed zijn. En dat is ook waarom de mythe van standvastigheid zo gevaarlijk is. We kennen allemaal wel de verhalen van grote ondernemers die als overwinnaar uit de strijd kwamen terwijl de verwachtingen er heel slecht uitzagen. Maar helaas horen we nooit de verhalen over de talloze onbekenden die te lang door bleven gaan en hun bedrijf naar de ondergang leidden.

Waarom zoiets saais als administreren en meten je leven zal veranderen

Mensen zien 'boekhouding' bijhouden over het algemeen als iets saais, een noodzakelijke kwaad om financiële rapporten te kunnen voorbereiden en audits te kunnen doorstaan, maar dat komt doordat het bijhouden van een financiële administratie iets is geworden dat als vanzelfsprekend wordt beschouwd. In het verleden werd onder het leiderschap van mensen zoals Slogan bij General Motors de financiële administratie een essentieel onderdeel van de methode om vanuit een centraal punt invloed uit te oefenen op veraf gelegen divisies. Administreren stelde General Motors in staat om duidelijke mijlpalen te stellen voor elke divisie en vervolgens elke manager verantwoordelijk te houden voor het succes van zijn divisie bij het behalen van de gestelde doelen. Elke moderne onderneming gebruikt deze benadering in een of andere vorm. Administreren en meten is de sleutel tot hun succes.

Helaas is de standaardmanier om dit te doen niet echt nuttig bij het evalueren van ondernemers. Startups zijn te onvoorspelbaar voor het doen van voorspellingen en mijlpalen zijn niet nauwkeurig genoeg.

Onlangs maakte ik kennis met een fantastisch startup-team. Zij hebben de financiering voor elkaar, trekken behoorlijk wat klanten en groeien heel snel. Hun product is leidinggevend in een opkomende categorie van bedrijfssoftware en ze maken gebruik van marketingtechnieken die normaal gericht is op de consumentenmarkt om de verkoop aan grote bedrijven te realiseren. Zo rekenen zij bijvoorbeeld op een virale verspreiding onder werknemers in plaats van het traditionele verkoopproces, dat gericht kan zijn op de chief information officer of het hoofd informatietechnologie. Het gevolg is dat zij de mogelijkheid hebben om zeer moderne experimentele technieken te gebruiken terwijl zij continu hun product aanpassen. Tijdens onze bespreking stelde ik het team een eenvoudige vraag die ik altijd aan startups stel: "Maken jullie je product ook beter?" Altijd antwoordden zij daar bevestigend op. Vervolgens vraag ik dan: "Hoe weten jullie dat? En ik krijg dan altijd het volgende antwoord: "Nou, wij zijn technici en we hebben afgelopen maand een aantal veranderingen doorgevoerd, die onze klanten lijken te waarderen, en ook zijn onze cijfers deze maand beter. Dan zitten we vast op de goede weg."

Dit is het soort verhalen dat verteld wordt tijdens de meeste bestuursvergaderingen van startups. De meeste mijlpalen worden ook op dezelfde manier vastgesteld: bereik een bepaalde productmijlpaal, praat met een paar klanten en kijk vervolgens of de cijfers omhoog gaan. Helaas is dit geen goede indicator of een startup enige vooruitgang boekt. Hoe weten we zeker dat de veranderingen die we hebben doorgevoerd in verband staan met de resultaten die we zien? Belangrijker nog, hoe weten wij dat we de juiste lessen trekken uit die veranderingen?

Om dergelijke vragen te kunnen beantwoorden moeten startups kunnen beschikken over een nieuwe manier van administreren en meten die specifiek gericht is op vergaande innovatie. Die methode is *innovation accounting*.

Een raamwerk voor innovation accounting dat van toepassing is in elke bedrijfstak

Het administreren en meten van innovatie stelt startups in staat om op een objectieve manier te bewijzen dat zij leren hoe zij verder kunnen groeien tot een duurzaam bedrijf. *Innovation accounting* begint met het omvormen van de *leap-of-faith*-aannames, zoals besproken in hoofdstuk 5, tot een kwantitatief financieel model. Elk bedrijfsplan is gestoeld op een model, zelfs als het op een servetje is gekalkt. Dat model biedt aannames over hoe het bedrijf eruit zal zien op een succesvol moment ergens in de toekomst.

Het bedrijfsplan van een gevestigd productiebedrijf bijvoorbeeld zal een groei laten zien die in verhouding staat tot de verkoopomvang. Naarmate de winst uit de verkoop van goederen wordt geherinvesteerd in marketing en promotie, zal het bedrijf nieuwe klanten aan zich binden. De snelheid waarmee de groei plaatsvindt is met name afhankelijk van drie dingen: de winstgevendheid die elke klant representeert, de kosten van het werven van nieuwe klanten en de mate waarin bestaande klanten opnieuw aankopen doen. Hoe hoger deze waarden zijn, hoe sneller het bedrijf zal groeien en hoe winstgevender het zal zijn. Dit zijn de pijlers van het groeimodel van het bedrijf.

In tegenstelling hiermee zal een bedrijf in een marktplaats waarin kopers en verkopers worden samengebracht, zoals eBay, werken met een heel ander groeimodel. Zijn succes zal voornamelijk afhangen van de netwerkeffecten waardoor het een belangrijke bestemming wordt voor zowel klanten als kopers om handel te drijven. Verkopers willen juist die marktplaats betreden met het hoogste aantal potentiële klanten. Klanten willen die marktplaats betreden met de meeste concurrentie tussen verkopers, waardoor er een zo groot mogelijke beschikbaarheid van producten is tegen de laagste prijzen. (In de economie wordt dit soms *supply-side increasing returns* en *demand-side increasing returns* genoemd). Voor een dergelijke start-up is het belangrijk om te meten of de netwerkeffecten werken, zoals valt af te leiden uit de hoge retentiecijfers van nieuwe klanten en verkopers. Als mensen bij een product blijven en er weinig afvallen, zal de marktplaats groeien ongeacht de manier waarop het bedrijf nieuwe klanten werft. De groeicurve zal eruitzien als een tabel die een vaste rente weergeeft, waarbij de snelheid van de groei afhankelijk is van de 'rentevoet' van nieuwe klanten die het product trekt.

Hoewel deze twee verschillende bedrijven verschillende pijlers voor groei hebben, kunnen we niettemin een algemeen raamwerk gebruiken om hun leiders ter verantwoording te roepen. Dit raamwerk ondersteunt die verantwoording zelfs wanneer het model verandert.

Hoe innovation accounting in de praktijk werkt – drie leermijlpalen

Innovation accounting verloopt in drie stappen: gebruik allereerst een minimaal levensvatbaar product om feitelijke informatie over waar het bedrijf zich nu bevindt te verzamelen. Zonder een duidelijk beeld van je huidige status – hoe ver je ook nog van je doel verwijderd bent – kun je niet beginnen met het bijhouden van je voortgang.

Ten tweede moeten startups proberen om de motor vanaf het beginpunt zo af te stellen dat deze de ideale situatie benadert. Hiervoor kunnen meerdere pogingen nodig zijn. Nadat de startup alle kleine veranderingen en optimaliseringen van het product heeft doorgevoerd, kan het bedrijf vanaf de basislijn verder bewegen richting het ideaal – het heeft dan een beslismoment bereikt. Dat is de derde stap: bijstellen of consolideren.

Als het bedrijf goede vorderingen maakt ten opzichte van het ideaal, betekent dat dat het de juiste dingen leert en het geleerde op een effectieve manier inzet. In dat geval lijkt het logisch om zo door te gaan. Als dit niet zo is zal het managementteam uiteindelijk de conclusie moeten trekken dat de huidige productstrategie gebreken vertoont en grondig moet worden herzien. Wanneer een bedrijf de strategie bijstelt, begint het proces van voren af aan, waarbij een nieuwe basislijn wordt vastgesteld en de motor opnieuw wordt afgesteld. Dat het bijstellen succesvol is geweest, blijkt wanneer het verder afstellen van de motor resulteert in meer productiviteit dan voor de bijstelling.

De basislijn vaststellen

Een startup kan bijvoorbeeld een compleet prototype van zijn product maken en dit te koop aanbieden aan echte klanten met behulp van zijn belangrijkste marketingkanaal. Deze enkele MLP zal dan de meeste aannames van de startup in de praktijk testen en metingen bieden om de basislijn te kunnen vaststellen voor alle aannames tegelijk. Maar een startup kan er ook de voorkeur aan geven aparte MLP's te bouwen die erop gericht zijn om feedback te verkrijgen voor elke veronderstelling afzonderlijk. Voordat wordt begonnen met het bouwen van het prototype, kan het bedrijf een eerste globale test doen met de marketingmaterialen. Dit is een oude techniek die komt uit de direct marketing waarbij klanten de mogelijkheid krijgen een product dat nog niet op de markt is te bestellen. Bij zo'n globale test wordt slechts één ding gemeten: of klanten geïnteresseerd zijn om het product te proberen. Op zich is dit niet voldoende om een compleet groeimodel te valideren. Niettemin kan het erg nuttig zijn om feedback over deze veronderstelling te krijgen voordat er geld en andere middelen in het product worden gestoken.

Deze MLP's bieden het eerste voorbeeld van een leermijlpaal (*learning milestone*). Een MLP stelt een startup in staat om feitelijke informatie over de basislijn in zijn groeimodel op te nemen – conversiecijfers, aantallen aanmeldingen en proefproducten, de waarde die de klant aan een product hecht enzovoort. Dit is waardevolle informatie op basis waarvan verder kan worden geleerd over klanten en hun reacties op een product, zelfs wanneer deze informatie zeer slecht nieuws bevat.

Wanneer een keuze wordt gemaakt uit de vele aannames in

het bedrijfsplan, lijkt het logisch de meest risicovolle aannames het eerst te testen. Als je geen manier kunt vinden om deze risico's meer richting de ideale situatie te bewegen, die noodzakelijk is voor een duurzame bedrijfsvoering, heeft het geen enkele zin om de andere aannames te testen. Een mediabedrijf bijvoorbeeld dat advertentieruimte verkoopt, heeft twee fundamentele aannames die via de volgende vragen geformuleerd kunnen worden: Kan het langdurig de aandacht van een vooraf gedefinieerd klantensegment trekken? en kan het die aandacht verkopen aan adverteerders? In de bedrijfstak waarin de advertentietarieven voor een bepaald klantensegment algemeen bekend zijn, is de meest riskante aanname het vermogen om de aandacht te trekken. De eerste experimenten moeten dan ook de productie van content omvatten en niet zozeer de verkoop van de advertenties. Wellicht kan het bedrijf een pilotaflevering of pilotuitgave maken om te kijken hoe betrokken de klanten zullen zijn.

De motor afstellen

Wanneer de basislijn eenmaal is vastgesteld, kan de startup gaan toewerken naar de tweede leermijlpaal: het afstellen van de motor. Elke productontwikkeling, marketingactiviteit of ander initiatief dat een startup onderneemt moet gericht zijn op het verbeteren van een van de pijlers van zijn groeimodel. Zo kan een bedrijf bijvoorbeeld tijd besteden aan het verbeteren van het ontwerp van zijn product, zodat het voor nieuwe klanten gemakkelijker te gebruiken is. Dit veronderstelt wel dat de activeringratio (*activation rate*) van nieuwe klanten een stimulans voor groei is en dat de basislijn lager ligt dan het bedrijf zou willen. Om gevalideerd leren te kunnen aantonen, moeten de veranderingen in het ontwerp de activeringsratio van nieuwe klanten verbeteren. Als dat niet gebeurt, moet het nieuwe ontwerp als mislukt worden beschouwd. Dit is een belangrijke regel: een goed ontwerp is een ontwerp dat het gedrag van klanten ten goede verandert.

Vergelijk eens deze twee startups. Het eerste bedrijf heeft een duidelijke meting voor de basislijn, een hypothese over wat deze meting kan verbeteren en een aantal experimenten die speciaal ontworpen zijn om die hypothese te toetsen. Het tweede team zit bij elkaar en bespreekt wat het product zou kunnen verbeteren, voert een aantal van die veranderingen tegelijkertijd door en viert feest als er een positieve stijging in een van de gemeten waarden is. Welke startup doet naar alle waarschijnlijkheid effectiever zijn werk en zal ook blijvende resultaten behalen?

Bijstellen of doorgaan

Mettertijd zal een team dat al lerende zijn weg richting een duurzame bedrijfsvoering weet te vinden de cijfers in zijn model omhoog zien gaan vanaf die vreselijke basislijn, zoals bepaald door het MLP, naar het ideaal zoals dat is vastgelegd in het bedrijfsplan. Voor een startup die daar niet in slaagt, zal dat ideaal steeds verder weg komen te liggen. Wanneer dit op de juiste manier wordt gedaan, zal zelfs de meest krachtige vertekening van de werkelijkheid niet het volgende simpele feit kunnen verhullen: als we de pijlers van ons bedrijfsmodel niet in beweging kunnen zetten, dan maken we ook geen vooruitgang. Dan weten we ook zeker dat het tijd wordt om bij te stellen.

Innovation accounting bij IMVU

In de begindagen van IMVU verliep de *innovation accounting* als volgt. Ons minimaal levensvatbare product kende vele gebreken en toen wij het voor het eerst op de markt brachten, kende het een zeer lage verkoop. Wij namen uiteraard aan dat het feit dat het zo slecht verkocht te maken had met de lage kwaliteit van het product, dus werkten wij week in week uit aan het verbeteren van de kwaliteit van het product, waarbij wij erop vertrouwden dat onze inspanningen de moeite waard waren. Aan het eind van elke maand belegden wij een directievergadering waarbij wij de resultaten presenteerden. De avond voorafgaand aan de vergadering deden we onze gebruikelijke analyses, maten we de conversiecijfers, de aantallen klanten en de omzet om te laten zien hoe goed wij het hadden gedaan. Een aantal vergaderingen achtereen zorgde dit voor paniek op het laatste moment omdat de kwaliteitsverbeteringen niet hadden geleid tot een verandering in het klantgedrag. Dit resulteerde in een aantal zeer frustrerende directievergaderingen waar we fantastische 'vooruitgang' in het product konden laten zien, maar lang niet zoveel in onze bedrijfsresultaten. Na een tijdje begonnen we met grotere regelmaat metingen te doen in plaats van op het laatste moment, hierdoor wisten wij de feedbackcyclus ten gunste van de productontwikkeling te bekorten. Maar dit was nog deprimerender. Elke week weer zagen wij dat onze productveranderingen geen enkel effect hadden.

Een product verbeteren met een budget van vijf euro per dag

Wij hielden het verloop van de trechtervormige metingen bij die essentieel voor onze groeimotor waren: klantenregistratie, het aantal downloads van onze applicatie, proefperiodes, herhaald gebruik en aankoop. Om genoeg gegevens te hebben om van te leren, hadden wij net genoeg klanten nodig die ons product gebruikten om realistische cijfers over elk gedrag te hebben. Wij stelden een budget van vijf euro per dag beschikbaar: genoeg om kliks te kopen via het toen net geïntroduceerde Google Adwords. In die dagen was het minimumbedrag dat je kon bieden voor een klik vijf cent. Maar er was geen algeheel minimum aan wat je moest besteden. Zo konden we het ons dus veroorloven om een account te openen en hiermee te beginnen, ook al hadden we erg weinig geld. [1]

Voor vijf euro konden wij honderd kliks kopen – elke dag. Vanuit marketingoogpunt stelde dit niet veel voor, maar het was zeer waardevol voor ons leerproces. Elke dag opnieuw konden wij de prestaties van ons product meten bij een nieuwe groep klanten. En ook kregen wij elke keer dat we het product wijzigden de volgende dag nieuwe cijfers te zien over hoe wij het deden.

Zo introduceerden wij bijvoorbeeld op een dag een nieuwe marketingboodschap die gericht was op klanten die het product nog niet kenden. De volgende dag veranderden wij dan de manier waarop nieuwe klanten kennismaakten met het product. Op andere dagen voegden wij nieuwe voorzieningen toe, repareerden wij bugs, rolden we een nieuw visueel ontwerp uit of probeerden we een nieuwe lay-out uit voor onze website. Elke keer zeiden wij tegen onszelf dat wij het product beter maakten, maar dat subjectieve vertrouwen werd door de werkelijke cijfers hard onderuit gehaald.

Elke dag voerden wij willekeurige tests uit. Elke dag was een nieuw experiment. De klanten van elke nieuwe dag hadden geen verband met de klanten van de dag daarvoor. En het belangrijkste was dat, ondanks dat onze brutocijfers toenamen, het ons duidelijk werd dat de trechtervorm in onze metingen niet veranderde.

Hieronder ziet u een grafiek die gebruikt is bij een van de bestuursvergaderingen uit de begindagen van IMVU.

3D IM trechtergrafiek

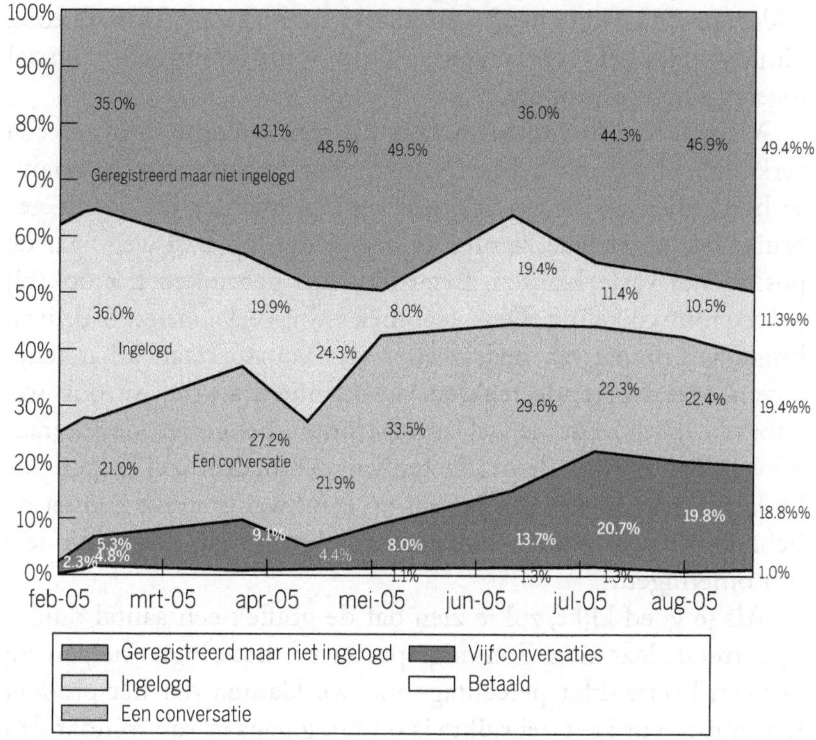

Deze grafiek geeft ongeveer zeven maanden werk weer. In die periode voerden wij continu verbeteringen door aan het IMVU-product, waarbij we vrijwel dagelijks nieuwe opties toevoegden. Ook voerden wij veel persoonlijke gesprekken met klanten en werkte ons productontwikkelteam bijzonder hard.

Cohortanalyse

Om de grafiek te kunnen lezen, moet je enig verstand hebben van cohortanalyses. Dit is een van de allerbelangrijkste hulpmiddelen bij het analyseren van startups. Hoewel het ingewikkeld klinkt, is het gebaseerd op een eenvoudige aanname. In plaats van te kijken naar de cumulatieve totalen van de brutocijfers, zoals totale omzet en totaal aantal betalende klanten, moet er gekeken worden naar de prestaties van elke groep klanten die, los van andere groepen, in contact komt met het product. Elke groep wordt een cohort genoemd. De grafiek laat de conversiecijfers van nieuwe klanten van IMVU zien die in elke maand zijn binnengehaald. Elk conversiecijfer toont het percentage klanten dat zich in die maand heeft geregistreerd en die vervolgens de aangegeven actie heeft ondernomen. Aldus heeft van alle klanten die in februari 2004 bij IMVU zijn gekomen ongeveer 60 procent ten minste eenmaal ingelogd bij ons product.

Managers die werkzaam zijn bij een onderneming en een verkoopachtergrond hebben, zullen deze trechtervormige analyse herkennen als de traditionele verkooptrechter die wordt gebruikt om potentiële klanten te begeleiden op hun weg naar de positie van vaste klanten. Lean Startups gebruiken het ook bij productontwikkeling. Deze techniek is bij veel soorten bedrijven bruikbaar, omdat elk bedrijf voor zijn voortbestaan afhankelijk is van opeenvolgende reeksen van klantgedrag die we ook wel stromen (*flows*) noemen. Klantenstromen beheersen de interactie van klanten met de producten van een bedrijf. Zij helpen ons bij het begrijpen van een bedrijf op een kwantitatieve manier en hebben een veel grotere voorspellende kracht dan de traditionele brutometingen.

Als je goed kijkt, zul je zien dat de grafiek een aantal duidelijke trends laat zien. Sommige productverbeteringen helpen, zij het een beetje. Het percentage nieuwe klanten dat het product ten minste vijf keer gebruikte is omhoog gegaan van minder dan vijf naar bijna twintig. Maar ondanks deze verviervoudiging blijft het percentage nieuwe klanten dat betaalt voor IMVU steken op ongeveer 1 procent. Denk daar eens even over na. Na vele maanden hard werken, duizenden afzonderlijke verbeteringen, focusgroepen, ontwerpsessies en bruikbaarheidstests is het percentage nieuwe klanten dat vervolgens ook gaat betalen exact hetzelfde als aan het begin, ondanks het feit dat veel meer klanten de kans hebben gekregen om het product te proberen.

Dankzij de kracht van de cohortanalyse, kunnen we deze mislukking niet afschuiven op de erfenis van eerdere klanten die niet bereid waren om te veranderen, op externe marktomstandigheden of op wat dan ook. Elk cohort kreeg zijn eigen score, en hoe hard we het ook hebben geprobeerd, we presteerden onder de maat. Hierdoor werden wij ons ervan bewust dat we een probleem hadden.

Ik was verantwoordelijk voor het toen nog kleine ontwikkelteam en deelde met mijn medeoprichters mijn gevoel dat het probleem zich bevond in de werkzaamheden van mijn team. Ik werkte harder, richtte mij op steeds hogere kwaliteitsaspecten en sliep weinig. Onze frustratie nam toe. Toen ik niet anders meer kon bedenken, was ik eindelijk bereid om de laatste stap te zetten: praten met de klant. Na onze mislukking om vooruitgang te boeken bij het afstellen van onze groeimotor, was ik er eindelijk klaar voor om de juiste vragen te stellen.

Voor deze mislukking, in de begindagen van het bedrijf, was het gemakkelijk om met potentiële klanten in contact te komen en konden wij onszelf wijsmaken dat we op het goede spoor zaten. Toen we klanten voor een persoonlijk gesprek op ons kantoor uitnodigden en bruikbaarheidstests deden, was het gemakkelijk om negatieve feedback aan de kant te schuiven. Als zij het product niet wilden gebruiken, ging ik er maar van uit dat zij niet tot onze doelgroep behoorden. "Ontsla die klant", zei ik dan tegen de persoon die verantwoordelijk was voor het zoeken van mensen voor onze tests. "Zoek iemand voor mij die wel in onze doelgroep zit." Als de volgende klant dan wat positiever was, zag ik dat als een bevestiging dat ik het bij het rechte eind had. Zo niet, dan ontsloeg ik weer een klant en probeerde ik een andere.

Toen ik eenmaal concrete gegevens in handen had, verliep mijn interactie met klanten anders. Opeens waren er belangrijke vragen die beantwoord moesten worden: Waarom reageren klanten niet op onze 'productverbeteringen'? Waarom levert ons harde werken niets op? Zo maakten wij het bijvoorbeeld steeds gemakkelijker voor klanten om IMVU te gebruiken met hun bestaande vrienden. Maar helaas gingen onze klanten daar niet in mee. Het gebruik makkelijker maken was helemaal niet waar het om ging. Toen we eenmaal wisten waar we op moesten letten, viel het kwartje veel sneller. Zoals beschreven in hoofdstuk 3 resulteerde dit uiteindelijk in een zeer belangrijk draaipunt: weg van de IM-add-on die gebruikt werd met bestaande vrienden en richting een op zichzelf staand netwerk dat kon worden gebruikt om nieuwe vrienden te maken. En opeens verdwenen onze zorgen over productiviteit. Toen onze inspanningen eenmaal gericht waren op wat klanten echt wilden, werd het ook veel aannemelijker dat onze experimenten hun gedrag ten goede zouden veranderen.

Dit patroon herhaalde zich elke keer weer, vanaf het moment dat we minder dan 1000 euro per maand aan omzet hadden tot op het moment dat we miljoenen draaiden. En dit is het teken van een succesvolle bijstelling: de nieuwe experimenten zijn in zijn geheel veel productiever dan de experimenten die voorheen deed.

Dit is het patroon: slechte kwantitatieve resultaten dwingen ons om de mislukking te erkennen en bieden vervolgens de motivatie, context en ruimte om meer kwalitatief onderzoek te doen. Deze onderzoeken leiden tot nieuwe ideeën – nieuwe hypotheses – die kunnen worden getest en mogelijk zullen leiden tot een draaipunt. Elk draaipunt bood ons nieuwe mogelijkheden om verder te experimenteren en zo herhaalt de cyclus zich. Elke keer herhalen wij dit eenvoudige ritme: de basislijn vaststellen, de motor afstellen en een beslissing nemen om bij te stellen of te consolideren.

Optimalisering versus leren

Ontwikkelaars, ontwerpers en marketeers zijn alle vaardig in het proces van optimaliseren. Marketeers bijvoorbeeld zijn zeer ervaren in het testen van waardeproposities, door een verschillend aanbod te versturen naar twee soortgelijke groepen klanten om te meten welke verschillen er zijn in de responscijfers van de twee groepen. Ontwikkelaars zijn uiteraard vaardig in het verbeteren van de prestaties van een product, net zoals ontwerpers het talent hebben om producten gemakkelijker in het gebruik te maken. Al deze activiteiten bieden in een goed geleide traditionele organisatie toenemend voordeel bij toenemende inspanningen. Zolang we de plannen maar goed uitvoeren, zal hard werken tot resultaten leiden.

Deze hulpmiddelen voor productontwikkeling werken echter niet op dezelfde manier in het geval van startups. Als je het verkeerde product ontwikkelt, zal het optimaliseren daarvan of de marketing niet tot substantiële resultaten leiden. Bij het meten van de vooruitgang van een startup ligt de lat hoog: bewijs leveren dat een duurzame onderneming kan worden opgebouwd rondom de producten en diensten. Dat is een norm die alleen kan worden vastgesteld wanneer een startup vooraf duidelijke en concrete voorspellingen heeft gedaan.

Bij afwezigheid van dergelijke voorspellingen zijn beslissingen over het product en de strategie veel lastiger te nemen en ook tijdrovend. Ik kom dit als adviseur vaak tegen. Men heeft vaak mijn hulp in geroepen bij startups die het gevoel hadden dat hun ontwikkelteam 'niet hard genoeg werkt'. Wanneer ik dan dergelijke teams ontmoet, zijn er altijd verbeteringen die kunnen worden doorgevoerd, die ik ze dan ook adviseer te doen. Maar het echte probleem is in bijna alle gevallen niet een gebrek aan ontwikkeltalent, energie of moeite. Elke cyclus opnieuw werkt het team hard, maar het bedrijf plukt daar niet de vruchten van. Managers die zijn opgeleid volgens het traditionele model trekken dan de voor hen logische conclusie: ons team werkt niet hard genoeg, werkt niet effectief, of werkt niet efficiënt.

En daarmee wordt de neerwaartse spiraal ingezet: het productontwikkelteam gaat vol goede moed verder met het ontwikkelen van een product volgens de specificaties die het krijgt van de creatieve of de zakelijke leiding. Wanneer goede resultaten uitblijven, nemen leiders aan dat elke discrepantie die er bestaat tussen hetgeen gepland was en wat er gebouwd is daar de oorzaak van is en vervolgens proberen zij om de volgende stap nog gedetailleerder te omschrijven. Naarmate de specificaties gedetailleerder worden, verloopt het planningsproces trager, neemt de omvang van de aanpassingen toe en wordt de feedback vertraagd. Wanneer een raad van bestuur of een financieel directeur er als belanghebbende bij betrokken is, zal dat binnen korte tijd ook gevolgen voor het personeel hebben.

Een aantal jaar geleden nodigde een team dat producten verkoopt aan grote mediabedrijven mij uit om hen te adviseren omdat zij bezorgd waren dat hun ontwikkelaars niet hard genoeg werkten. Maar het probleem lag niet bij de ingenieurs, dat lag bij het proces dat het gehele bedrijf gebruikte om beslissingen te nemen. Ze hadden klanten, maar die kenden ze niet erg goed. Ze werden overspoeld met verzoeken van klanten, het eigen verkoopteam en de managers om bepaalde voorzieningen te bieden. Elk nieuw inzicht werd een noodsituatie die meteen moest worden aangepakt. Het gevolg was dat langetermijnprojecten continu geplaagd werden door onderbrekingen. En erger nog, het team had geen duidelijk beeld of de veranderingen die zij doorvoerden van belang waren voor de klanten. Ondanks het blijven afstellen en bijstellen, waren de bedrijfsresultaten elke keer weer middelmatig.

Leermijlpalen kunnen deze negatieve spiraal voorkomen door de nadruk te leggen op een veel waarschijnlijker mogelijkheid: het bedrijf voert – met grote discipline! – een plan uit dat nergens op slaat. Het raamwerk voor *innovation accounting* maakt duidelijk wanneer het bedrijf vastzit en zijn koers moet veranderen.

In het voorbeeld hierboven was het productontwikkelteam al in het beginstadium van het bedrijf bijzonder productief, omdat de oprichters een grote nog niet vervulde behoefte in de doelmarkt hadden vastgesteld. Het oorspronkelijke product was, ondanks de gebreken, populair bij *early adopters*. Het toevoegen van belangrijke kenmerken waar klanten om vroegen leek uitstekend te werken, aangezien de *early adopters* iedereen over de innovatie vertelden. Maar andere niet gestelde en niet beantwoorde vragen bleven verborgen: beschikte het bedrijf over een werkende groeimotor? Vond dit vroege succes plaats dankzij het dagelijkse werk van het productontwikkelteam? In de meeste gevallen was het antwoord nee; het succes kwam tot stand door de beslissingen die het team in het verleden had gemaakt. Geen van de huidige initiatieven hadden enig invloed daarop. Maar dit werd verbloemd door het feit dat de brutometingen van het bedrijf allemaal een stijgende lijn lieten zien.

Zoals we later zullen zien, is dit een veelvoorkomend gevaar. Bedrijven van welke omvang dan ook die beschikken over een werkende groeimotor kunnen gaan vertrouwen op de verkeerde soort metingen en hun handelen daarvan af laten hangen. En dat verleidt managers om zich te verlaten op het gebruikelijke theatrale gedoe rondom succes: advertenties op het laatste moment inkopen, marketingkanalen helemaal volproppen en flitsende demo's. En dat alles in een wanhoopspoging om de brutocijfers op te fleuren. Energie die in dergelijk theater wordt geïnvesteerd is energie die had kunnen worden gebruikt om een duurzaam bedrijf op te bouwen. Ik noem de traditionele cijfers die worden gebruikt om startups te beoordelen dan ook *vanity metrics* (ijdele metingen). En *innovation accounting* betekent ook dat wij de verleiding om deze te gebruiken moeten weerstaan.

Vanity metrics: een waarschuwing

Om het gevaar van *vanity metrics* (ijdele metingen) goed duidelijk te kunnen maken, gaan we nog eenmaal terug naar de begindagen van IMVU. Kijk eens naar de volgende grafiek, die uit dezelfde periode stamt als de grafiek die we eerder in dit hoofdstuk hebben laten zien. Het beslaat dezelfde periode als de cohortgrafiek; hij werd ook gebruikt tijdens dezelfde bestuursvergadering.

Deze grafiek laat de traditionele brutometingen voor IMVU tot op dat moment zien: het totaal aantal geregistreerde gebruikers en het totaal aantal betalende klanten (de grafiek voor de bruto-omzet ziet er vrijwel hetzelfde uit). Vanuit dit oogpunt zien de dingen er veel spannender uit. Daarom noem ik dit ook *vanity metrics*: deze metingen geven een rooskleurig beeld. Je ziet de traditionele grafiek in de vorm van een hockeystick (het ideaal voor een snelgroeiend bedrijf). Zolang je je richt op de grote cijfers (meer klanten die zich aanmelden, een grotere omzet), is het je vergeven dat je denkt dat dit productontwikkelteam grote vorderingen maakt. De groeimotor van het bedrijf werkt. Elke maand is het bedrijf in staat meer klanten te trekken en is er een positief rendement op de investeringen. De extra omzet van die klanten wordt de volgende maand opnieuw geïnvesteerd om meer klanten te trekken. Dat is waar de groei uit voortkomt.

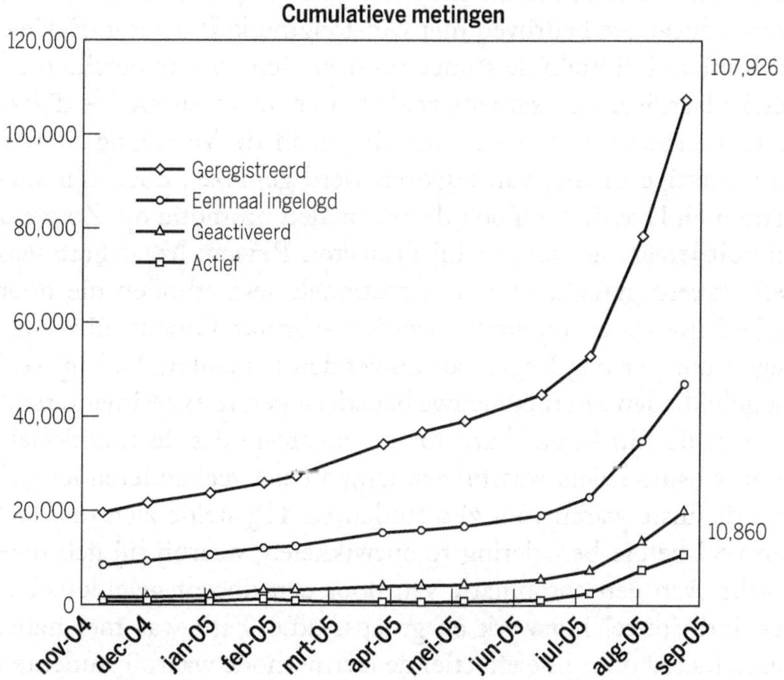

Maar denk nu eens terug aan dezelfde gegevens zoals ze gepresenteerd zijn in de cohortgrafiek. IMVU trekt nieuwe klanten, maar het verbetert niet het rendement op elke nieuwe groep. De motor draait, maar de inspanningen om de motor goed af te stellen werpen weinig vruchten af. Op basis van alleen de traditionele grafiek kun je niet zeggen of IMVU op weg is om een duurzame onderneming te worden; en je kunt al helemaal niks zeggen over de doeltreffendheid van het ondernemersteam dat erachter zit.

Het proces van *innovation accounting* zal niet werken als een startup misleid wordt door deze 'ijdele metingen' van totaal aantal klanten enzovoort. Het alternatief is het soort metingen die we gebruiken om onze onderneming en onze leermijlpalen te beoordelen, de *actionable metrics* (opvolgbare metingen).

Actionable metrics versus vanity metrics

Om een beter idee te krijgen van het belang van goede metingen nemen we het bedrijf met de naam Grockit onder de loep. De oprichter, Farbood Nivi, werkte tien jaar lang als docent bij twee grote educatieve bedrijven met winstoogmerk, Princeton Review en Kaplan. Hij hielp de studenten daar zich voor te bereiden op gestandaardiseerde examens zoals GMAT, LSAT en SAT – diverse toelatingsexamens voor opleidingen in de Verenigde Staten. Zijn prettige manier van lesgeven werd geprezen door zijn studenten en leverde hem ook diverse malen promotie op. Zo werd hij ooit leraar van het jaar bij Princeton Review. Maar Farb was gefrustreerd geraakt over de traditionele lesmethoden die door de bedrijven waar hij werkte werden gebruikt. Omdat hij zes tot negen uur per dag lesgaf aan duizenden studenten, had hij veel mogelijkheden om met nieuwe benaderingen te experimenteren.[2]

Met de tijd kwam Farb tot de conclusie dat de traditionele onderwijsmodellen, waarbij één iemand aan veel anderen les gaf, niet de juiste waren voor zijn studenten. Hij stelde zich ten doel een veel betere benadering te ontwikkelen, waarbij hij gebruikmaakte van een combinatie van door een docent geleide colleges, individueel huiswerk en groepsstudie. Farb was met name gefascineerd door hoe effectief de leermethode waarbij studenten elkáár onderwezen voor zijn studenten was. Wanneer studenten elkaar konden helpen, hadden zij daar op twee manieren voordeel van. Allereerst kregen zij op maat les van een medestudent, wat veel minder intimiderend is dan les krijgen van een docent. En ten tweede konden zij hun eigen leerproces versterken door anderen te onderwijzen. Met de tijd werden de colleges van Farb steeds socialer – en ook succesvoller.

Naarmate dit verder uitrolde, kreeg Farb steeds meer het gevoel dat zijn fysieke aanwezigheid in het lokaal minder belangrijk werd. Hij legde een belangrijk verband: "Ik gebruik dit sociale leermodel bij mijn colleges. En dan heb je ook nog al die sociale dingen op internet." Het was zijn visie om sociaal leren tussen gelijken beschikbaar te stellen voor mensen die zich geen dure opleiding bij Kaplan of Princeton Review of een dure privéleraar konden veroorloven. Hieruit werd Grockit geboren.

Farb legt uit, "Of je nu studeert voor een SAT-examen of wiskunde studeert, je studeert op een van de volgende drie manieren. Je brengt tijd door met deskundigen, je brengt een bepaalde hoeveelheid tijd alleen door en je brengt tijd door met je medestudenten. Grockit biedt precies deze drie manieren van studeren aan. Wij maken gebruik van technologie en algoritmes om deze drie vormen te optimaliseren."

Farb is een ondernemer volgens het voorbeeld van de klassieke visionair. Hij licht zijn alternatieve inzichten op de volgende manier toe: "Laten we de manier van onderwijzen die we tot nu toe hebben gebruikt eens aan de kant schuiven, laten we vergeten wat er mogelijk is en het leerproces opnieuw vormgegeven met de studenten en de technologie van vandaag de dag in gedachten. Er waren zat educatieve organisaties waar miljarden in omgingen, en ik denk niet dat zij bijdroegen aan een manier van innoveren die wij nodig hadden; ik was van mening dat wij hen helemaal niet meer nodig hadden. Voor mij gaat het alleen maar om de studenten en ik had niet het gevoel dat de studenten met de beschikbare mogelijkheden goed genoeg werden bediend."

Vandaag de dag biedt Grockit diverse educatieve producten, maar aanvankelijk volgde Farb een benadering die overeenkomt met de Lean-methode. Grockit ontwikkelde een minimaal levensvatbaar product, waarbij Farb zijn colleges ter voorbereiding op diverse examens gaf via WebEx, een tool voor online conferenties. Hij ontwikkelde geen speciale software, gebruikte geen nieuwe technologie. Hij probeerde slechts zijn nieuwe manier van lesgeven via internet beschikbaar te maken voor studenten. Het nieuws over een nieuwe manier van privéonderwijs verspreidde zich snel en binnen een paar maanden kon Farb goed rondkomen van zijn online colleges, en behaalde hij een maandelijkse omzet van 10.000 tot 15.000 euro. Maar net zoals veel ambitieuze ondernemers ontwikkelde Farb zijn MLP niet alleen om zijn brood mee te verdienen. Hij had een visie van een effectievere manier van lesgeven waarbij studenten overal en op grotere schaal zouden samenwerken. Toen de eerste klanten kwamen, was hij in staat om geld te werven bij enkele van de meest gerenommeerde investeerders in Silicon Valley.

Toen ik Farb voor het eerst ontmoette, was zijn bedrijf al hard op weg naar succes. Ze hadden durfkapitaal weten te werven van goed aangeschreven investeerders, een fantastisch team samengesteld en een indrukwekkend debuut gemaakt bij een van de beroemde startupwedstrijden in Silicon Valley.

Zij waren zeer procesgericht en gedisciplineerd. Hun productieontwikkeling verliep volgens een strakke versie van de *agile* methode, ook wel bekend als Extreme Programming (hierna beschreven), dankzij hun samenwerking met een bedrijf uit San Francisco genaamd Pivotal Labs. Hun eerste product werd door de pers goed ontvangen en omschreven als een doorbraak.

Er was echter een probleem: ze realiseerden niet genoeg groei in het aantal klanten dat het product gebruikte. Grockit is een uitstekende casestudy omdat de problemen die het bedrijf had niets te maken hadden met een mislukte uitvoering of discipline.

Geheel volgens de *agile* methode verliepen de werkzaamheden van Grockit in een reeks *sprints*, maandelijkse terugkerende cycli. Voor elke sprint prioriteerde Farb het werk dat die maand moest worden gedaan aan de hand van een geschreven reeks *user stories*, gebruikersverhalen, eveneens een techniek uit de *agile* ontwikkelmethode. In plaats van de specificaties voor een nieuwe voorziening op schrift stellen aan de hand van technische voorwaarden, schreef Farb een verhaal dat de voorziening beschreef vanuit het oogpunt van de klant. Door dit verhaal bleven de ontwikkelaars tijdens het gehele ontwikkelproces gericht op het perspectief van de klant.

Elke voorziening werd in duidelijke taal uitgelegd die iedereen kon begrijpen, of zij nu een technische achtergrond hadden of niet. En wederom volgens de principes van *agile* ontwikkeling, kon Farb deze verhalen op elk moment anders prioriteren. Naarmate hij meer te weten kwam over wat klanten wilden, kon hij dingen verplaatsen in de lijst met nog uit te voeren werkzaamheden, namelijk de verhalen die nog moesten worden gebouwd.

De enige beperking aan deze mogelijkheid om van koers te veranderen was dat hij een taak die al gaande was niet kon onderbreken. Gelukkig waren de verhalen op zo'n manier geschreven dat de omvang van het vastgestelde werk (wat ik gedetailleerder zal bespreken in hoofdstuk 9) meestal slechts een of twee dagen besloeg.

Dit systeem wordt niet voor niets *agile* (flexibele) ontwikkeling genoemd: de teams die ermee werken zijn in staat om snel van koers te veranderen, zijn vlug en kunnen snel reageren op veranderingen in de eisen die de producteigenaar (de manager van het proces – in dit geval Farb – die verantwoordelijk is voor het prioriteren van de verhalen) stelt.

Hoe voelde het team zich aan het eind van elke sprint? Elke keer wisten zij nieuwe kenmerken aan het product toe te voegen. Ze ontvingen feedback van klanten in de vorm van gebruikerservaringen en gesprekken waaruit bleek dat in ieder geval een deel van de klanten de nieuwe voorzieningen op prijs stelden. Er was altijd wel een bepaalde hoeveelheid gegevens waaruit verbetering bleek: soms nam het totaal aantal klanten toe, was er een stijging in het aantal vragen dat beantwoord werd door studenten of waren er weer meer terugkerende klanten.

Maar toch merkte ik dat Farb en zijn team twijfels bleven houden over de algehele vooruitgang die het bedrijf maakte. Was de groei die bleek uit al die cijfers mede het gevolg van hun inspanningen op het gebied van productontwikkeling? Of zouden er ook andere factoren mee kunnen spelen, zoals het feit dat Grockit meermaals in de pers werd genoemd? Toen ik het team ontmoette, stelde ik hen deze simpele vraag: "Hoe weten jullie dat Farbs beslissingen ten aanzien van de prioritering hout snijden?

Hun antwoord: "Daar gaan wij niet over. Farb neemt de beslissingen, wij voeren ze uit." En Grockit richtte zich toen op slechts één klantensegment: aankomende studenten van een managementopleiding die zich aan het voorbereiden waren op het GMAT-examen. Het product stelde de studenten in staat om bij online studiesessies samen te werken met andere studenten die zich aan het voorbereiden waren op hetzelfde examen. Het product functioneerde: de studenten die de studievoorbereiding via Grockit afrondden, behaalden beduidend hogere cijfers dan daarvoor. Maar het team van Grockit worstelde met de aloude startersproblemen: Hoe weten we aan welke voorzieningen we prioriteit moeten geven? Hoe zorgen we ervoor dat meer klanten zich aanmelden en betalende klanten worden? Hoe geven we meer bekendheid aan ons product?

Ik stelde Farb de volgende vraag: "Hoeveel vertrouwen heb jij erin dat je de juiste beslissingen neemt ten aanzien van het stellen van prioriteiten? Net zoals veel andere oprichters van startups keek hij naar de beschikbare gegevens en deed hij op basis daarvan een goede gok. Maar dit liet veel ruimte voor ambiguïteit en twijfel.

Farb geloofde oprecht en totaal in zijn visie, maar toch begon hij zich af te vragen of zijn bedrijf wel op weg was om die visie te realiseren. Het product verbeterde elke dag, maar Farb wilde zeker weten dat die verbeteringen ook voor de klanten van belang waren. En ik denk dat hem heel veel lof toekomt dat dat ook gelukt is. In tegenstelling tot veel andere visionairs, die hoe dan ook aan hun oorspronkelijke visie blijven vasthouden, was Farb bereid om zijn visie op de proef te stellen.

Farb werkte hard om het geloof van zijn team dat Grockit voorbestemd was om een succes te worden te blijven aanmoedigen. Hij was bang dat de mentale veerkracht eronder te lijden zou hebben als ook maar iemand dacht dat de kapitein van het schip niet zeker wist welke koers te varen. Farb zelf was er niet helemaal zeker van dat zijn teamleden een oprechte lerende cultuur zouden omarmen. Dat was per slot van rekening waar het bij *agile* ontwikkeling om draaide: ontwikkelaars stemmen ermee in om het product iedere keer weer aan te passen aan de continu veranderende eisen die door de onderneming worden gesteld, maar zij zijn niet verantwoordelijk voor de kwaliteit van die zakelijke beslissingen.

Agile is een efficiënt systeem om ontwikkelingen door te voeren vanuit het standpunt van de ontwikkelaars zelf. Het stelt hen in staat om zich te blijven richten op het ontwikkelen van nieuwe voorzieningen en technisch ontwerpen. Een poging om de behoefte om te leren in dat proces te integreren, zou de productiviteit kunnen ondermijnen.

(Produceren volgens de Lean-methode kreeg toen het geïntroduceerd werd in fabrieken te maken met soortgelijke problemen. Managers waren gewend zich te richten op de gebruiksratio van elke machine. Fabrieken waren zo ingericht dat de machines zo veel mogelijk moesten draaien op een volledige capaciteit. Vanuit het perspectief van de machine is dat efficiënt, maar vanuit het oogpunt van de productiviteit van de gehele fabriek kan het soms buitengewoon inefficiënt zijn. Zoals men in de systeemtheorie zegt, hetgeen dat een deel van het systeem optimaliseert, zal onvermijdelijk het systeem als geheel ondermijnen.)

Waar Farb en zijn teamleden zich niet van bewust waren, was dat de vooruitgang van Grockit werd gemeten aan de hand van *vanity metrics*: het totaal aantal klanten en het totaal aantal vragen dat werd beantwoord. Dat was ook de reden waarom het team maar niet vooruit kwam; die metingen gaven het team het idee dat ze verder kwamen, zelfs toen het bedrijf weinig vooruitgang boekte. Het is interessant om te zien hoeveel gelijkenissen de methode van Farb vertoonde met de globale aspecten van de leermijlpalen uit de Lean Startup-methode: ze leveren hun product in een vroeg stadium en wisten enkele metingen als basislijn vast te leggen. De cycli van aanpassingen waren relatief kort, waarbij elke aanpassing werd beoordeeld op het feit of het het klantgedrag zou verbeteren.

Maar omdat Grockit de verkeerde soort metingen gebruikte, liet de startup geen echte verbetering zien. Het lukte Farb niet om te leren van klantenfeedback. Bij elke cyclus werd het type metingen waarop het team zich richtte veranderd: de ene maand keken zij naar het totaal aantal gebruikers, de volgende maand naar het totaal aantal registraties enzovoort. De resultaten leken geheel onafhankelijk van elkaar op en neer te gaan. Hij zag nergens een duidelijke oorzaak en gevolg. Het is dan ook een enorme uitdaging om onder zulke omstandigheden het werk op de juiste manier te prioriteren.

Farb had zijn gegevensanalist de opdracht kunnen geven om een bepaalde vraag nader te onderzoeken. Bijvoorbeeld, toen we voorziening X uitleverden, had dat toen enig effect op het klantgedrag? Maar dat had heel veel tijd en moeite gevergd. Wanneer precies werd voorziening X uitgeleverd? Welke klanten kregen ermee te maken? Werd er rond die tijd nog iets anders geïntroduceerd? Waren er seizoensgebonden factoren die de gegevens negatief beïnvloedden? Het vinden van de antwoorden op deze vragen had het doorspitten van zeer veel gegevens gevraagd. En de antwoorden zouden vaak pas vele weken nadat de vraag was gesteld binnenkomen. In de tussentijd had het team alweer nieuwe prioriteiten gesteld en waren er nieuwe problemen naar voren gekomen die dringend aandacht vroegen.

Vergeleken met veel andere startups, had het Grockit-team een zeer groot voordeel: ze waren bijzonder gedisciplineerd. Een gedisciplineerd team kan dan wel de verkeerde methodiek toepassen, het kan wel snel handelen als de fout eenmaal is gevonden. En belangrijker nog, een gedisciplineerd team kan experimenteren met zijn eigen manier van werken en daar zeer nuttige conclusies uit trekken.

Cohorten en split-tests

Grockit veranderde op twee manieren de metingen die zij deden om hun succes te evalueren. In plaats van te kijken naar totalen, schakelde Grockit over op metingen volgens het cohortsysteem, en in plaats van achteraf te kijken of er een oorzakelijk verband is te vinden, lanceerde Grockit elke nieuwe voorziening als een splittest-experiment.

Een splittest-experiment is een experiment waarbij verschillende versies van een product op hetzelfde moment worden aangeboden aan klanten. Door de veranderingen in het gedrag van de twee groepen te observeren, kun je conclusies trekken over de invloed die de verschillen in de twee producten hebben. Deze techniek werd voor het eerst gebruikt door directmailadverteerders. Denk bijvoorbeeld eens aan een bedrijf dat zijn klanten een catalogus van zijn beschikbare producten stuurt. Als je het ontwerp van de catalogus zelf zou willen testen, zou je 50 procent van de klanten een vernieuwde versie kunnen sturen en de oude vertrouwde versie naar de andere 50 procent. Om een wetenschappelijk resultaat te verkrijgen, zouden beide catalogi dezelfde inhoud moeten bevatten; het enige verschil zou zitten in het veranderde ontwerp. Om vast te stellen of het nieuwe ontwerp effectief is, zou je alleen de verkoopcijfers van beide groepen klanten hoeven bij te houden. (Deze techniek wordt soms ook wel A/B-test genoemd omdat aan elke variant een letter wordt toegekend.) Hoewel het splittesten vaak wordt gezien als iets wat in marketing wordt gedaan (of zelfs alleen maar in direct marketing), gebruiken Lean Startups het ook bij productontwikkeling.

Deze veranderingen zorgden er direct voor dat Farb een heel ander begrip kreeg van zijn onderneming. Bij splittesten komen vaak verrassende dingen naar voren. Veel voorzieningen die het product bijvoorbeeld in de ogen van de ontwikkelaars en ontwerpers beter maken hebben geen enkele invloed op het klantgedrag. Dit was ook het geval bij Grockit, net zoals bij elk ander bedrijf waar ik heb meegemaakt dat deze techniek werd toegepast. Hoewel het werken met splittests moeilijker lijkt te zijn omdat er meer moet worden geadministreerd en er meer metingen moeten worden gedaan om bij te houden wat er met elke variant gebeurt, wordt er op de lange termijn vrijwel altijd heel veel tijd mee bespaard omdat werk dat niet van belang is voor de klanten, niet meer hoeft te worden uitgevoerd.

Splittests helpen teams ook om hun begrip van wat klanten wel en niet willen te verfijnen. Grockits team bleef maar nieuwe manieren voor hun klanten toevoegen door met anderen samen te werken in de hoop dat die sociale communicatiehulpmiddelen de waarde van het product zouden vergroten. Inherent aan al die inspanningen was het geloof dat de klanten tijdens hun studie meer communicatie wensen. Toen via splittests duidelijk werd dat de extra voorzieningen het klantgedrag niet veranderden, werd dat geloof op de proef gesteld.

Dit inspireerde het team om beter te leren begrijpen wat klanten echt wilden. Zij brainstormden over nieuwe ideeën voor productexperimenten die meer impact zouden hebben. En veel van deze ideeën waren niet nieuw. Ze waren gewoon over het hoofd gezien omdat het bedrijf zich teveel had gericht op het ontwikkelen van tools voor sociale communicatie. Het gevolg was dat Grockit een intensieve modus voor alleen studeren testte, compleet met opdrachten en niveaus zoals bij computergames, zodat de studenten zelf konden kiezen of zij op zichzelf of samen met anderen wilden studeren. Net zoals bij Farbs eerste colleges bleek dit bijzonder effectief. Zonder de methode van het splittesten was het bedrijf hier misschien nooit achter gekomen. Maar mettertijd, na tientallen tests, werd duidelijk dat de sleutel tot betrokkenheid van studenten lag in het bieden van een combinatie van sociale en individuele voorzieningen. Studenten wilden graag zelf kunnen kiezen hoe zij studeerden.

Kanban

Grockit veranderde volgens het Lean-productieprincipe van *kanban*, ook wel capaciteitsbeperking, het prioriteringsproces. In het nieuwe systeem werden gebruikerservaringen pas compleet geacht als deze leidden tot gevalideerd leren. De verhalen van klanten werden daarom ook onderverdeeld naar een van de vier stadia van ontwikkeling: op de productiewachtlijst, in ontwikkeling, ontwikkeld (voorziening vanuit technisch oogpunt compleet) of in de valideringsfase. Gevalideerd werd gedefinieerd als 'weten dat de klantervaring een goed idee was geweest om vanaf het begin in het product op te nemen'. Deze validering kwam vaak tot stand op basis van een splittest die een verandering in het klantgedrag aantoonden, maar deze kon ook plaatsvinden na gesprekken met klanten of het invullen vragenlijsten.

Het *kanban*-principe stond slechts een beperkte hoeveelheid verhalen in elk van de vier stadia toe. Omdat verhalen van het ene stadium naar het andere 'overlopen', raken de zogenaamde emmers vol. Wanneer een emmer vol is, kunnen er niet meer verhalen bij, slechts wanneer een verhaal gevalideerd is kan het worden verwijderd van het *kanban*-bord. Als de validering niet tot stand komt en blijkt dat het verhaal een slecht idee is, wordt de betreffende voorziening uit het product gehaald (zie ook de grafiek hierna).

Kanban-grafiek van werkzaamheden die verschillende stadia doorlopen

(Een 'emmer' kan niet meer dan drie projecten tegelijkertijd bevatten.)

WACHTLIJST	IN ONTWIKKELING	ONTWIKKELD	GEVALIDEERD
A	D	F	
B	E		
C			

Werken aan project A begint. D en E zijn in ontwikkeling. F wacht op validering.

WACHTLIJST	IN ONTWIKKELING	ONTWIKKELD	GEVALIDEERD
G		D	F
H	B	E	
I	C	A	

F is gevalideerd. D en E wachten op validering. G, H en I zijn nieuwe taken die moeten worden opgepakt. B en C worden ontwikkeld. A wordt voltooid.

WACHTLIJST	IN ONTWIKKELING	ONTWIKKELD	GEVALIDEERD
	G	D	F
H →	B →	E	
I →	C →	A	

B en C zijn ontwikkeld, maar volgens het *kanban*-principe kunnen zij niet worden getransporteerd naar de volgende emmer om gevalideerd te worden totdat A, D en E zijn gevalideerd. Werk aan H en I kan nog niet worden begonnen totdat er ruimte vrijkomt in de volgende emmers.

Ik heb dit systeem bij diverse teams toegepast, en in het begin zijn de resultaten altijd teleurstellend: elke emmer raakt vol, om te beginnen bij de validering en zo terug naar de emmer Ontwikkeld, totdat het niet meer mogelijk is om met nieuw werk te beginnen. Teams die gewend zijn om hun productiviteit zeer nauwkeurig te meten aan de hand van het aantal verhalen dat zij realiseren, hebben het gevoel dat zij niet verder kunnen. De enige manier om het werk aan nieuwe voorzieningen te kunnen beginnen, is een aantal van de verhalen die gereed maar nog niet gevalideerd zijn nader te bekijken. Daarvoor zijn vaak vaardigheden nodig die niets met het ontwikkelproces zelf te maken hebben: praten met klanten, gegevens van splittests analyseren enzovoort.

Maar al gauw heeft iedereen door hoe het werkt. Vooruitgang komt in het begin met horten en stoten. De ontwikkelaars zullen wellicht heel veel werk afronden, gevolgd door uitgebreide tests en validering. Naarmate ontwikkelaars op zoek zijn naar manieren om hun productiviteit te verhogen, beginnen zij zich te realiseren dat als zij al aan het begin de validering meenemen, het hele team productiever kan werken.

Waarom zou je bijvoorbeeld een nieuwe voorziening ontwikkelen die geen onderdeel vormt van een splittest-experiment? Op de korte termijn win je daar misschien tijd mee, maar in een later stadium zal het, tijdens de fase van validering, veel moeite kosten om te testen. Dezelfde logica is van toepassing op een verhaal dat een ontwikkelaar niet begrijpt. In het oude systeem zou hij het gewoon bouwen en pas later ontdekken waar het voor was. In het nieuwe systeem wordt zulk gedrag als contraproductief gezien: zonder een duidelijke hypothese kan een verhaal nooit worden gevalideerd. Bij IMVU zagen wij dit gedrag ook. Ik zag ooit hoe een jonge ontwikkelaar een discussie had met een oudere ontwikkelaar over een relatief kleine verandering. De ontwikkelaar stond erop dat de nieuwe voorziening aan een splittest werd onderworpen, net zoals alle andere aanpassingen. Hij kreeg bijval van zijn collega's; het werd door iedereen overduidelijk geacht dat alle voorzieningen routinematig zouden worden getest, wie er ook opdracht toe had gegeven. (Met schaamte moet ik bekennen dat ik vaak de leidinggevende in kwestie was.) Een dichtgetimmerd proces legt de basis voor een gezonde cultuur, een waarin ideeën worden geëvalueerd op basis van hun waarde en niet op basis van de functietitel van de opdrachtgever.

En het belangrijkste is dat teams die volgens dit systeem werken hun productiviteit gaan meten volgens het principe van gevalideerd leren, en niet volgens het principe dat er een nieuwe voorziening moeten komen.

Testen van hypotheses bij Grockit

Toen Grockit deze overgang doormaakte, waren de resultaten bijzonder slecht. In een geval besloten zij om een van hun belangrijkste opties, de zogenaamde *lazy registration* (uitgestelde registratie) te testen om vast te stellen of het de vele investeringen die zij deden in de ondersteuning wel waard was. Zij hadden vertrouwen in deze voorziening omdat uitgestelde registratie wordt gezien als een van de best gewaardeerde kenmerken van online diensten. Bij zo'n systeem hoeven klanten zich niet vooraf te registreren. In plaats daarvan gaan zij meteen aan de slag met de dienst en wordt hen pas gevraagd een registratieformulier in te vullen nadat zij de mogelijkheid hebben gehad om de voordelen van de dienst zelf te ervaren.

Voor een student werkt uitgestelde registratie als volgt: wanneer je de Grockit-website bezoekt, kom je meteen terecht in een studiesessie met andere studenten die aan dezelfde toets werken. Je hoeft geen naam op te geven, geen e-mailadres en ook geen creditcardgegevens. Niets weerhoudt je ervan om direct aan de slag te gaan en mee te doen. Voor Grockit was dit belangrijk omdat zij zo een van hun belangrijkste aannames konden toetsen: dat klanten pas bereid waren om deze nieuwe manier van leren te accepteren als zij zelf direct bewijs konden krijgen dat het ook werkt.

Als gevolg van deze hypothese was het nodig dat het ontwerp van Grockit om kon gaan met drie categorieën gebruikers: niet-geregistreerde gasten, geregistreerde gasten die het product probeerden en klanten die betaald hadden voor de volledige versie van het product. Dit ontwerp vergde behoorlijk veel extra werk om te ontwikkelen en te onderhouden: hoe meer categorieën gebruikers er zijn, hoe meer werk er moet worden verzet om een en ander bij te houden en hoe meer marketinginspanningen er nodig zijn om de klanten op de juiste manier te verleiden op te waarderen naar de volgende categorie.

Grockit had al deze extra inspanningen gedaan omdat de uitgestelde registratie binnen de bedrijfstak als een *best practice* werd gezien.

Ik moedigde het team aan om een eenvoudige splittest te doen. Zij namen daarop een groep klanten die zich direct moesten registreren, op basis van niet meer dan het beschikbare marketingmateriaal van Grockit. Tot hun verrassing was het gedrag van deze groep precies hetzelfde als dat van de groep aan wie uitgestelde registratie werd geboden: de aanmeldingscijfers waren hetzelfde, net als die voor activering en retentie. Met andere woorden, de extra inspanningen die waren gedaan voor uitgestelde registratie waren volledig verspild geweest, ook al was dat dan een *best practice* in de bedrijfstak.

Nog belangrijker dan het terugdringen van de verspilling was het inzicht dat bij deze test naar voren kwam: klanten baseerden hun beslissing over Grockit op iets anders dan hun gebruik van het product.

Denk eens na over het volgende. Denk eens aan de groep klanten aan wie gevraagd werd zich te registreren voor het product voordat zij een studiesessie met andere studenten hadden kunnen ervaren. Zij hadden erg weinig informatie over het product, niet meer dan was te vinden op de homepage van de Grockit-website en de registratiepagina. Dit in tegenstelling tot de groep klanten die zich later konden aanmelden en dus beschikten over een enorme hoeveelheid informatie over het product dat zij hadden gebruikt. Maar ondanks dit grote verschil in informatie was het klantgedrag precies hetzelfde.

Hiermee werd de suggestie gewekt dat het verbeteren van de positie en de marketing van Grockit een veel grotere invloed hadden op het aantrekken van nieuwe klanten dan het toevoegen van nieuwe opties. En dit was pas het eerste van vele belangrijke experimenten die Grockit had kunnen uitvoeren. Sinds die begindagen is hun klantenbestand enorm gegroeid: zij bieden nu examenvoorbereidingen voor diverse gestandaardiseerde tests, waaronder GMAT, Sat, ACT en GRE, maar ook online cursussen wiskunde en Engelse taal voor leerlingen van de lagere en middelbare school.

Grockit blijft zijn processen verder ontwikkelen, en is altijd op zoek naar verbetering. Grockit heeft inmiddels meer dan twintig werknemers op hun kantoor in San Fransisco en blijft werken volgens dezelfde doelgerichte en gedisciplineerde benadering waar zij zich altijd mee hebben onderscheiden. Zij hebben inmiddels bijna één miljoen studenten geholpen en zullen in de toekomst nog vele miljoenen meer helpen.

De waarde van de drie A's

De volgende voorbeelden maken duidelijk wat elk van de drie A's van de Lean-methode, *actionable* (opvolgbaar), *accessible* (toegankelijk) en *auditable* (meetbaar), betekenden voor Grockit.

Actionable (uitvoerbaar)

Wil een rapport als uitvoerbaar kunnen worden beschouwd, dan moet het een duidelijke relatie aantonen tussen oorzaak en gevolg. Anders is het een *vanity metric*. De rapporten die Grockits team begon te gebruiken om hun leermijlpalen te beoordelen, maakte zonder meer duidelijk welke acties er nodig waren om de resultaten te repliceren.

Vanity metrics zullen niet aan dit criterium voldoen. Neem bijvoorbeeld eens het aantal keren dat een bedrijfswebsite wordt bezocht. Laten we aannemen dat deze 40.000 hits per maand heeft – een nieuw record. Wat moeten we doen om nog meer hits te krijgen? Nou, dat hangt er van af. Waar komen deze nieuwe hits vandaan? Komen ze van 40.000 nieuwe klanten of van een persoon die een buitengewoon actieve webbrowser heeft? Zijn die het gevolg van een nieuwe marketing- of pr-campagne? En wat is een hit eigenlijk? Telt elke pagina die in een browser wordt geopend als een hit, of worden alle ingesloten afbeeldingen en andere multimediale inhoud ook meegeteld? Degenen die wel eens een vergadering hebben bijgewoond waarin de maatstaven die gebruikt worden in rapportages werden besproken, zullen dit probleem erkennen.

Vanity metrics (ijdele metingen) zorgen voor enorme verwarring omdat zij gedijen bij de zwakte van de menselijke geest. Het is mijn ervaring dat wanneer de cijfers omhoog gaan, mensen denken dat de verbetering veroorzaakt werd door hun handelen, wat het ook was waar zij op dat moment aan werkten. En daarom komt het zo vaak voor dat er vergaderingen zijn waarbij de marketingmensen denken dat de cijfers omhoog zijn gegaan vanwege nieuwe pr- of marketinginspanningen, terwijl de ontwikkelaars denken dat de cijfers beter zijn als gevolg van de nieuwe voorzieningen die zij aan het product hebben toegevoegd. Om uit te vinden wat er nou precies aan de hand is, is veel geld nodig en daarom gaan de meeste managers ongestoord door en proberen zij naar beste vermogen een eigen oordeel te vellen op basis van hun ervaring en de collectieve kennis die in de vergaderruimte aanwezig is.

Maar helaas is het zo dat wanneer de cijfers een dalende lijn laten zien er heel andere reacties komen: nu is het namelijk iemand anders zijn schuld. En dus leven de meeste teamleden en afdelingen in een wereld waarin hun afdeling continu de dingen beter maakt, maar dat hun harde werken wordt gesaboteerd door andere afdelingen die het gewoon niet begrijpen. Is het dan verwonderlijk dat deze afdelingen hun eigen taal, jargon, cultuur en verdedigingsmechanisme ontwikkelen tegen de sukkels aan de andere kant van de gang?

Actionable metrics (opvolgbare metingen) zijn het tegengif voor dit probleem. Wanneer oorzaak en gevolg voor iedereen duidelijk zijn, zijn mensen beter in staat om te leren van hun eigen handelen. Mensen zijn van nature getalenteerde leerlingen wanneer zij een duidelijke en objectieve beoordeling krijgen.

Accessible (toegankelijk)

Veel te veel rapporten worden niet begrepen door de werknemers en managers die ze moeten gebruiken als leidraad bij het nemen van beslissingen. Helaas reageren de meeste managers niet op deze complexiteit door nauw samen te gaan werken met het team dat de gegevens verzameld om zo te komen tot eenvoudigere rapporten die beter worden begrepen. Afdelingen besteden veel te vaak hun energie aan leren hoe zij de gegevens kunnen gebruiken om dat te krijgen wat zij willen in plaats van dat ze de informatie gebruiken als eerlijke feedback waarop zij hun toekomstig handelen baseren.

Er is iets te doen tegen dit verkeerde gebruik van gegevens. Allereerst moet je de rapporten zo eenvoudig mogelijk maken zodat iedereen ze kan begrijpen. Denk maar aan de eerder gedane uitspraak dat het bij metingen ook om mensen gaat. De eenvoudigste manier om de rapporten begrijpelijk te maken, is door tastbare en concrete meeteenheden te gebruiken. Wat is een hit op een website? Niemand weet het echt zeker, maar iedereen snapt wel wat het betekent wanneer een persoon een website bezoekt: je kunt je de mensen achter hun computers daarbij voorstellen.

Dat is ook waarom cohortgebaseerde rapporten de gouden standaard vormen van de metingen op basis waarvan wij leren: zij vormen complexe handelingen om tot op mensen gebaseerde rapporten. Elke cohortanalyse zegt: van de mensen die ons product in deze periode hebben gebruikt, is dit het aantal dat het gedrag heeft vertoond waar wij geïnteresseerd in zijn. In het voorbeeld van IMVU zagen wij vier gedragspatronen: downloaden van het product, inloggen bij het product vanaf de eigen computer, het deelnemen aan een chat met andere klanten en upgraden naar de betaalde versie van het product. Met andere woorden, het rapport gaat over mensen en hun handelen, dingen die veel nuttiger zijn dan grote stapels verzamelde gegevens. Bedenk maar eens hoe lastig het geweest zou zijn om te bepalen of IMVU succesvol was als we alleen hadden gerapporteerd over het totaal aantal gesprekken met potentiële klanten. Laten we eens aannemen dat wij in een bepaalde periode 10.000 gesprekken voerden. Is dat dan goed? Betekent dat dan dat er een persoon is die wel heel erg sociaal is of zijn het 10.000 verschillende mensen die allemaal het product eenmaal proberen en het daar vervolgens bij laten? Zonder een gedetailleerdere rapportage kun je dat niet zeker weten.

Omdat de totalen steeds omvangrijker worden, wordt de toegankelijkheid steeds belangrijker. Het is heel lastig om je voor te stellen wat het betekent als het aantal hits op de website in een maand tijd daalt van 250.000 naar 200.000, maar de meeste mensen begrijpen wel direct wat het betekent als je 50.000 klanten verliest. Dat is bijna een stadion vol mensen die het product de rug toekeren.

Toegankelijkheid verwijst ook naar de wijdverspreide toegankelijkheid tot rapporten. Bij Grockit deden zij dit heel goed. Elke dag genereerde hun systeem automatisch een document met de laatste informatie over elk splittest-experiment en andere metingen met betrekking tot hun vertrouwenssprong. Dit document werd verstuurd naar elke werknemer binnen het bedrijf: zij beschikten altijd over een laatste versie in hun mailbox. De rapporten waren goed opgezet en gemakkelijk te lezen, waarbij elk experiment en de bijbehorende resultaten in duidelijke taal werden toegelicht.

Een andere manier om rapporten toegankelijk te maken is met behulp van een techniek die wij bij IMVU hebben ontwikkeld. In plaats van de analytische gegevens en andere informatie in een apart systeem op te slaan, beschouwden wij de gerapporteerde informatie en de bijbehorende infrastructuur als onderdeel van het product zelf en deze werden dan ook beheerd door het productontwikkelteam. De rapportages kwamen beschikbaar via de website en waren zo voor elke werknemer met een account beschikbaar.

Elke werknemer kon op het systeem inloggen wanneer hij maar wilde, kiezen uit een lijst van alle actuele en oudere experimenten en een eenvoudige samenvatting van de resultaten van slechts één pagina oproepen. Mettertijd werden die samenvattingen binnen de gehele organisatie de feitelijke standaard voor discussies over producten. Wanneer mensen bewijs nodig hadden om iets wat zij hadden geleerd te ondersteunen, namen zij eenvoudigweg een printje mee naar de desbetreffende vergadering en konden zij erop vertrouwen dat eenieder die zij het lieten zien ook de betekenis ervan begreep.

Auditable (meetbaar)

Wanneer ons verteld wordt dat ons lievelingsproject is mislukt, zullen de meesten van ons geneigd zijn om de boodschapper, de verzamelde gegevens, de manager, de goden of wie we maar kunnen bedenken de schuld te geven. En daarom is de derde A, *auditable metrics* (controleerbare metingen) zo belangrijk. We moeten ervoor zorgen dat de verzamelde gegevens geloofwaardig zijn voor de werknemers.

De werknemers bij IMVU zwaaiden dan wel met een samenvatting van slechts één pagina om tijdens discussies aan te tonen wat ze hadden geleerd, maar dat proces verliep niet zo heel soepel. In de meeste gevallen, wanneer een manager, ontwikkelaar of team werd geconfronteerd met resultaten die het einde van een lievelingsproject zouden betekenen, zou de verliezer van deze discussie de juistheid van de informatie in twijfel trekken.

En dit gebeurde veel vaker dan de meeste managers durfden

toe te geven en helaas zijn de meeste rapportagesystemen er niet op gemaakt om deze vragen goed te beantwoorden. Soms is dit het gevolg van een goed bedoelde maar misplaatste wens om de privacy van klanten te beschermen. Maar veel vaker is het gebrek aan zulke ondersteunende documentatie simpelweg een kwestie van nalatigheid. De meeste rapportagesystemen zijn niet gebouwd door productontwikkelteams, die de taak hebben om productvoorzieningen te prioriteren en te bouwen. Zij worden daarentegen ontwikkeld door managers en analisten. De managers die deze systemen moeten gebruiken kunnen alleen controleren of de diverse rapportages onderling consistent zijn. Maar al te vaak ontbreekt de manier om te testen of de gegevens ook consistent zijn met de werkelijkheid.

De oplossing? Vergeet allereerst niet dat het bij metingen ook om mensen gaat. We moeten de gegevens ook handmatig kunnen testen, in de rommelige echte wereld, door met klanten te praten. Alleen op deze manier kunnen we controleren of de rapportages ook echt feiten bevatten. Managers moeten de mogelijkheid hebben om zo nu en dan de gegevens te verifiëren bij echte klanten. En dit heeft een bijkomend voordeel: systemen die dit niveau van meetbaarheid bieden, geven managers en ondernemers de mogelijkheid inzicht te krijgen in waarom klanten het gedrag vertonen dat de gegevens aangeven.

Ten tweede moeten degenen die de rapportages samenstellen ervoor zorgen dat de mechanismen die de rapportages genereren niet te complex zijn. Waar mogelijk moeten rapportages direct zijn afgeleid van de ruwe gegevens en niet van een tussenliggend systeem, omdat dat de kans op fouten vergroot. Het is mij opgevallen dat elke keer wanneer een team meemaakt dat zijn oordeel of aannames worden weerlegd als gevolg van een technisch probleem met de gegevens, het vertrouwen, de veerkracht en de discipline van het team ondermijnd worden.

Wanneer we ondernemers zien in de mythische wereld van Hollywood, in boeken en tijdschriften, dan verloopt het verhaal altijd op dezelfde manier. Allereerst zien we de dappere hoofdpersoon die een openbaring ervaart en een nieuw idee uitbroedt. We komen meer te weten over zijn karakter en persoonlijkheid, hoe hij toevalligerwijs op het juiste moment op de juiste plek was en hoe hij de ingrijpende stap nam om een eigen bedrijf te beginnen.

En vervolgens komt dan de fotomontage. Deze is meestal kort, slechts een paar minuten met foto's uit het verleden of een gesproken woord. We zien dat de hoofdpersoon een team samenstelt, misschien in een laboratorium werkt, van alles op een whiteboard schrijft, deals sluit en op zijn toetsenbord ratelt. Aan het eind van de deze montage blijken de oprichters succesvol en kan het verhaal verder gaan met interessanter kijkvoer: hoe wordt de buit van hun succes verdeeld, wie mag het omslag van de tijdschriften sieren, wie daagt wie voor de rechter en wat zijn de gevolgen voor de toekomst.

Helaas wordt het echte werk dat bepaalt of ze een succes worden gedaan tijdens de fotomontage. Maar in het grote geheel wordt dit helemaal niet genoemd omdat het zo saai is. Slechts 5 procent van het ondernemerschap draait om het slimme idee, het bedrijfsmodel, de strategiebepaling voor een whiteboard en het verdelen van de buit. De andere 95 procent is het harde werken dat wordt gemeten door *innovation accounting*: beslissingen over het prioriteren van producten en beslissen welke klanten in de doelgroep vallen en naar welke klanten moet worden geluisterd, en het lef hebben om een grootse visie te onderwerpen aan continue tests en feedback.

Een beslissing springt eruit qua moeilijkheid en is ook de meest tijdrovende en de grootste bron van verspilling voor de meeste startups. En we moeten allemaal deze essentiële test doorstaan: beslissen wanneer er moet worden bijgesteld en wanneer er op dezelfde voet verder kan worden gegaan. Om te begrijpen wat er tijdens de fotomontage gebeurt, moeten wij weten wanneer we moeten bijstellen. Dat is het onderwerp van hoofdstuk 8.

HOOFDSTUK 8

Bijstellen (of consolideren)

Elke ondernemer krijgt op een gegeven moment te maken met een overweldigende uitdaging bij de ontwikkeling van een succesvol product: beslissen wanneer er moet worden bijgesteld en wanneer er moet worden geconsolideerd. Alles wat tot nu toe is besproken, is een inleiding op een schijnbaar eenvoudige vraag: boeken wij voldoende vooruitgang om te geloven dat onze oorspronkelijke strategische hypothese juist is, of moeten wij een grote verandering doorvoeren? Die verandering vindt plaats op het bijstelpunt (*pivot*): een gestructureerde bijstelling van de koers met als doel om een nieuwe fundamentele hypothese over het product, de strategie en de groeimotor te testen.

Vanwege de wetenschappelijke methodiek die ten grondslag ligt aan de Lean Startup, heerst er vaak het verkeerde idee dat dit een strakke klinische formule biedt voor het nemen van beslissingen ten aanzien van bijstellen of consolideren. Dat is niet het geval. Op geen enkele manier kan het menselijke aspect worden weggenomen – visie, intuïtie, persoonlijk oordeel – van het ondernemerschap, en dat zou bovendien niet wenselijk zijn.

Mijn doel bij het stimuleren van een wetenschappelijke benadering van de ontwikkeling van startups is om de menselijke creativiteit in zijn meest productieve vorm te kanaliseren, en er is geen grotere vernietiger van creatief potentieel dan de op verkeerde argumenten gebaseerde beslissing om op dezelfde voet verder te gaan. Bedrijven die niet in staat zijn om bij te stellen en een nieuwe koers te varen op basis van feedback uit de markt kunnen vastlopen in het land van de levende doden, waarin zij niet genoeg groeien maar ook niet zullen sterven, maar waarin zij wel bronnen en de toewijding van werknemers en andere belanghebbenden verbruiken en geen steek verder komen.

Maar we kunnen wel goed nieuws melden over het vertrouwen dat wij stellen in ons eigen oordeel. We zijn in staat om te leren, we zijn van nature creatief en we hebben een opmerkelijk vermogen om met veel ruis om ons heen signalen op te vangen. We zijn er feitelijk zo goed in dat we soms signalen zien die er niet zijn. De kern van de wetenschappelijke methode is het bewustzijn dat, hoewel een menselijk oordeel gebrekkig kan zijn, wij ons vermogen om te oordelen wel kunnen verbeteren door onze theorieën te onderwerpen aan herhaaldelijke tests.

Bij de productiviteit van een startup draait het niet om het aan de lopende band leveren van nieuwe snufjes en kenmerken. Het gaat om het stroomlijnen van onze inspanningen met een bedrijf en een product zodat we waarde creëren en groei bewerkstelligen. Met andere woorden, succesvol bijstellen brengt ons op de goede weg richting het opbouwen van een duurzaam bedrijf.

Innovation accounting lijdt tot sneller bijstellen

Om dit proces in actie te zien, nemen we David Binetti, CEO van Votizen onder de loep. David heeft een lange carrière doorlopen waarin hij het Amerikaanse politieke proces de 21e eeuw in heeft geloodst. Aan het begin van de jaren 90 van de vorige eeuw heeft hij geholpen bij de ontwikkeling van USA.gov, het eerste portaal op internet voor de federale overheid. Maar ook hij heeft een aantal klassieke startupmislukkingen meegemaakt. En toen de tijd rijp was om met Votizen te beginnen was David vastbesloten om er alles aan te doen om van zijn visie een succes te maken.

David wilde het probleem van te weinig burgerdeelname aan het politieke proces aanpakken. Zijn eerste productconcept was een sociaal netwerk van stemmers, een plek waar mensen die begaan waren met zaken die de samenleving aangaan samen konden komen, ideeën konden uitwisselen en hun vrienden konden uitnodigen. David bouwde zijn eerste minimaal levensvatbare product in drie maanden voor slechts 1200 euro en bracht het toen op de markt.

David bouwde niet aan iets dat helemaal niemand wilde hebben. Vanaf het begin was Votizen in staat om *early adopters* aan te trekken die de kern van het concept omarmden. Net zoals alle andere ondernemers moest David zijn product en bedrijfsmodel verfijnen. Wat de uitdaging voor David zo moeilijk maakte, was dat hij moest bijstellen terwijl het succes nog middelmatig was.

Davids oorspronkelijk concept kende vier *leaps of faith* (vertrouwenssprongen):

1. Er zou onder klanten genoeg interesse in het sociale netwerk zijn om zich aan te melden. (Registratie)
2. Votizen zou in staat zijn om deze klanten als geregistreerde stemmers te verifiëren (Activering)
3. Klanten die ook geverifieerde stemmers waren, zouden mettertijd gaan werken met het hulpmiddel dat de site bood voor activisme. (Retentie)
4. Betrokken klanten zouden hun vrienden over de dienst vertellen en hen werven voor zaken die de samenleving treffen. (Verwijzing)

Drie maanden en 1200 euro later beschikten de klanten over Davids eerste MLP. Van de oorspronkelijke cohorten meldde 5 procent zich aan voor de dienst en verifieerde 17 procent dat zij geregistreerde stemmers waren (zie de tabel hierna). De cijfers waren zo laag dat er niet genoeg gegevens waren om te kunnen voorspellen wat voor soort betrokkenheid of verwijzingen er in de toekomst zouden zijn. Het was tijd om dingen te herzien.

	OORSPRONKELIJK MLP	IDEAAL
Registratie	5%	
Activering	17%	
Retentie		
Verwijzing		
Omzet	Te laag	Te laag

David spendeerde nog eens twee maanden en 5000 euro aan het uitvoeren van splittests op nieuwe productkenmerken, de mogelijkheid om berichten te versturen alsmede het verbeteren van het ontwerp van het product zodat het gemakkelijker zou zijn te gebruiken. Deze tests lieten enorme verbeteringen zien, met een stijging van 5 procent naar 17 procent voor registratie en van 17 procent naar meer dan 90 procent voor activering. Dit toont de kracht van splittests aan. Door deze optimalisering verkreeg David een belangrijke hoeveelheid klanten om de volgende twee vertrouwenssprongen te kunnen meten. Maar zoals de tabel hieronder aangeeft, waren die cijfers nog teleurstellender: David realiseerde een verwijzingscijfer van slechts 4 procent en een retentie van 5 procent.

	OORSPRONKELIJK MLP	NA OPTIMALISERING
Registratie	5%	17%
Activering	17%	90%
Retentie		5%
Verwijzing		4%
Omzet	Te laag	Te laag

David wist dat hij nog meer aan ontwikkeling en testen moest doen. De drie daaropvolgende maanden ging hij door met optimaliseren, het uitvoeren van splittests en het verfijnen van zijn missie. Hij praatte met klanten, werkte met focusgroepen en voerde talloze A/B-experimenten uit. Zoals uitgelegd in hoofdstuk 7 worden er bij een splittest diverse varianten van een product tegelijkertijd aangeboden aan verschillende groepen klanten. Door te kijken naar de gedragsveranderingen bij beide groepen is het mogelijk om voorspellingen te doen over de impact van de verschillende varianten. Zoals de tabel hieronder laat zien ging het verwijzingscijfer iets omhoog naar 6 procent en steeg de retentie naar 8 procent. Een teleurgestelde David had inmiddels acht maanden en 20.000 euro gespendeerd aan het ontwikkelen van een product dat niet overeenkwam met het groeimodel waarop hij had gehoopt.

	VOOR OPTIMALISERING	NA OPTIMALISERING
Registratie	17%	17%
Activering	90%	90%
Retentie	5%	8%
Verwijzing	4%	62%
Omzet	Te laag	Te laag

David kreeg te maken met een lastige uitdaging om te beslissen of hij moest bijstellen of consolideren. Dit is een van de moeilijkste beslissingen die ondernemers moeten nemen. Het doel van het creëren van leermijlpalen is niet dat deze beslissing gemakkelijker wordt: het is ervoor zorgen dat er genoeg relevante informatie beschikbaar is wanneer die beslissing moet worden genomen.

Vergeet ook niet dat David op dit moment al veel gesprekken met klanten had gevoerd. Hij beschikte over genoeg informatie om van te leren, waardoor hij de mislukking die hij had ervaren met het huidige product kon rationaliseren. En dat is precies wat veel ondernemers doen. In Silicon Valley beschrijven wij deze ervaring ook wel als 'vastlopen in het land van de levende doden'. Het gebeurt wanneer een bedrijf een matig succes kent – net genoeg om te kunnen overleven – maar niet voldoet aan de verwachtingen van de oprichters en investeerders. Zulke bedrijven vergen extreem veel menselijke energie. Uit loyaliteit willen de werknemers en oprichters niet opgeven; zij hebben het gevoel dat het succes op hen ligt te wachten.

David had twee voordelen die hem hielpen om dit lot te vermijden:

1. Hoewel hij zeer toegewijd was aan een bepaalde visie, had hij zijn best gedaan om zo vroeg mogelijk zijn product te lanceren en bij te stellen. Daardoor kwam hij op slechts acht maanden nadat hij het bedrijf was gestart al op het punt dat hij moest bijstellen of doorgaan. Hoe meer geld, tijd en creatieve energie er in een idee is gestopt, hoe moeilijker het wordt om bij te stellen. David had het goed gedaan en wist deze valkuil te vermijden.
2. David had zijn leap-of-faith-vragen duidelijk aan het begin vastgesteld en, belangrijker nog, hij had voor elk van deze vragen kwantitatieve voorspellingen gedaan. Het zou voor hem niet zo moeilijk zijn geweest om achteraf succes te claimen. Enkele van zijn metingen, zoals activering, deden het vrij goed. Als je kijkt naar de totalen, zoals totaal gebruik, liet het bedrijf positieve groei zien. Maar omdat David zich richtte op *actionable metrics* (opvolgbare metingen) voor elk van zijn vragen was hij in staat om te accepteren dat zijn bedrijf het niet goed deed. Daarnaast had David geen energie verspild aan voortijdige pr-activiteiten, waardoor hij zijn beslissing kon nemen zonder publiekelijk in verlegenheid te worden gebracht of afgeleid te raken.

Mislukking is een eerste voorwaarde om te kunnen leren. Het probleem met het idee dat je een product uitlevert en vervolgens kijkt wat er gebeurt is dat je zeker succesvol zult zijn, namelijk in het kijken wat er gebeurt.

Maar wat doe je daarna? Wanneer je eenmaal een handvol klanten hebt, heb je waarschijnlijk vijf meningen over wat je nu verder kunt doen. Maar naar welke moet je luisteren?

De resultaten van Votizen waren goed, maar niet goed genoeg. David had het gevoel dat ondanks het feit dat zijn optimalisering een verbetering betekende voor de manier van meten, het bedrijf nog niet richting een model ging waarmee een lang leven verzekerd was. Maar net zoals alle goede ondernemers gooide hij niet te vroeg de handdoek in de ring. David besloot om bij te stellen en een nieuwe hypothese te testen. Zo'n bijstelling verlangt van ons dat we vast blijven houden aan wat we hebben geleerd, terwijl we tegelijkertijd een essentiële verandering in de strategie aanbrengen om te komen tot nog meer gevalideerd leren. In dit geval bleek Davids directe contact met klanten essentieel.

Tijdens de tests kwamen telkens drie typen feedback terug:

1. "Ik wilde altijd al meer betrokken raken; en dit maakt het zoveel eenvoudiger."
2. "Het feit dat jullie bewijzen dat ik een stemmer ben is belangrijk voor me."
3. "Er is hier helemaal niemand. Waarom zou ik terugkomen?"[1]

David besloot tot wat ik een *zoom-in pivot* (uitvergroot bijstelpunt) noem. Het product richten op wat voorheen slechts als een kenmerk binnen een groter geheel werd gezien. Denk eens aan de commentaren van de klanten hierboven: klanten appreciëren het concept, kunnen zich vinden in de technologie om zich als stemmer te registreren, maar zij krijgen niet genoeg waarde terug van dat deel van het product dat zich richt op sociaal netwerken.

David besloot om Votizen te veranderen in een product dat hij @2gov noemde, een 'sociaal platform om te lobbyen'. In plaats van dat klanten verstrengeld raakten in een sociaal netwerk van burgers, stelt @2gov hen in staat om op een snelle en gemakkelijke manier contact op te nemen met hun gekozen vertegenwoordigers via bestaande sociale netwerken als Twitter. De klant is zo op een digitale wijze betrokken, maar @2gov vertaalt de digitale content naar een papieren vorm. Leden van het congres ontvangen vervolgens brieven en petities ouderwets op papier. Met andere woorden, @2gov vertaalt de hightechwereld van zijn klanten naar de lowtechwereld van politici.

Maar @2gov moest nu geheel andere vragen met betrekking tot de vertrouwenssprongen beantwoorden. Het was nog steeds afhankelijk van klanten die zich moesten aanmelden, waarbij hun status van stemmer moest worden geverifieerd en zij hun vrienden moesten verwijzen, maar het groeimodel was veranderd. In plaats van te vertrouwen op het betrokken raken van klanten (ook wel *sticky growth* genoemd), ging het bij @2gov veel meer om het transactionele aspect. Davids hypothese was dat bevlogen activisten bereid zouden zijn om geld te betalen voor @2gov om zo contact te leggen met stemmers de zich hun standpunten ter harte namen.

Het ontwikkelen van Davids nieuwe MLP duurde vier maanden en kostte 30.000 euro. Hij had nu inmiddels 50.000 euro uitgegeven en twaalf maanden aan het product gewerkt. Maar de resultaten van de volgende ronde tests waren overweldigend: een registratie van 42 procent, activering 83 procent, retentie 21 procent, en verwijzing niet minder dan 54 procent. Maar het aantal activisten dat bereid was om te betalen voor de dienst lag op minder dan 1 procent. De waarde van elke transactie was veel te laag om een duurzaam bedrijf op te bouwen, zelfs nadat David zijn best had gedaan om het te optimaliseren.

Voordat we verder gaan met Davids volgende bijstelpunt, kunnen we opmerken hoe overtuigend hij heeft laten zien dat er aan gevalideerd leren werd gedaan. Hij had gehoopt dat hij met dit nieuwe product in staat zou zijn om zijn metingen sterk te verbeteren, en dat lukte hem ook (zie de tabel hierna).

	VOOR DE BIJSTELLING	NA DE BIJSTELLING
Groeimotor	Vast	Betaald
Registratiecijfer	17%	42%
Activering	90%	83%
Retentie	8%	21%
Verwijzing	62%	54%
Omzet	Te laag	1%
Levenslange omzet (LTV)	Te laag	Minimaal

Hij bereikte dit niet door harder te werken, maar door slimmer te werken, waarbij hij zijn bronnen voor productontwikkeling toepaste op een nieuw en ander product. Vergeleken met de vier maanden van optimalisering daarvoor, hadden deze nieuwe vier maanden van bijstellen geresulteerd in een veel hoger rendement op investeringen, maar David zat nog steeds vast in een zeer oude ondernemersvalkuil. Zijn meetmethoden en producten werden beter, maar dat ging niet snel genoeg.

David stelde nogmaals bij. Deze keer vertrouwde hij niet op activisten om geld te betalen voor het vergaren van contacten, maar benaderde hij grote organisaties, professionele fondsenwervers en grote ondernemingen die allemaal een professioneel of zakelijk belang hebben bij actief zijn in de politiek. De bedrijven bleken zeer gretig om Davids service te gebruiken en ervoor te betalen, en al gauw ondertekende David intentiebrieven om de functionaliteit te ontwikkelen die zij nodig hadden. Bij deze bijstelling, die ik *customer segment pivot* (bijstelling voor een bepaald klantensegment) noem, behield David de functionaliteit van het product, maar veranderde hij de focus op zijn publiek. Hij richtte zich nu op degenen die betalen: van directe klanten tot bedrijven en non-profitorganisaties. Met andere woorden, Davids bedrijf veranderde van een B2C-bedrijf (business-to-consumer) in een B2B-bedrijf (business-to-business). Tijdens dit proces veranderde hij zijn geplande groeimodel naar een model waarbij hij in staat zou zijn om zijn groei te financieren uit de winst die hij haalde uit zijn B2B-verkopen.

Drie maanden later had David de functionaliteit gebouwd die hij had beloofd, gebaseerd op de eerdere intentiebrieven. Maar toen hij terugging naar de bedrijven om zijn cheques innen, kwam hij wederom problemen tegen. Elk bedrijf treuzelde, vertraagde en liet uiteindelijk de mogelijkheid aan zich voorbijgaan. Hoewel zij zich enthousiast genoeg hadden getoond om de intenties te ondertekenen, bleek het toch veel lastiger om de deal uiteindelijk te sluiten. Het bleek dat deze bedrijven geen *early adopters* waren.

Op basis van de intentiebrieven had David zijn personeel uitgebreid en had hij meer verkooporders en ontwikkelaars aangenomen omdat hij verwachtte dat hij meer winstgevende business-to-businessklanten zou moeten bedienen. Maar toen de verkopen uitbleven, moest het gehele team harder werken om de omzet ergens anders vandaan te halen. Maar hoeveel telefoontjes zij ook pleegden en hoe sterk het product ook werd geoptimaliseerd, het model werkte niet. Hierop bekeek David nogmaals zijn *leap-of-faith*-vragen en concludeerde dat de resultaten zijn hypothese over business-to-business weerlegden, en besloot hij nogmaals om bij te stellen.

In al die tijd leerde David en vergaarde hij feedback van zijn potentiële klanten, maar zijn situatie was onhoudbaar. Je kunt je mensen niet uitbetalen met wat je hebt geleerd en geld bijeen brengen zou op dat moment voor een escalatie van het probleem hebben gezorgd. Geld werven zonder aantoonbare interesse in je product is een lastige zaak. Als hij in staat was geweest om geld te verzamelen had hij het bedrijf draaiende kunnen houden, maar had hij dit geld wel gestoken in een waardevernietigende groeimotor. De druk zou dan enorm groot zijn geworden: geld van investeerders gebruiken om de groeimotor aan de praat te krijgen of het risico nemen dat het bedrijf zou moeten worden gesloten (of dat hij werd vervangen).

David besloot om personeel te ontslaan en opnieuw bij te stellen, in een poging een *platform pivot* (platformbijstelling) te realiseren. In plaats van een toepassing elke keer aan een nieuwe klant te verkopen, stelde David zich een nieuw groeimodel voor dat was geïnspireerd op het platform van Google Adwords. Hij bouwde een platform op basis van het 'zelfbedieningsprincipe', waarbij iedereen met een creditcard klant kon worden. Het deed er dus niet meer toe in welke zaak je interesse had, je kon gewoon naar de website van @2gov gaan en @2gov zou je dan helpen om andere mensen te vinden om mee in contact te komen. Net zoals daarvoor waren deze nieuwe mensen geverifieerde stemmers die zich geregistreerd hadden, waardoor hun meningen belangrijk waren voor gekozen vertegenwoordigers.

Het duurde nog een maand om het nieuwe product te bouwen, maar het leverde direct resultaat op: een registratiecijfer van 51 procent, activering 92 procent, retentie 28 procent en verwijzing 64 procent (zie de tabel hierna). En het allerbelangrijkste is dat 11 procent van deze klanten bereid was om 20 cent per bericht te betalen. Dit was het begin van een groeimotor die wel echt zou kunnen werken. 20 cent per bericht lijkt niet veel, maar het hoge doorverwijzingscijfer betekende dat @2gov een groei in het bezoekersverkeer kon realiseren zonder daar veel marketinggeld aan te hoeven besteden (dit is de virale groeimotor).

	VOOR DE BIJSTELLING	NA DE BIJSTELLING
Groeimotor	Betaald	Viraal
Registratiecijfer	42%	51%
Activering	83%	92%
Retentie	21%	28%
Verwijzing	54%	64%
Omzet	1%	11%
Levenslange omzet (LTV)	Minimaal	20 cent per bericht

Het verhaal van Votizen laat een aantal veelvoorkomende patronen zien. Een van de belangrijkste die we moeten opmerken is de snelle totstandkoming van MLP's. De eerste MLP duurde acht maanden, de volgende vier maanden, daarna drie, vervolgens een. Elke keer was David in staat om zijn volgende hypothese sneller dan daarvoor te valideren of te weerleggen.

Hoe is deze versnelling te verklaren? Het is verleidelijk om dat toe te schrijven aan de productontwikkeling die plaatsvond. Veel voorzieningen waren al gebouwd en daarmee ook een groot deel van de infrastructuur. Dus elke keer dat het bedrijf moest bijstellen, hoefde het niet van voren af aan te beginnen. Maar dat is niet het hele verhaal. Ten eerste moest veel van het product tussen de twee bijstelpunten aan de kant worden geschoven. En erger nog, dat deel van het product dat overeind bleef werd geclassificeerd als een overblijfsel, een product dat niet langer geschikt was voor de doelen van het bedrijf. Maar zoals meestal het geval is vergde het ook nu veel extra werk om een dergelijk product om te bouwen. Tegenover deze krachten stonden de met veel moeite geleerde lessen. Bij elke mijlpaal had David geleerd. Votizen kon zijn MLP-proces versnellen omdat het belangrijke dingen leerde over zijn klanten, de markt en zijn strategie.

Nu, twee jaar na de lancering, gaat het goed met Votizen. Onlangs wisten zij 1,5 miljoen euro te werven bij een van de eerste investeerders in Facebook, Peter Thiel. Dit is een van de weinige internetinvesteringen die hij de afgelopen jaren heeft gedaan. Het systeem van Votizen kan nu direct de identiteit van een stemmer vaststellen in 47 van de Amerikaanse staten, wat gelijk staat aan 94 procent van de Amerikaanse bevolking. Er zijn inmiddels tienduizenden berichten aan congresleden verstuurd. De Startup Visa Campaign, die buitenlanders die in Amerika een bedrijfje opzetten begeleidt, maakte gebruik van Votizens tool om de Startup Visa Act (S.565) te introduceren. Dit is de eerste wetgeving die bij de senaat is terechtgekomen uitsluitend als gevolg van een sociale lobby. Deze activiteiten hebben de aandacht getrokken van gevestigde adviseurs in Washington die Votizen graag willen gebruiken bij hun toekomstige politieke campagnes.

David Binetti vat zijn ervaring bij het opbouwen van een Lean Startup als volgt samen:

In 2003 begon ik met een bedrijf in hetzelfde tempo als waarin ik nu nog werk. Ik beschikte ruwweg over dezelfde domeinervaring en geloofwaardigheid in de bedrijfstak, na het succes van USA.gov. Maar toentertijd was mijn bedrijf een complete mislukking (ondanks dat ik veel grotere investeringen deed). Nu heb ik een bedrijf dat winst maakt en nieuwe deals sluit. Toen volgde ik het traditionele model van productontwikkeling en bracht ik na twaalf maanden ontwikkeling een fantastisch product (echt waar) op de markt, om vervolgens te ontdekken dat niemand het wilde kopen. Maar deze keer maakte ik vier versies in 12 weken en wist al snel daarna mijn eerste verkoop af te ronden. En dan gaat het daarbij niet alleen om op het juiste moment de markt te betreden – andere bedrijven die in eenzelfde tempo in 2003 de markt betraden verkochten voor tientallen miljoenen, terwijl weer andere in 2010 met gebruikmaking van een lineair model direct richting de afgrond gingen.

De startbaan van een startup is het aantal bijstellingen dat het nog kan doen

Doorgewinterde ondernemers hebben het vaak over de startbaan die hun startup zojuist heeft verlaten: de hoeveelheid tijd die een startup nog heeft om ofwel los van de grond te komen ofwel te mislukken. Dit wordt meestal bepaald door het geld dat nog op de bank staat gedeeld door het geld dat maandelijks wordt verbruikt, ofwel wat er netto van de balans verdwijnt. Een startup met bijvoorbeeld 1 miljoen euro op de bank en een uitgavepatroon van 100.000 euro per maand heeft een geschatte startbaan van tien maanden.

Wanneer het geld van startups begint op te raken, kunnen zij op twee manieren de startbaan verlengen: door kosten te drukken of door extra geld te werven. Maar wanneer ondernemers willekeurig in de kosten gaan snijden, kan het ook zo zijn dat zij de kosten terugdringen op zaken die het bedrijf juist in staat stellen om de cyclus van bouwen-meten-leren te doorlopen in plaats van dat zij de verspilling terugdringen. Als de besparingen zorgen voor een vertraging in deze feedbackcyclus, hebben zij alleen maar bereikt dat de startup in een langzamer tempo zichzelf te gronde richt.

De echte manier om de lengte van startbaan te meten is het aantal bijstelpunten dat een startup nog over heeft: het aantal mogelijkheden die er nog zijn om een fundamentele verandering in de bedrijfsstrategie aan te brengen. De startbaan meten aan de hand van de bijstelpunten in plaats van de nog resterende tijd, biedt meteen een andere mogelijkheid om die startbaan te verlengen: elke keer sneller naar het volgende bijstelpunt gaan. Met andere woorden, de startup moet manieren zien te vinden om dezelfde hoeveelheid gevalideerd leren te realiseren tegen lagere kosten en in minder tijd. Bij alle technieken binnen het Lean Startup-model die wij al hebben besproken, is dit het overkoepelende doel.

Bijstellen vergt moed

De meeste ondernemers die hebben besloten om bij te stellen zullen je vertellen dat zij hadden gewild dat zij deze beslissing eerder hadden genomen. Ik denk dat daar drie redenen voor zijn.

Allereerst, door *vanity metrics* kunnen ondernemers verkeerde conclusies trekken en in hun eigen individuele realiteit leven. Dit heeft met name een negatief effect op de beslissing om bij te stellen, omdat 't het team het geloof ontneemt dat het noodzakelijk is om veranderingen door te voeren. Wanneer mensen worden gedwongen om tegen beter weten in te veranderen, is het proces lastiger, duurt het langer en zal het leiden tot een minder uitgesproken resultaat.

Ten tweede, wanneer een ondernemer een onduidelijke hypothese heeft, is het bijna onmogelijk om een totale mislukking te ervaren, en zonder mislukking is er meestal ook geen stimulans om een radicale verandering door te voeren zoals een bijstelling verlangt. Zoals ik eerder al heb gezegd is het falen van de benadering van 'introduceren en kijken wat er gebeurt' nu zonder meer duidelijk geworden: je zult namelijk altijd slagen in zien wat er gebeurt. Behalve in uitzonderlijke gevallen zullen de eerste resultaten ambigu zijn en zul je ook niet weten of je moet bijstellen of doorgaan, of misschien van koers moet veranderen of juist op dezelfde voet verder moet gaan.

Ten derde zijn veel ondernemers bang. Het erkennen van een mislukking kan resulteren in een groot gebrek aan mentale veerkracht. De grootste angst van de meeste ondernemers is dat zal blijken dat hun visie niet de juiste is. Maar nog beangstigender is de gedachte dat de visie als verkeerd wordt gezien zonder dat deze een echte kans heeft gehad om zichzelf te bewijzen. Deze angst ligt ten grondslag aan de weerstand tegen het minimaal levensvatbare product, het uitvoeren van splittests en andere technieken om de hypothese op de proef te stellen. En het is ironisch dat deze angst het risico vergroot omdat het testen pas zal plaatsvinden nadat de visie in zijn geheel is gepresenteerd. Maar tegen die tijd is het echter in de meeste gevallen te laat om bij te stellen omdat de fondsen opraken. Om dit lot te vermijden, moeten ondernemers hun angsten onder ogen zien en bereid zijn te falen, vaak ook publiekelijk. Ondernemers die in de belangstelling staan, omdat zij zelf bekend zijn of omdat zij handelen namens een bekend merk, krijgen te maken met een extreme versie van dit probleem.

Een nieuwe startup in Silicon Valley met de naam Path werd gestart door ervaren ondernemers: Dave Morin, die eerder toezicht had gehouden bij Facebook, Dustin Miereau, productontwerper en medebedenker van Macster, en Shawn Fanning, die bekend werd door Napster. In 2010 besloten zij om een minimaal levensvatbaar product op de markt te brengen. Omdat de oprichters bekend waren kreeg dit MLP veel aandacht in de pers, met name van de blogs die zich richten op technologie en startups. Helaas was hun product niet bedoeld voor *early adopters* met een voorkeur voor technologie, met als gevolg dat de eerste reacties van deze bloggers nogal negatief waren. (Veel ondernemers komen niet aan een introductie toe omdat zij bang zijn voor een dergelijke reactie, omdat zij zich zorgen maken dat het de stemming binnen het gehele bedrijf zal beïnvloeden. De aantrekkingskracht van het ontvangen van positieve reacties in de pers is met name in onze 'eigen' bedrijfstak erg sterk.)

Gelukkig had het team van Path het lef om deze angst naast zich neer te leggen en zich te richten op wat hun klanten hen vertelden. Met als resultaat dat zij in staat waren om in een vroeg stadium essentiële feedback van echte klanten te krijgen. Het doel van Path is het ontwikkelen van een persoonlijker sociaal netwerk dat gaandeweg zijn kwaliteit behoudt. Veel mensen hebben bij bestaande sociale netwerken de ervaring dat zij te veel contacten hebben, waarbij zij informatie delen met ex-collega's, vrienden van de middelbare school, familie en collega's. Zulke breed samengestelde groepen maken het lastig om ook intiemere momenten te delen. Path koos voor een ongebruikelijke benadering. Zo beperkte het bijvoorbeeld het aantal contacten tot vijftig, gebaseerd op hersenonderzoek dat werd uitgevoerd door de antropoloog Robin Dunbar aan de universiteit van Oxford. Zijn onderzoek wijst uit dat ongeveer vijftig het aantal persoonlijke relaties is dat iemand op een willekeurig moment heeft.

Voor leden van de pers die zich bezighielden met technologie (en ook voor veel op technologie gerichte *early adopters*) was deze kunstmatige beperking van het aantal contacten een gruwel. Zij werken namelijk op zeer routineuze wijze met duizenden contacten op de sociale netwerken. Vijftig leek veel te weinig. Hierdoor kreeg Path veel openlijke kritiek te verduren, die zij moeilijk naast zich neer konden leggen. Maar klanten kwamen wel in groten getale naar het nieuwe platform en hun feedback was beduidend anders dan de negativiteit in de pers. Klanten waardeerden de persoonlijke momenten en vroegen ook steeds om voorzieningen die niet waren opgenomen in de oorspronkelijke planning van het product, zoals de mogelijkheid om te laten zien wat voor gevoel zij hadden bij de foto's van vrienden en de mogelijkheid om ook videomomenten te delen.

Dave Morin vat zijn ervaringen als volgt samen:

De samenstelling van ons team en onze achtergrond zorgden voor torenhoge verwachtingen. Ik denk niet dat het veel had uitgemaakt wat we hadden geïntroduceerd; we zouden sowieso te maken hebben gekregen met verwachtingen die lastig zijn waar te maken. Maar voor ons betekende het gewoon dat we ons product en onze visie breed in de markt moesten zetten om feedback te krijgen en te kunnen bijstellen. Wij testen onze theorieën en onze benadering op een eenvoudige manier om te zien wat de markt ervan vindt. We luisteren oprecht naar feedback. En we gaan door met innoveren in de richting waarvan wij denken dat die iets kan bijdragen aan de wereld.

Het verhaal van Path is net begonnen, maar het lef dat zij hebben getoond ten overstaan van criticasters begint al vruchten af te werpen. Als zij moeten bijstellen, zullen zij niet gehinderd worden door angst. Onlangs hebben zij 8,5 miljoen euro aan durfkapitaal weten te werven tijdens een investeringsronde onder leiding van Kleiner Perkins Caufield & Byers. En tegelijkertijd hebben zij naar verluidt een overnamebod van 100 miljoen euro van Google afgeslagen.[2]

De vergadering waarin wordt beslist om bij te stellen of te consolideren

De beslissing om bij te stellen vereist een heldere en objectieve kijk op de zaken. We hebben de overduidelijke signalen van de noodzaak om bij te stellen al besproken: de afnemende effectiviteit van productexperimenten en het algehele gevoel dat productontwikkeling productiever zou moeten zijn. Wanneer je deze symptomen ziet, overweeg dan om bij te stellen.

De beslissing om bij te stellen is voor elke startup een emotionele en moet op een gestructureerde manier worden genomen. Een manier om deze uitdaging iets gemakkelijker te maken is door de vergadering daarover vooraf in te plannen. Ik adviseer elke startup om regelmatig een 'bijstellen of consolideren'-vergadering in te plannen. Ik heb ervaren dat slechts enkele weken tussen een vergadering te snel is en dat om de paar maanden niet vaak genoeg is. Maar elke startup moet hierin zijn eigen ritme vinden.

Bij elke vergadering over bijstellen of consolideren moeten zowel de mensen van productontwikkeling als de managementteams aanwezig zijn. Bij IMVU voegden wij daar ook nog de visies van externe adviseurs aan toe die ons konden helpen om verder te kijken dan onze vooropgezette meningen en gegevens op nieuwe manieren konden interpreteren. Het productontwikkelteam moet komen met een volledig rapport van de resultaten van zijn productoptimalisering van het begin af aan (en niet alleen gedurende de afgelopen periode), maar ook een vergelijking van hoe die resultaten zich verhouden tot de verwachtingen (en ook hier van het begin af aan). De managers moeten komen met gedetailleerde verslagen van hun gesprekken met huidige en potentiële klanten.

Laten we dit proces eens in de praktijk bekijken aan de hand van een bijzondere bijstelling bij een bedrijf genaamd Wealthfront. Dit bedrijf werd in 2007 opgericht door Dan Carroll, waar al gauw Andy Rachleff als CEO aan werd toegevoegd. Andy is zeer bekend in Silicon Valley: hij is medeoprichter en ook voormalig partner van het bedrijf van durfkapitalisten Benchmark Capital en daarnaast is hij lid van de faculteit van Stanford Graduate School of Business, waar hij diverse colleges verzorgt op het gebied van ondernemerschap in de technologiesector. Ik ontmoette Andy voor het eerst toen hij een casestudy voor zijn studenten opzette bij IMVU om hen kennis te laten maken met het proces dat wij hadden gebruikt om ons bedrijf op te zetten.

Wealthfronts missie is om de fondsenindustrie op te schudden door te komen met meer transparantie, grotere toegankelijkheid en meer waarde voor investeerders in de detailhandel. Wat het verhaal van Wealthfront zo bijzonder maakt is niet zozeer waar het nu staat, maar hoe het begon, namelijk als een internetspel.

Wealthfronts vorige leven was dat als kaChing, een soort denkbeeldig verbond van amateurinvesteerders. Iedereen kon een virtuele handelsaccount openen en een portfolio opbouwen dat gebaseerd was op echte gegevens uit de markt, zonder dat er echt geld werd geïnvesteerd. Het idee was dat daarmee ruwe diamanten konden worden ontdekt: amateurhandelaars die geen mogelijkheden hadden om echte fondsmanagers te worden maar die wel beschikten over marktinzicht. De oprichters van Wealthfront wilden niet noodzakelijkerwijs actief zijn in een internetspel, voor hun was kaChing onderdeel van een uitgekiende strategie die in dienst stond van hun overkoepelende visie. Elke student die zich bezighield met baanbrekende innovatie zou vol goedkeuring hebben toegekeken: zij volgden het systeem in detail door aanvankelijk klanten te bedienen die niet in staat waren om deel te nemen aan de gebruikelijke markt. Na enige tijd, zo dachten zij, zou het product steeds verfijnder worden, waardoor het uiteindelijk gebruikers in staat zou stellen om bestaande professionele fondsmanagers te bedienen (en wakker te schudden).

Om de beste amateurhandelaar te kunnen ontdekken, ontwikkelde Wealthfront een verfijnde technologie om de vaardigheden van elke fondsmanager te waarderen, waarbij technieken werden gebruikt die ook werden ingezet door de beste evalueerders van geldmanagers, namelijk de schenkingen die worden gedaan aan de beste universiteiten van de Verenigde Staten. Met behulp van deze methode konden zij niet alleen de winst van de managers evalueren, maar ook hoeveel risico zij hadden genomen ten aanzien van hun prestaties gerelateerd aan hun verkozen investeringsstrategie. Fondsmanagers die grote winsten behaalden door roekeloos te spelen (zoals door investeringen te doen buiten hun expertisegebied) zouden lager geplaatst worden dan degenen die de markt hadden weten te verslaan met behulp van hun vaardigheden. Aan de hand van het kaChing-spel hoopte Wealthfront twee aannames ten aanzien van hun vertrouwenssprongen te toetsen:

1. Een aanzienlijke deel van de spelers zal genoeg talent als virtuele fondsmanager laten zien om ook in het echte leven als fondsmanager te kunnen werken (de waardehypothese).
2. Het spel zal groeien met behulp van de virale groeimotor en waarde creëren op basis van een *freemium* bedrijfsmodel. Het kostte niets om het spel te spelen, maar het team hoopte dat een deel van de spelers zich zou realiseren dat zij slechte handelaars waren en daarom betalende klanten zouden willen worden als Wealthfront eenmaal zou beginnen met het aanbieden van echte diensten op het gebied van fondsenbeheer (de groeihypothese).

kaChing was in het begin al een groot succes en trok na zijn introductie al 450.000 spelers. Maar inmiddels weet je dat je verdacht moet zijn op dergelijke *vanity metrics*. Veel van de minder gedisciplineerde bedrijven zouden dat succes hebben gevierd alsof hun toekomst verzekerd was, maar Wealthfront had duidelijk zijn aannames vastgelegd en was daardoor in staat om zorgvuldiger te denken. Tegen de tijd dat Wealthfront er klaar voor was om zijn betaalde financiële product te introduceren, hadden slechts zeven amateurmanagers zich waardige managers van het geld van anderen getoond, veel minder dan in het ideale model werd verwacht. Nadat het betaalde product was geïntroduceerd, waren zij in staat om de conversie te meten van spelers naar betalende klanten. Ook nu waren de cijfers teleurstellend: het conversiecijfer was vrijwel nul. In hun model hadden zij voorspeld dat honderden klanten zich zouden aanmelden, in werkelijkheid waren het er slechts veertien.

Het team werkte hard om manieren te vinden om het product te verbeteren, maar het zag er allemaal niet veelbelovend uit. Het was tijd om een vergadering te houden waarin werd beslist of ze zouden bijstellen of consolideren.

Als de gegevens die we tot nu toe hebben opgesomd alles was geweest dat beschikbaar was tijdens die belangrijke vergadering, zou Wealthfront grote problemen hebben gehad. Zij zouden dan weliswaar hebben geweten dat hun huidige strategie niet werkte, maar niet wat zij eraan moesten doen. Daarom was het ook zo belangrijk dat zij de aanbeveling eerder in dit hoofdstuk opvolgden om te zoeken naar alternatieve mogelijkheden. In dit geval had Wealthfront zich gericht op twee belangrijke onderzoeken.

Het eerste betrof een reeks gesprekken met professionele geldmanagers, onder wie John Powers, hoofd van de afdeling schenkingen aan Stanford University. Hij reageerde verrassend genoeg positief. De strategie van Wealthfront was gestoeld op de veronderstelling dat professionele geldmanagers niet geneigd zouden zijn om deel te nemen aan het systeem, omdat de grotere transparantie hun gevoel van autoriteit zou aantasten. Maar Powers maakte zich daar geen zorgen om. CEO Andy Rachleff begon daarop een reeks gesprekken met andere professionele investeringsmanagers en rapporteerde daarover binnen het bedrijf. Hij kwam tot de volgende inzichten:

1. Succesvolle professionele geldmanagers voelden zich niet bedreigd door de transparantie, omdat zij geloofden dat het hun vaardigheden juist zou bekrachtigen.
2. Geldmanagers kregen te maken met aanzienlijke uitdagingen in het managen en opschalen van hun eigen bedrijven. Zij werden gehinderd door de moeilijkheid dat zij hun eigen klanten moesten bedienen en daardoor hogere minimuminvesteringen moesten vragen als een manier om nieuwe klanten te screenen.

Het tweede probleem was zo ernstig dat Wealthfront telefoontjes kreeg van professionele managers die zelf vroegen of zij konden deelnemen aan het platform. Dit waren de traditionele *early adopters* die de visie hadden om verder te kijken dan de status van het huidige product naar iets wat zij konden gebruiken om een concurrentievoordeel mee te behalen.

De tweede belangrijke kwalitatieve soort informatie kwam voort uit de gesprekken met klanten. Het bleek dat zij het samenvoegen van virtueel en echt portfoliomanagement op de kaChing-website verwarrend vonden. In plaats van dat het een slimme manier was om klanten te werven, bleek de *freemium*-strategie een obstakel omdat het zorgde voor verwarring over de positionering van het bedrijf.

Deze gegevens werden gebruikt tijdens de vergadering over bijstellen of consolideren. Iedereen was aanwezig en het team discussieerde over de toekomst van het bedrijf. De huidige strategie werkte niet, maar veel werknemers wilden toch liever niet het internetspel overboord zetten. Het was tenslotte een belangrijke onderdeel van wat zij zich hadden voorgenomen om te ontwikkelen. Zij hadden behoorlijk veel tijd en energie gestoken in het werven en ondersteunen van die klanten. Het was pijnlijk – zoals het altijd is – om tot de conclusie te komen dat het verspilde energie was geweest.

Wealthfront besliste dat het niet op dezelfde voet verder kon gaan. Het bedrijf koos ervoor om zich te verheugen over wat het had geleerd. Was het huidige product niet geïntroduceerd, dan had het team nooit geleerd wat het moest weten om bij te stellen. Die ervaring leerde hen essentiële dingen over hun visie. Of zoals Andy het zegt, "Wat wij feitelijk wilden veranderen was niet wie het geld beheert, maar wie toegang heeft tot het beste talent. Wij dachten oorspronkelijk dat we eerst een behoorlijke onderneming met amateurmanagers moesten opbouwen voordat professionals zouden willen toetreden, maar gelukkig bleek dat niet nodig te zijn."

Het bedrijf stelde zijn strategie bij, liet de spelende klanten geheel achter zich en richtte zich op het bieden van een dienst die klanten in staat stelde om te investeren met professionele managers. Op het eerste gezicht lijkt dit een zeer ingrijpende bijstelling omdat het bedrijf zijn positionering, zijn naam en zijn partnerstrategie veranderde. Het gooide zelfs een groot deel van de voorzieningen die het had gebouwd overboord. Maar in de kern bleef een verrassend groot deel overeind. De meest waardevolle inspanning die het bedrijf had verricht, was het ontwikkelen van een technologie om de effectiviteit van managers te evalueren. Dit werd dan ook de kern waaromheen het nieuwe bedrijf werd opgebouwd. Dit is ook iets dat veel voorkomt bij bijstellingen; het is niet nodig om alles overboord te gooien en helemaal opnieuw te beginnen. Het gaat in plaats daarvan om aan wat reeds is gebouwd en geleerd een nieuw doel toe te kennen, om zo een positievere richting in te kunnen slaan.

Vandaag de dag is Wealthfront als gevolg van deze bijstelling een bloeiend bedrijf. Er is meer dan 180 miljoen euro geïnvesteerd in het platform en er zijn meer dan veertig professionele managers.[3] Onlangs werd het door *Fast Company* benoemd tot een van de tien meest innoverende bedrijven in de financiële wereld.[4] Het bedrijf hanteert nog steeds de *agile* methode en doet aan schaalvergroting volgens de groeiprincipes die in hoofdstuk 12 staan beschreven. Wealthfront is ook een toonaangevend voorbeeld van de ontwikkeltechniek die ook wel *continuous deployment* wordt genoemd. Dit zullen we nader bespreken in hoofdstuk 9.

Niet bijstellen

De beslissing om bij te stellen is zo lastig, dat veel bedrijven deze niet nemen. Ik zou willen dat ik kon zeggen dat elke keer dat ik geconfronteerd werd met de behoefte om bij te stellen ik dat goed aanpakte, maar dat is helaas niet zo. Ik kan me een geval herinneren waarin ik er niet in slaagde om bij te stellen.

Een paar jaar nadat we IMVU hadden opgericht, had het bedrijf enorm veel succes. De omzet was gegroeid naar meer dan 1 miljoen euro per maand; we hadden meer dan twintig miljoen avatars voor onze klanten gemaakt. Ook wisten we bij nieuwe financieringsrondes behoorlijk wat geld binnen te halen en net zoals de wereldwijde economie, ging het ons zeer goed. Maar het gevaar lag op de loer.

Zonder dat wij het zelf wisten, waren wij in een klassieke startersvalkuil gestapt. We waren in het begin zo succesvol geweest dat wij de principes daarachter negeerden. Met als gevolg dat wij de behoefte om bij te stellen niet zagen, zelfs al werd het voor ons uitgespeld.

We hadden een organisatie opgebouwd die zeer goed was in de activiteiten die we in eerdere hoofdstukken hebben beschreven: het ontwikkelen van minimaal levensvatbare producten om nieuwe ideeën te testen en het uitvoeren van experimenten om de groeimotor fijner af te stellen. Voordat we van onze eerste successen konden genieten, hadden veel mensen ons geadviseerd om niet te beginnen aan een benadering van een minimaal levensvatbaar product van lage kwaliteit en experimenten. Zij drukten ons op het hart om het langzamer aan te doen. Zij wilden dat wij de dingen op de juiste manier deden en dat wij ons zouden richten op kwaliteit in plaats van snelheid. Nadat wij met onze benadering resultaten begonnen te boeken, veranderden de adviezen die wij kregen. We kregen nu vooral te horen dat je 'succes niet tegen kunt spreken' en dat we vooral op deze voet verder moesten gaan. We waardeerden dit advies weliswaar veel meer, maar eigenlijk was het net zo verkeerd.

Vergeet niet dat de redenering achter het ontwikkelen van een MLP van lage kwaliteit is dat het bouwen van voorzieningen die buiten de wensen van de *early adopters* liggen een vorm van verspilling zijn. Maar daarmee kun je maar tot op beperkte hoogte uit de voeten. Wanneer je eenmaal succes hebt bij de *early adopters*, wil je ook gaan verkopen aan de grote massa. En deze doorsneeklanten stellen andere dingen op prijs en zijn veel veeleisender.

Het soort bijstelling dat wij nodig hadden, wordt ook wel bijstelling voor een klantensegment genoemd (*customer segment pivot*). Bij een dergelijke bijstelling realiseert het bedrijf zich dat het product dat het maakt een probleem oplost voor echte klanten, maar dat dat niet de klanten zijn die het oorspronkelijke had gedacht te zullen gaan bedienen. Met andere woorden, de producthypothese wordt slechts deels bevestigd. (In dit hoofdstuk is een dergelijke bijstelling beschreven in het verhaal over Votizen).

Een bijstelling voor een klantensegment is bijzonder lastig om uit te voeren, zoals wij bij IMVU op een nogal directe manier hebben ervaren. Juist die dingen waardoor wij succes hebben gehad bij *early adopters* stonden lijnrecht tegenover de dingen die wij onder de knie moesten krijgen om ook succesvol te zijn bij een groter publiek van gemiddelde klanten. Wij hadden geen goed begrip van hoe onze groeimotor werkte. Wij waren gaan vertrouwen op de *vanity metrics* die wij verzamelden. We maakten niet langer gebruik van leermijlpalen om verantwoording af te leggen. In plaats daarvan was het veel gemakkelijker om ons te richten op de nog steeds groeiende totalen die zo stimulerend waren: elke keer nieuwe records in het aanmeldcijfer van betalende klanten en actieve gebruikers, het nauw in de gaten houden van het retentiecijfer – noem maar op. Maar onder de oppervlakte zou het duidelijk hebben moeten zijn dat onze inspanningen om de groeimotor af te stellen steeds minder resultaat hadden, het klassieke teken dat er moet worden bijgesteld.

Zo waren wij maanden bezig met het verbeteren van het activeringscijfer van het product (de snelheid waarmee nieuwe klanten actieve gebruikers van het product worden), dat ondanks alles laag bleef. We voerden talloze experimenten uit: verbeteringen in de bruikbaarheid, nieuwe overtuigingstechnieken, speciale aanbiedingen, zoektochten naar nieuwe klanten en toevoegingen aan het spel. Elk van deze nieuwe voorzieningen en nieuwe marketinghulpmiddelen waren op zich succesvol. We deden veel metingen, met behulp van A/B-experimenten. Maar over het geheel genomen zagen we na vele maanden slechts verwaarloosbare veranderingen in de dingen die onze groeimotor hadden moeten stimuleren. Zelfs ons activeringscijfer, waar wij ons met name op hadden gericht, ging slechts enkele procenten omhoog.

We negeerden deze signalen omdat het bedrijf nog steeds groeide en elke maand weer een stijgende lijn in de resultaten liet zien. Maar wij waren hard bezig om onze markt van *early adopters* te verzadigen. Het werd steeds lastiger om klanten te vinden tegen de kosten die wij gewend waren daarvoor te maken. Terwijl wij ons marketingteam aanspoorde om meer klanten te zoeken, waren zij genoodzaakt om meer en meer doorsneeklanten te benaderen. Maar die zijn niet zo vergevingsgezind als het om een nieuw product gaat. Het activeringscijfer en het percentage betalende nieuwe klanten ging omlaag, waardoor de kosten om nieuwe klanten te werven omhoog gingen. En al gauw stagneerde onze groei en begon onze motor te sputteren en sloeg hij af.

Het kostte ons veel te veel tijd om de benodigde veranderingen door te voeren om deze situatie te repareren. Net als bij alle bijstellingen moesten we terug naar het begin en de cyclus van *innovation accounting* opnieuw starten. Het leek wel alsof het bedrijf opnieuw werd opgericht. We waren inmiddels heel goed geworden in het optimaliseren, afstellen en bijstellen, maar tijdens het hele proces hadden wij het zicht op het doel van die activiteiten verloren: het testen van een duidelijke hypothese in dienst van de visie van het bedrijf. In plaats daarvan joegen wij op elke manier groei, omzet en winst na.

We moesten opnieuw kennis gaan maken met onze nieuwe doorsneeklanten. Onze ontwerpers liepen voorop bij het ontwikkelen van een duidelijke klantbeschrijving die gebaseerd was op uitgebreide persoonlijke gesprekken en observaties. Vervolgens moesten we veel investeren in een grote productherziening die erop gericht was om het product veel gemakkelijker in het gebruik te maken. Omdat wij ons te veel hadden gericht op het maar blijven bijstellen, hadden wij geen grote investering als deze meer gedaan, omdat we er de voorkeur aan gaven om te investeren in experimenten met een lager risico en een kleinere opbrengst.

Het investeren in kwaliteit, ontwerp en grotere projecten betekende niet dat we de experimenten achter ons moesten laten. Integendeel, toen we eenmaal onze fout begrepen en hadden bijgesteld, kwamen die vaardigheden juist goed van pas. We ontwikkelden een soort speeltuin om te experimenteren, zoals beschreven in hoofdstuk 12, en stelden een divers team samen dat exclusief ging werken aan dit belangrijke nieuwe ontwerp. Terwijl zij daarmee bezig waren, testten zij continu hun nieuwe ontwerp direct tegenover het oude ontwerp. Aanvankelijk presteerde het nieuwe ontwerp slechter dan het oude, maar dat is meestal het geval. Het miste een aantal voorzieningen en bepaalde functionaliteit die het oude ontwerp wel had en het bevatte ook veel nieuwe fouten. Maar het team bleef doorgaan met het verbeteren van het ontwerp totdat het, maanden later, beter presteerde dan het oude ontwerp. Dit nieuwe ontwerp legde de basis voor onze toekomstige groei.

En deze basis leverde aardig wat op. In 2009 was de omzet meer dan verdubbeld naar 25 miljoen euro per jaar. Maar we hadden misschien eerder dat succes kunnen hebben als we ook eerder hadden bijgesteld.[5]

De diverse manieren van bijstellen

Bijstellen kan op verschillende manieren. *Bijstellen* wordt soms verwisseld met *veranderen*. Maar bijstellen is een bepaalde manier van veranderen die erop gericht is om een nieuwe, geheel andere hypothese over een product, bedrijfsmodel of groeimotor te testen.

Zoom-in pivot (bijstellen door in te zoomen)

In dit geval wordt wat eerder als slechts een van de kenmerken van een product werd beschouwd nu het complete product. Dit is de soort bijstelling die Votizen deed toen het van een compleet sociaal netwerk wijzigde in een eenvoudig product om in contact te komen met stemmers.

Zoom-out pivot (bijstellen door uit te zoomen)

In de omgekeerde situatie kan het zijn dat een enkel kenmerk niet voldoende is om een compleet product te ondersteunen. Bij dit type bijstelling wordt wat als het complete product werd beschouwd een van de kenmerken van een veel groter product.

Customer segment pivot (bijstellen voor een bepaald klantensegment)

Bij deze soort bijstelling realiseert het bedrijf zich dat het product dat het aan het ontwikkelen is een echt probleem voor echte klanten oplost, maar dat zij niet het soort klanten zijn die het oorspronkelijk in gedachten had om te bedienen. Met andere woorden, de producthypothese wordt slechts deels bevestigd, waarbij het juiste probleem wordt opgelost, alleen voor een ander soort klant dan oorspronkelijk verwacht.

Customer need pivot (bijstellen naar klantbehoefte)

Naarmate wij onze klanten steeds beter leren kennen, wordt het soms duidelijk dat het probleem dat wij proberen op te lossen voor hen niet echt belangrijk is. Maar door dit nauwe contact met onze klanten ontdekken wij vaak andere gerelateerde problemen die wel belangrijk zijn en door ons team kunnen worden opgelost. In veel gevallen volstaat het voor deze gerelateerde problemen om een bestaand product te herpositioneren. In andere gevallen kan er een geheel nieuw product nodig zijn. Ook hier gaat het om een gedeeltelijke bevestiging van de producthypothese; de doelklant heeft een probleem dat het waard is om te worden opgelost, maar alleen niet het probleem waar aanvankelijk op werd ingespeeld.

Een beroemd voorbeeld is de keten winkels onder de naam Potbelly Sandwich Shop, die op dit moment bestaat uit meer dan 200 winkels. Het begon in 1977 ooit als een antiekwinkel; de eigenaren begonnen met het verkopen van sandwiches om zo klanten naar hun winkel te lokken. Maar al snel hadden zij hun bedrijfsvoering omgegooid naar een geheel andere tak van sport.

Platform pivot (bijstellen naar een ander platform)

Bij dit soort bijstelling vindt er een verandering plaats van een toepassing naar een platform of vice versa. Meestal is het zo dat startups die graag een nieuw platform willen creëren, beginnen met de verkoop van één enkele toepassing, ook wel de *killer app* genoemd. Pas in een later stadium komt het platform naar voren als een manier voor andere partijen om hun eigen gerelateerde producten voor dit platform te ontwikkelen. Maar het is niet zo dat het altijd in deze volgorde verloopt, en sommige bedrijven moeten ook meermaals deze bijstelling doen.

Business architecture pivot (bijstellen van de bedrijfsstructuur)

Deze soort bijstelling is gebaseerd op een concept van Geoffrey Moore, die constateerde dat bedrijven over het algemeen een van twee volgende bedrijfsstructuren hebben: hoge marges, laag volume (model volgens een complex systeem) of kleine marges, hoge volumes (model gericht op volume).[6] Het eerste model wordt over het algemeen geassocieerd met business-to-business (B2B) of verkoopcycli bij grote ondernemingen. Het tweede model wordt vaak geassocieerd met consumentenproducten (er zijn echter opmerkelijke uitzonderingen). Wanneer een bijstelling wordt gedaan in de bedrijfsarchitectuur, verandert bij een startup de gehele structuur. Sommige bedrijven veranderen van hoge marges en lage volumes door de massa te gaan bedienen (zoals de zoekmachine van Google), andere, die zich oorspronkelijk richtten op het grote publiek, bleken juist lange en dure verkoopcycli nodig te hebben.

Value capture pivot (bijstellen om de waarde van een bedrijf te gelde te maken)
Er zijn veel manieren om de waarde die een bedrijf creëert te gelde te maken. Deze methode wordt ook wel gezien als een model om geld te maken of omzet te draaien, maar deze termen zijn veel te beperkt. Bij het concept geld maken wordt er impliciet van uitgegaan dat dit om een apart kenmerk van een product gaat dat naar willekeur kan worden toegevoegd of verwijderd. Maar in werkelijkheid is het te gelde maken van de waarde een vast onderdeel van de producthypothese. Vaak is het zo dat wijzigingen in de manier waarop het bedrijf de waarde te gelde maakt vergaande consequenties kan hebben voor de rest van het bedrijf, het product en de marketingstrategieën.

Engine of growth pivot (bijstellen van de groeimotor)
Zoals we in hoofdstuk 10 zullen zien, zijn er belangrijke groeimotoren die een startup in beweging zetten: de virale, vaste en betaalde groeimodellen. Bij deze bijstelling verandert een bedrijf zijn groeistrategie om een snellere en meer winstgevende groei te realiseren. In de meeste gevallen, maar niet altijd, verlangt de groeimotor dan ook een verandering in de manier waarop de waarde te gelde wordt gemaakt.

Channel pivot (kanaalbijstelling)
In het traditionele verkoopjargon wordt het mechanisme waarlangs een bedrijf zijn producten aan klanten levert het verkoopkanaal of distributiekanaal genoemd. Zo worden voorverpakte goederen verkocht in een supermarkt, worden auto's verkocht door een dealer en wordt bedrijfssoftware verkocht (met uitgebreide aanpassingsmogelijkheden) door adviesbureaus en andere professionele dienstverleners. Vaak bepalen de vereisten van het kanaal de prijs en de kenmerken van het product en het landschap waarin wordt geconcurreerd. Een kanaalbijstelling is een erkenning dat dezelfde basale oplossing met meer effectiviteit ook via een ander kanaal kan worden geleverd. Wanneer een bedrijf een voorheen complex verkoopproces achter zich laat om direct aan zijn eindgebruikers te gaan verkopen, is er een kanaalbijstelling gaande.

En het is juist vanwege het destructieve effect op verkoopkanalen dat het internet zo'n verstorende invloed heeft in bedrijfstakken waarbinnen voorheen complexe verkoop- en distributiekanalen nodig waren, zoals kranten, tijdschriften en boeken.

Technology pivot (technologiebijstelling)

Soms ontdekt een bedrijf een manier om dezelfde oplossing te realiseren door gebruik te maken van een geheel andere technologie. Technologiebijstellingen zijn veel gebruikelijker in gevestigde ondernemingen. Met andere woorden, dergelijke bijstellingen zijn innoverend en zijn incrementele verbeteringen die ontworpen zijn om bestaande klanten te behagen en te behouden. Gevestigde bedrijven zijn zeer goed in het doorvoeren van dergelijke bijstellingen omdat er niet zo heel veel verandert. Het klantensegment blijft hetzelfde, het probleem blijft hetzelfde, het model waarmee de waarde te gelde wordt gemaakt blijft hetzelfde en de kanalen blijven dezelfde. De enige vraag is of de nieuwe technologie een betere prijs en/of prestatie kan bieden ten opzichte van de huidige technologie.

Een bijstelling is een strategische hypothese

Hoewel de hiervoor genoemde bijstellingen managementstudenten bekend in de oren zullen klinken, is het vermogen om bij te stellen geen vervanging van helder strategisch denken. Het probleem met het geven van beroemde voorbeelden van bijstellingen is dat de meeste mensen alleen bekend zijn met de succesvolle eindstrategieën van beroemde bedrijven. De meeste lezers weten dat Southwest of Walmart voorbeelden zijn van een verstoring van de markt door lage kosten te realiseren, of dat Microsoft een voorbeeld is van een platformmonopolie en dat Starbucks een krachtig kwaliteitsmerk in de markt heeft weten te zetten. Maar over het algemeen is er veel minder bekend over de bijstellingen die nodig waren om die strategieën te ontdekken. Bedrijven hebben een sterke neiging om hun pr-verhalen te construeren rondom de heroïsche oprichter en doen het voorkomen alsof hun succes het onvermijdelijke resultaat van een goed idee was.

Hoewel startups vaak bijstellen naar een strategie die lijkt op die van een succesvol bedrijf, is het belangrijk om niet te veel waarde te hechten aan deze analogieën. Het is bijzonder lastig om te weten of de vergelijking juist is getrokken. Hebben we de belangrijkste kenmerken gekopieerd of slechts een paar oppervlakkige? Zal wat in die bedrijfstak werkte ook voor ons werken? Zal wat in het verleden werkte ook vandaag nog werken? Een bijstelling kan daarom ook beter worden gezien als een nieuwe strategische hypothese waarvoor een nieuw minimaal levensvatbaar product moet worden getest.

Bijstellingen zijn voor elk groeiend bedrijf een feit dat altijd aanwezig zal zijn. Zelfs wanneer een bedrijf zijn eerste successen behaalt, moet het blijven bijstellen. Degenen die bekend zijn met de concepten van Geoffrey Moore ten aanzien van levenscycli in de technologie-industrie, kennen de bijstellingen die in latere stadia worden gedaan door de benamingen die hij ze heeft gegeven: de *chasm* (afgrond), de *tornado* (tornado), de *bowling alley* (bowlingbaan). Lezers van de werken van Clayton Christensen van Harvard University over verstorende innovatie zullen bekend zijn met de namen van gevestigde bedrijven die niet wisten bij te stellen toen dat nodig was. Een van de belangrijkste vaardigheden van managers vandaag de dag is om die theorieën te laten aansluiten op de huidige situatie, zodat zij het juiste advies ook op het juiste moment toepassen.

Moderne managers kan het niet zijn ontgaan dat er een stortvloed aan boeken is waarin zij worden opgeroepen om zich aan te passen, te veranderen, opnieuw uit te vinden of om hun bestaande bedrijven helemaal om te gooien. Veel van de werken in deze categorie zitten vol vermaningen, maar ze worden nergens specifiek.

Een bijstelling is niet slechts een oproep om te veranderen. Vergeet niet dat het een bijzondere vorm van een gestructureerde verandering is, die ontwikkeld is om een nieuwe fundamentele hypothese over het product, het bedrijfsmodel en de groeimotor te testen. Het vormt de kern van de Lean Startup-methode. Het maakt de bedrijven die werken volgens deze methode veerkrachtig wanneer zij met fouten te maken krijgen: als we een verkeerde afslag nemen, beschikken wij over de middelen die wij nodig hebben om ons hiervan bewust te worden en over de flexibiliteit om een andere weg te vinden.

In deel 2 hebben wij het concept van een startup bekeken vanaf zijn eerste vertrouwenssprong, deze getest met een minimaal levensvatbaar product, de voortgang van de innovatie bijgehouden en gemeten (*innovation accounting*) en opvolgbare metingen (*actionable metrics*) gedaan om de resultaten te evalueren, en hebben wij de beslissing genomen om bij te stellen of te consolideren.

Ik heb deze onderwerpen zeer gedetailleerd behandeld om je voor te bereiden op de volgende fase. Als je het leest lijken deze processen misschien klinisch, langzaam en simplistisch. In de echte wereld heb je iets anders nodig. We hebben geleerd om te sturen wanneer we langzaam bewegen, nu moeten we leren om te versnellen. Het leggen van een stevige fundering is slechts de eerste stap richting ons echte doel: versnelling.

DEEL 3

VERSNELLEN

Start de motoren

De meeste beslissingen die startups moeten nemen zijn niet heel duidelijk. Hoe vaak moet je een product opnieuw introduceren? Is er een bepaalde reden om dat wekelijks in plaats van dagelijks of iedere drie maanden of elk jaar te doen? Elke nieuwe versie van een product brengt kosten met zich mee en vanuit het oogpunt van efficiëntie zorgen veel nieuwe versies ervoor dat er minder tijd kan worden besteed aan het verder ontwikkelen van het product. Maar te lang wachten met het uitbrengen van een nieuwe versie kan leiden tot de ultieme vorm van verspilling: iets maken waar niemand op zit te wachten.

Hoeveel tijd en energie moeten bedrijven in een vroeg stadium investeren in infrastructuur en planning in afwachting van succes? Als je er te veel in steekt, verspil je waardevolle tijd die je had kunnen besteden aan leren. Als je er te weinig aan besteedt, benut je wellicht niet de voordelen van vroeg succes en moet je het marktleiderschap laten aan een snelle volger.

En wat moeten werknemers de hele dag doen? En hoe houden wij mensen verantwoordelijk voor het leerproces op organisatieniveau? Traditionele afdelingen hebben structuren die mensen stimuleren zich te blijven richten op het leveren van kwaliteit op hun vakgebied: marketing, verkoop en productontwikkeling. Maar wat als het bedrijf meer gebaat is bij samenwerking tussen verschillende disciplines? Startups hebben organisatiestructuren nodig om de buitengewone onzekerheid, de grootste vijand van een startup, te bestrijden.

De Lean-beweging kreeg op de productievloer met dezelfde vragen te maken. De antwoorden zijn ook relevant voor startups, met een aantal aanpassingen.

De eerste belangrijke vraag voor elke transformatie volgens het Lean-principe is: welke activiteiten creëren waarde en welke zijn een vorm van verspilling? Wanneer je dit onderscheid goed begrijpt, kun je een begin maken met het gebruiken van de Lean-technieken om verspilling uit te bannen en de efficiëntie van de waardecreërende activiteiten te vergroten. Om deze technieken te kunnen gebruiken binnen een startup, moeten zij worden aangepast aan de specifieke omstandigheden van het ondernemerschap. In hoofdstuk 3 hebben wij besproken dat waarde binnen een startup niet per se het maken van dingen is, maar meer een proces van gevalideerd leren over hoe een duurzaam bedrijf kan worden opgezet. Welke producten willen klanten echt hebben? Hoe zal ons bedrijf groeien? Wie zijn onze klanten? Naar welke klanten moeten wij luisteren en welke moeten wij negeren? Dit zijn de vragen die zo snel mogelijk moeten worden beantwoord om de kansen op succes van een startup zo groot mogelijk te houden. Dat is wat voor een startup waarde creëert.

In deel 3 zullen wij technieken ontwikkelen waarmee Lean Startups kunnen groeien zonder in te boeten aan de snelheid en flexibiliteit die het levensbloed van elke startup vormen. In tegenstelling tot wat algemeen wordt gedacht, zijn apathie en bureaucratie niet het onvermijdelijke lot van bedrijven als zij eenmaal volgroeid zijn. Ik geloof dat met de juiste fundering Lean Startups kunnen uitgroeien tot Lean-ondernemingen die hun flexibiliteit, leergerichtheid en innovatiecultuur kunnen behouden, zelfs als zij groter worden.

In hoofdstuk 9 zullen we zien hoe Lean Startups voordeel kunnen hebben bij de tegen onze intuïtie indruisende krachten van kleinschaligheid. Net zoals de Lean-productie de benadering van just in time heeft gevolgd om producten te maken, waardoor de behoefte voor het aanhouden van een voorraad binnen het proces werd verkleind, maken Lean Startups gebruik van de zogenaamde just-in-timeschaalbaarheid, door het uitvoeren van productexperimenten zonder dat er vooraf grote investeringen in planning en ontwerp zijn gedaan.

In hoofdstuk 10 gaan we nader in op de meetmethoden die startups moeten gebruiken om inzicht te krijgen in hun groei naarmate zij nieuwe klanten werven en nieuwe markten ontdekken. Duurzame groei verloopt volgens een van deze drie groeimotoren: betaald, viraal of vast. Door vast te stellen welke groeimotoren een startup gebruikt, kan het vervolgens de energie daar aanwenden waar deze het meest effectief zal zijn in het laten groeien van het bedrijf. Elke motor heeft zijn eigen unieke manier van meten nodig om het succes van nieuwe producten te kunnen vaststellen en nieuwe experimenten te prioriteren. Wanneer dit wordt toegepast in samenhang met de methode *innovation accounting*, zoals beschreven in deel 2, zullen deze metingen startups in staat stellen om te ontdekken wanneer hun groei het risico loopt te stagneren en kunnen zij dienovereenkomstig bijstellen.

In hoofdstuk 11 laten we zien hoe een adaptieve organisatie kan worden opgebouwd door precies genoeg te investeren in processen om de teams behendig te houden naarmate zij groeien. We zullen ook bekijken hoe technieken die gebruikt worden bij de Lean-productiemethoden, zoals de vijf W's, startup-teams kunnen helpen groeien zonder dat zij bureaucratisch worden of slecht gaan functioneren. Ook zullen we aantonen hoe Lean-disciplines het mogelijk maken om de overgang te maken naar een gevestigd bedrijf dat gestoeld is op optimaal presteren op operationeel vlak.

In hoofdstuk 12 zijn we helemaal rond. Wanneer startups uitgroeien tot gevestigde bedrijven, krijgen zij te maken met dezelfde druk die bedrijven vandaag de dag dwingen om nieuwe manieren te vinden om te investeren in ontwrichtende innovaties. We zullen zien dat het voordeel van de snelle groei van een succesvolle startup is dat het bedrijf zijn eigen DNA kan behouden, zelfs als het volwassen wordt. Bedrijven moeten tegenwoordig leren om een managementportfolio te voeren van duurzame én ontwrichtende innovatie. De visie dat startups bepaalde fasen doorlopen waarbij zij vroegere werkzaamheden, zoals innovatie, achter zich laten is niet meer van deze tijd. Sterker nog, moderne bedrijven moeten juist heel goed zijn in tegelijkertijd zeer veel verschillende dingen doen. En om dat te kunnen, zullen we kijken naar technieken om innovatieteams te laten gedijen binnen de context van een gevestigd bedrijf.

Tot slot heb ik een epiloog toegevoegd met als titel 'Verspil niet', waarin ik een aantal van de bredere gevolgen van het succes van de Lean Startup-beweging bespreek en deze in een historische context plaats (inclusief de lessen die wij hebben kunnen trekken uit eerdere bewegingen) en doe ik enkele suggesties voor de richting die de beweging in de toekomst op kan gaan.

HOOFDSTUK 9

Houd het klein

In hun boek *Lean Thinking* vertellen James Womack en Daniel Jones een verhaal over het in enveloppen doen van nieuwsbrieven met behulp van de twee jonge kinderen van een van de auteurs. Elke enveloppe moest voorzien worden van een adres, een postzegel, gevuld worden met een nieuwsbrief en dichtgeplakt. De dochters, zes en negen jaar oud, wisten precies hoe ze het project moest aanpakken: "Pap, je moet eerst alle nieuwsbrieven vouwen. Dan moet je de stickers op de enveloppen plakken. En vervolgens de postzegels." Maar hun vader wilde het op een andere manier doen: elke enveloppe helemaal afmaken en dan de volgende doen. Zij – zoals de meesten van ons – dachten dat dat de verkeerde manier was en legde hem uit dat dat "helemaal niet efficiënt zou zijn!" Hij en zijn dochters namen elk de helft van de enveloppen en streden tegen elkaar om te zien wie het eerst klaar zou zijn.

Vader won de wedstrijd, en niet alleen omdat hij een volwassene is. Hij won omdat de benadering van één enveloppe tegelijk de snelste manier is om de klus te klaren, zelfs al lijkt dit inefficiënt. En dit is door diverse onderzoeken bevestigd, zelfs een die op video is opgenomen.[1] De benadering van één enveloppe tegelijk wordt in de productie-industrie ook wel de 'single piece flow' (stuksproductie) genoemd. Het werkt vanwege de verrassende kracht van kleine batches of partijen. Wanneer we werk doen dat in fasen verloopt, dan is de *batch size*, ofwel de omvang van de partij, de hoeveelheid werk die van de ene fase naar de andere gaat. Als we bijvoorbeeld honderd enveloppen vullen, zal de intuïtieve manier om dat te doen – eerst honderd brieven vouwen – een omvang hebben van honderd stuks. De stuksproductie wordt zo genoemd omdat het een omvang heeft van één stuk.

Waarom gaat de klus sneller wanneer we een enveloppe per keer afhandelen, zelfs al lijkt het alsof dit langzamer zou zijn? Omdat onze intuïtie er geen rekening mee houdt dat er extra tijd gaat zitten in het sorteren, opstapelen en verplaatsten van de grote stapels nog niet complete enveloppen wanneer het op de andere manier wordt gedaan.[2] Het lijkt efficiënter om dezelfde taak elke keer te herhalen, deels omdat wij verwachten dat we beter zullen worden in deze eenvoudige handeling als we die vaker doen. Helaas is het zo dat bij procesgeoriënteerde werkzaamheden zoals deze de individuele prestaties lang niet zo belangrijk zijn als de overkoepelende prestaties van het gehele systeem.

Zelfs als de hoeveelheid tijd die elk proces in beslag nam precies hetzelfde was, zou de benadering van de kleine batches toch beter zijn, om nog meer redenen die ook tegen de intuïtie ingaan. Stel je eens voor dat de brieven niet in de enveloppen zouden passen. Bij de benadering van de grote batches zouden we dat pas tegen het eind merken. Met kleinere batches zouden we dat meteen in de gaten hebben. En wat zou er gebeuren als de enveloppen stuk waren of niet zouden plakken? Als we met grote batches zouden werken, zouden we alle enveloppen moeten leeghalen, nieuwe moeten regelen en ze opnieuw vullen. Als we zouden werken met kleine batches, zouden we dit meteen merken en zouden we niets opnieuw hoeven doen.

Al deze dingen worden duidelijk bij een eenvoudig proces als het vullen van enveloppen, maar ze hebben veel directere en grotere gevolgen voor de werkzaamheden bij alle bedrijven, groot of klein. Bij de benadering met de kleine batches wordt elke paar seconden een compleet product afgeleverd, terwijl bij de benadering met de grote batches alle producten aan het eind tegelijkertijd worden afgeleverd. Stel je eens voor hoe dit eruit zou zien als de horizon uren, dagen of weken zou zijn. En wat als de klanten uiteindelijk beslissen dat zij het product helemaal niet willen? Met welk proces zou een bedrijf hier eerder achter kunnen komen?

Tientallen jaren geleden al hebben de fabrikanten die werken volgens de Lean-methode de voordelen van kleine batches ontdekt. In de economische setting van na de Tweede Wereldoorlog konden de Japanse autofabrikanten zoals Toyota niet concurreren met de grote Amerikaanse fabrieken, die gebruikmaakten van de nieuwste technieken voor massaproductie. Volgens deze intuïtief efficiënt lijkende manier van bouwen, bouwden de massaproducenten auto's door met steeds grotere batches te werken. Zij besteedden grote sommen geld aan de aanschaf van machines die auto-onderdelen bij tientallen, honderden of duizenden konden produceren. Door deze machines op volle toeren te laten draaien, konden zij de stukskosten van elk onderdeel terugdringen en auto's op de markt brengen die zeer goedkoop waren, zolang ze er maar allemaal hetzelfde uitzagen.

De Japanse automarkt was veel te klein voor bedrijven als Toyota om op zo'n grote schaal te werken; de Japanse bedrijven kwamen onder enorme druk te staan van deze massaproductie. En in de door de oorlog zwaar gehavende Japanse economie was er geen geld voor enorme investeringen in grote machines.

Tegen deze achtergrond vonden vernieuwers zoals Taiichi Ohno, Shigeo Shingo en anderen een manier om succesvol te zijn met kleinschaligheid. In plaats van grote specialistische machines aan te schaffen die duizenden onderdelen tegelijk konden maken, gebruikte Toyota kleinere machines die breder inzetbaar waren en die verschillende onderdelen konden produceren in kleine partijen. Dit vroeg wel om een manier om elke machine snel opnieuw te kunnen instellen, zodat die het juiste onderdeel op het juiste moment kon fabriceren. Door zich te richten op deze omschakeltijd, was Toyota in staat om complete auto's te produceren met gebruikmaking van kleinschalige productie gedurende het hele proces.

Het snel aanpassen van de machines was geen gemakkelijke opgave. Net zoals bij elke transformatie volgens de Lean-methode moesten systemen en hulpmiddelen vaak opnieuw worden uitgevonden om het werken met kleinere batches mogelijk te maken. Shigeo Shingo ontwikkelde het concept SMED (Single-Minute Exchange of Die) om te kunnen werken met kleinere batches. Hij was zo vasthoudend in het bedenken van nieuwe manieren waarop de machines werkten, dat hij in staat was om de omschakeltijd die voorheen uren bedroeg terug te brengen naar minder dan tien minuten. Hij deed dit niet door aan zijn medewerkers te vragen om harder te werken, maar door het werk dat moest worden gedaan opnieuw te formuleren en structureren. Elke investering in betere hulpmiddelen en in de processen resulteerde in een vermindering van de werkzaamheden voor elke batch.

Vanwege deze kleinschaligheid, was Toyota in staat om een veel grotere diversiteit aan producten te maken. Het was niet langer nodig dat alle producten precies hetzelfde waren om ze te produceren op een schaal die zo kenmerkend was voor massaproductie. Hierdoor kon Toyota kleinere, gefragmenteerde markten bedienen en nog steeds concurreren met massaproductie. Door de jaren heen stelde dit vermogen Toyota in staat om op een succesvolle manier steeds grotere markten te betreden, totdat het in 2008 de grootste autofabrikant ter wereld was.

Het grootste voordeel van kleinschaligheid is dat kwaliteitsproblemen sneller worden herkend. Dat is ook de oorsprong van Toyota's beroemde *andon*-koord, waaraan de aan lopende band werkende arbeiders kunnen trekken om hulp te vragen zo gauw zij een probleem opmerken, zoals een defect in een bepaald onderdeel. Als het probleem niet direct kan worden verholpen, komt hierdoor de gehele productielijn stil te liggen. Ook dit is wederom een zeer tegen de intuïtie indruisende manier van werken. Een lopende band werkt het best wanneer deze vloeiend gaat, waarbij telkens één auto van de band rolt. Wanneer het *andon*-koord wordt gebruikt, kan dit deze zorgvuldige stroom doorkruisen omdat de productielijn mogelijk herhaaldelijk moet worden stopgezet. Maar de voordelen van het sneller ontdekken en oplossen van problemen wegen op tegen de kosten. Dit proces van het blijven elimineren van fouten is een win-winsituatie gebleken voor zowel Toyota als zijn klanten. Het is ook de voornaamste reden voor Toyota's historische scores voor hoge kwaliteit en lage kosten.

Ondernemers en kleinschaligheid

Wanneer ik ondernemers deze methode bijbreng, begin ik vaak met het vertellen van enkele verhalen over fabricage. En ik zie dan al meteen de vragende blikken: wat heeft dit te maken met mijn eigen startup? De theorie die de basis heeft gelegd voor Toyota's succes kan ook worden gebruikt om de snelheid waarmee startups tot gevalideerd leren komen aanzienlijk te verbeteren.

Toyota ontdekte dat hun fabrieken door kleinschaligheid efficiënter werken. In tegenstelling daarmee is het doel van een Lean Startup niet om dingen op een efficiëntere manier te produceren, maar juist om – zo snel mogelijk – te leren hoe een duurzaam bedrijf kan worden opgebouwd.

Denk eens terug aan het voorbeeld van het vullen van de enveloppen. Wat nu als blijkt dat de klant het product dat wij aan het bouwen zijn niet wil? Hoewel dit voor een ondernemer altijd slecht nieuws is, is het veel beter om dit in een vroeg stadium te weten dan in een laat stadium. Het werken met kleine batches zorgt ervoor dat de startup de tijd en het geld die worden besteed en die inspanningen die worden gedaan, en die uiteindelijk een verspilling blijken te zijn, kan beperken.

Kleinschaligheid bij IMVU

Bij IMVU hebben wij deze lessen over productie toegepast op de manier waarop wij werken. Normaal gesproken worden nieuwe versies van producten zoals de onze maandelijks, elke drie maanden of eens per jaar aan klanten geleverd.

Kijk maar eens naar je mobiele telefoon. Het is zeer waarschijnlijk dat dit niet de eerste versie van dit product is. Zelfs innovatieve bedrijven als Apple produceren ongeveer elk jaar een nieuwe versie van hun belangrijkste typen telefoon. In zo'n nieuwe versie van een product zitten tientallen nieuwe features (bij de release van de iPhone 4 ging Apple er prat op dat er meer dan 1500 veranderingen waren).

Ironisch genoeg worden veel hightechproducten geproduceerd in moderne faciliteiten die werken volgens de laatste de Lean-methode, zoals kleine batches en de stuksproductie. Het proces echter dat wordt gebruikt om het product te ontwerpen stamt nog uit het tijdperk van de massaproductie. Denk eens aan alle veranderingen die in een product als de iPhone worden doorgevoerd; alle 1500 veranderingen worden in één grote batch aan de klanten uitgeleverd.

Achter de schermen, bij de ontwikkeling en het ontwerp van het product zelf, wordt nog steeds gewerkt met grote batches. Al het werk dat wordt besteed aan de ontwikkeling van een nieuw product vindt plaats aan een virtuele lopende band. Productmanagers onderzoeken welke kenmerken de klanten zeer waarschijnlijk zullen behagen; productontwerpers vogelen vervolgens uit hoe die kenmerken eruit moeten zien. Deze ontwerpen worden vervolgens doorgespeeld naar de ontwikkelaars, die iets nieuws bouwen of een bestaand product aanpassen. En wanneer dit eenmaal is gedaan geven ze het door aan iemand die verantwoordelijk is voor de controle op de werkzaamheid van het nieuwe product zoals de productmanagers en ontwerpers hebben bedoeld. Voor een product als de iPhone kunnen deze interne overdrachten misschien wel maandelijks of elke drie maanden plaatsvinden.

Denk nu eens terug aan het vullen van de enveloppen. Wat is de meest efficiënte manier om dit werk te doen?

Bij IMVU probeerden wij onze nieuwe voorzieningen een voor een te ontwerpen, te ontwikkelen en uit te leveren, om hiermee voordeel te hebben van de kracht van kleinschaligheid. En zo zag het er uit.

In plaats van te werken met verschillende afdelingen, werkten de ontwikkelaars en de ontwerpers naast elkaar samen aan telkens één voorziening. Wanneer die voorziening klaar was om te worden getest onder onze klanten, werd direct een nieuwe versie van het product via onze website beschikbaar gemaakt voor een klein aantal mensen. Het team kon zo direct zien wat het resultaat was van hun werk en de reactie van de klanten evalueren, waarna ze konden beslissen wat hun volgende stap zou zijn. Voor kleine veranderingen kon het gehele proces meermaals op een dag worden herhaald. Feit was dat IMVU gemiddeld elke dag vijftig veranderingen in zijn product aanbracht.

Net als bij het productiesysteem van Toyota is de sleutel tot zo snel kunnen werken het feit dat er direct op fouten wordt gecontroleerd, waarmee grotere problemen later in het traject worden voorkomen. Zo hadden wij bijvoorbeeld een reeks geautomatiseerde tests die ons verzekerden dat ons product na elke verandering nog steeds werkte zoals bedoeld. Laten we eens stellen dat een ontwikkelaar een belangrijke voorziening had verwijderd, zoals de check-outknop op een van onze pagina's van de webshop. Zonder deze knop konden klanten niets meer kopen van IMVU. Alsof ons bedrijf daarmee meteen tot een hobby was gedegradeerd. Analoog aan het *andon*-koord van Toyota, maakte IMVU gebruik van een uitgebreide verzameling verdedigingsmechanismen, die voorkwamen dat ontwikkelaars per ongeluk iets belangrijks zouden beschadigen.

Wij noemen dit ook wel ons immuunsysteem, omdat deze automatische bescherming veel verder ging dan controleren of het product zich gedroeg zoals verwacht. Ook hielden wij continu de gezondheid van ons bedrijf zelf in de gaten, zodat fouten automatisch werden opgespoord en geëlimineerd.

Als we nu teruggegaan naar ons voorbeeld van de ontbrekende check-outknop, kunnen we het probleem nog iets interessanter maken. Stel je eens voor dat in plaats van het helemaal verwijderen van deze knop, een ontwikkelaar de fout maakt de kleur van de knop te veranderen waardoor hij nu wit is op een witte achtergrond. Vanuit het oogpunt van de geautomatiseerde functionele tests, is de knop nog steeds aanwezig en werkt hij ook normaal; vanuit het oogpunt van de klant is de knop echter weg en kan dus niemand meer wat kopen. Deze categorie problemen is zeer lastig op te sporen met alleen automatisering, maar vanuit zakelijk oogpunt is het nog steeds rampzalig. Bij IMVU is ons immuunsysteem zo geprogrammeerd dat deze zakelijke gevolgen worden opgespoord en dat automatisch ons equivalent van het *andon*-koord wordt ingeschakeld.

Wanneer ons immuunsysteem een probleem ontdekt, gebeuren er direct een aantal dingen:

1. De foute aanpassing wordt direct en automatisch verwijderd.
2. Iedereen binnen het betrokken team wordt geïnformeerd over het probleem.
3. Het team mag niet langer nieuwe veranderingen doorvoeren, waarmee wordt voorkomen dat het probleem wordt vergroot door toekomstige fouten...
4. ... totdat de oorzaak van het probleem is opgespoord en hersteld. (Deze analyse om een oorzaak te achterhalen wordt nader besproken in hoofdstuk 11.)

Bij IMVU noemen wij dit *continuous deployment* (continue uitlevering) en zelfs in de snel veranderende wereld van softwareontwikkeling wordt dit nog steeds als controversieel beschouwd.[3] Naarmate de Lean Startup-beweging meer aanhangers kreeg, werd zij ook steeds vaker omarmd door startups, zelfs wanneer zij werkten met missiekritische toepassingen. Een van de meest in het oog springende voorbeelden is Wealthfront, waarvan we in hoofdstuk 8 hebben besproken hoe het zijn strategie heeft bijgesteld. Dit bedrijft werkt volgens *continuous deployment* in een door de officiële financiële autoriteiten gereguleerde omgeving – onder andere door het elke dag leveren van tientallen nieuwe versies aan zijn klanten.[4]

Continuous deployment (continue uitlevering) na de oplevering van de software

Wanneer ik dit verhaal vertel aan mensen die werkzaam zijn in een langzamere bedrijfstak, denken ze dat ik iets uit de toekomst beschrijf. Maar steeds vaker zien bedrijven dat een ontwerpproces wordt versneld door de onderliggende krachten die deze snelle aanpassingen in de software-industrie mogelijk maken. Er zijn drie manieren waarop dit gebeurt:

1. **Hardware wordt software.** Denk eens aan wat er is gebeurd met de consumentenelektronica. De nieuwste telefoon en tablets bestaan uit niet veel meer dan een scherm dat verbinding maakt met internet. Vrijwel al hun waarde wordt bepaald door de software. Zelfs bij producten die al heel lang gemaakt worden, zoals auto's, wordt de waarde voor een steeds groter deel bepaald door de software die zij in zich hebben, die alles beheerst, van het entertainmentsysteem tot het afstellen van de motor en de remmen. Dingen die kunnen worden gebouwd met software, kunnen veel sneller worden aangepast dan een fysiek of mechanisch apparaat.
2. **Snelle productieaanpassingen.** Vanwege het succes van de Lean-productiemethode worden veel lopende banden nu zo ingesteld dat elk nieuw product dat van de band afkomt op een rendabele manier geheel op maat is gemaakt, zonder dat de kwaliteit daaronder te lijden heeft. In het verleden is dit altijd gebruikt om de klanten een grote keuze aan producten te bieden, maar in de toekomst zullen ontwerpers van producten hierdoor veel sneller feedback kunnen krijgen over nieuwe versies van hun producten. Wanneer het ontwerp verandert, is er geen overtollige voorraad van de oude versie meer die de dingen kan vertragen. Omdat de machines snel kunnen worden aangepast, kunnen zodra het nieuwe ontwerp gereed is ook nieuwe versies van het product snel worden geproduceerd.
3. **3D-printen en hulpmiddelen om snel prototypes te maken.** Om slechts één voorbeeld te geven, de meeste producten en onderdelen van plastic komen tegenwoordig via massaproductie tot stand met behulp van een techniek die plasticinjectie wordt genoemd. Dit proces is zeer duur en tijdrovend om op te zetten, maar wanneer het eenmaal op gang is kan het honderdduizenden identieke artikelen tegen zeer lage kosten produceren. Het is een voorbeeld van de klassieke methode van grootschaligheid. Dit heeft ondernemers die een nieuw fysiek product willen ontwikkelen op achterstand gezet, omdat over het algemeen alleen grote bedrijven zulke grote productielijnen voor een product kunnen financieren. Nieuwe technologieën echter stellen ondernemers in staat om kleinere partijen van hun producten te maken, die van dezelfde kwaliteit

zijn als producten die tot stand zijn gekomen via plasticinjectie, maar tegen veel lagere kosten en veel, veel sneller.

De belangrijkste les die hieruit te trekken valt is niet dat iedereen nu opeens vijftig keer per dag moet gaan uitleveren, maar dat door de batches te verkleinen, we de cyclus van bouwen-meten-leren sneller kunnen doorlopen dan onze concurrenten. Het vermogen om sneller van klantfeedback te leren is een belangrijk concurrentievoordeel waarover startups moeten beschikken.

Kleine batches in de praktijk

Om te zien hoe dit proces in de praktijk werkt, introduceer ik graag een bedrijf uit Boise, Idaho met de naam SGW Designworks. SGW is gespecialiseerd in snelle productietechnieken voor fysieke producten. Veel van hun klanten zijn startups.

SGW Designworks werd in de arm genomen door een partij die door een militaire klant was gevraagd een complex röntgensysteem voor in het veld te ontwikkelen waarmee explosieven en andere destructieve apparaten in oorlogs- en grensgebieden konden worden opgespoord.

Volgens het concept bestond het systeem uit een geavanceerde unit die de röntgenfilm las, diverse panelen voor de röntgenfilm en het raamwerk rondom de panelen terwijl de film wordt belicht. De klant beschikte al over de technologie voor de panelen alsmede de röntgenunit, maar om het product ook in ruig militair terrein te kunnen gebruiken, moest SGW de ondersteunende structuur ontwerpen en leveren zodat de technologie ook in het veld bruikbaar was. Het raamwerk moest stabiel genoeg zijn om beelden van goede kwaliteit te garanderen en ook bestendig genoeg zijn voor gebruik in een oorlogsgebied. En daarnaast moest het na minimale instructie te bedienen zijn en ook klein genoeg om in een rugzak te passen.

Dit is precies zo'n product waarvan wij altijd dachten dat dat maanden of zelfs jaren zou duren om te ontwikkelen, maar met behulp van nieuwe technieken kan dit tijdspad worden bekort. SGW begon direct met het maken van de visuele prototypes door gebruik te maken van 3D CAD-software. De 3D-modellen konden voor SGW dienen als een middel om snel te communiceren met de klant, zodat in een vroeg stadium beslissingen ten aanzien van het ontwerp konden worden genomen.

Het team en de klant kozen gezamenlijk voor een ontwerp dat gebruikmaakte van een geavanceerd klapmechanisme, zodat het apparaat kon worden opgeklapt zonder dat dat ten koste ging van de stabiliteit. In het ontwerp was ook een zuignap/pomp-mechanisme opgenomen zodat het snel en herhaaldelijk aan de röntgenpanelen kon worden bevestigd. Klinkt ingewikkeld, niet?

Drie dagen later leverde het team van SGW het eerste fysieke prototype aan de klant. De prototypes waren op basis van het 3D-model direct uit het aluminium gemaakt, met behulp van een techniek die *computer numerical control* (CNC) heet, en werden met de hand door het team in elkaar gezet.

De cliënt nam de prototypes direct mee naar zijn militaire contact voor evaluatie. Het algehele concept werd akkoord bevonden, met slechts een aantal kleine aanpassingen in het ontwerp. In de daaropvolgende vijf dagen werd nogmaals een complete ontwerpcyclus doorlopen door de klant en SGW, met aanpassingen, een nieuw prototype en evaluatie van het ontwerp. De eerste veertig complete units die van de band kwamen waren drieënhalve week nadat het ontwikkelproject was begonnen klaar om te worden uitgeleverd.

SGW realiseerde zich dat dit een succesvol model was omdat de feedback op ontwerpbeslissingen vrijwel direct binnenkwam. Het team gebruikte hetzelfde proces om acht producten, met zeer diverse functionaliteit, te ontwerpen en af te leveren binnen een periode van twaalf maanden. De helft van deze producten is op dit moment winstgevend en de rest ligt te wachten op de eerste orders, allemaal dankzij de kracht van kleinschaligheid.

DE TIJDLIJN VAN HET PROJECT	
Ontwerp en ontwikkeling van het eerste virtuele prototype	1 dag
Productie en montage van eerste fysieke prototypes	3 dagen
Ontwerpaanpassingen: twee aanvullende cycli	5 dagen
Eerste productie en montage van de eerste veertig units	15 dagen

Kleinschaligheid in het onderwijs

Niet elke type product, in zijn huidige vorm, kan via kleinschaligheid worden aangepast. Maar dat is nog geen reden om te blijven vasthouden aan gedateerde methoden. Er moet veel werk worden verzet om vernieuwers in staat te stellen te experimenteren op kleine schaal. Zoals we in hoofdstuk 2 al hebben aangegeven, is het ontwikkelen van een platform om te kunnen experimenteren bij gevestigde bedrijven die hun innovatieteams sneller willen laten werken, de verantwoordelijkheid van het senior management.

Stel je eens voor dat je een docent bent die op een middelbare school wiskundeles geeft. Hoewel je de concepten in kleine beetjes – elke dag opnieuw – doceert, kan het lesprogramma voor het gehele jaar niet veel worden aangepast. Omdat je dit programma aan het begin van het jaar moet vaststellen en aan elke leerling in de klas dezelfde concepten in dezelfde volgorde moet onderwijzen, kun je slechts één keer per jaar een nieuw lesprogramma uitproberen.

Hoe kan een wiskundeleraar dan experimenteren met kleinschaligheid? Met het huidige systeem van grootschaligheid om leerlingen te onderwijzen, zou dat erg lastig zijn; ons huidige onderwijssysteem werd ontwikkeld in de tijd van de massaproductie en maakt intensief gebruik van grootschaligheid.

Een nieuwe lichting startups werkt er hard aan om dat allemaal te veranderen. Bij de School of One beschikken leerlingen over zogenaamde *playlists* (speellijsten) van hun leertaken die zijn afgestemd op de leerbehoeften van elke leerling, gebaseerd op hun leerstijl en waar elke afzonderlijke leerling op dat moment klaar voor is. Julia bijvoorbeeld, loopt voor op het schema wiskunde en leert het best in kleine groepjes, dus haar speellijst zou drie of vier video's kunnen bevatten die zijn afgestemd op haar niveau, een dertig minuten durende een-op-eensessie met haar leraar en beperkte groepsactiviteiten waarin ze werkt aan een wiskundesom met drie van haar medeleerlingen van hetzelfde niveau. Bij elke activiteit hoort ook een beoordeling zodat de leraar feedback krijgt en de juiste taken voor de volgende speellijst kan kiezen. Deze gegevens kunnen worden verzameld in meerdere klassen, scholen en zelfs voor de hele regio.

Stel je nu eens voor dat je met een lesprogramma probeert te experimenteren met behulp van een lesmethode zoals die van de School of One. Elke leerling werkt in zijn eigen tempo. Laten we eens aannemen dat jij een leraar bent die een nieuwe volgorde in gedachten heeft voor bepaalde wiskundige concepten die moeten worden onderwezen. Je kunt direct de impact van die verandering zien op de leerlingen die zich op dat punt in het programma bevinden. Als je vindt dat het een goede verandering is, zou je het direct op alle andere leerlingen kunnen toepassen; wanneer zij aan dat deel van het lesprogramma toekomen, krijgen zij automatisch de nieuwe volgorde voorgeschoteld. Met andere woorden, de lesmethode van de School of One stelt leraren in staat om kleinschaliger te werken, met alle voordelen van dien voor de leerlingen. (En naarmate methoden breder worden toegepast, kunnen succesvolle experimenten door afzonderlijke docenten worden uitgerold naar een regio, een provincie of zelfs het hele land.) Deze benadering heeft al veel resultaten geboekt en wordt ook geprezen. *Time Magazine* plaatste School of One onlangs op de lijst van meest innovatieve ideeën; het was de enige educatieve organisatie op die lijst.[5]

De dodelijke spiraal van grootschaligheid

Kleinschaligheid is een uitdaging voor managers die zijn vastgeroest in ouderwetse gedachten over productiviteit en vooruitgang, omdat zij geloven dat functionele specialisatie efficiënter is voor specialisten.

Stel je eens voor dat je een productontwerper bent die verantwoordelijk is voor een nieuw product en dat je dertig verschillende ontwerptekeningen moet leveren. Het lijkt dan waarschijnlijk het efficiëntst om in afzondering, helemaal op jezelf, te gaan werken om een voor een deze tekeningen te maken. En wanneer je vervolgens klaar bent met alle tekeningen, speel je deze door naar de ontwikkelaars die vervolgens hun werk doen. Met andere woorden, je werkt dan grootschalig.

Vanuit het oogpunt van individuele efficiëntie lijkt grootschaligheid een verstandige keuze. En het heeft nog meer voordelen: het stimuleert het opbouwen van vaardigheden, maakt het gemakkelijker om individuele personen verantwoordelijk te houden en, het allerbelangrijkst, stelt specialisten in staat om zonder onderbreking door te werken. Dat is in ieder geval de theorie. Maar helaas is de realiteit weerbarstiger.

Denk nog eens aan ons hypothetische voorbeeld. Nadat hij de ontwerptekeningen heeft overgedragen aan de ontwikkelaars, kan de ontwerper zijn aandacht richten op het volgende project. Maar vergeet de problemen die ontstonden tijdens het vullen van de enveloppen niet. Wat gebeurt er als de ontwikkelaars vragen hebben over de werking van de tekeningen? En wat als enkele van de tekeningen niet duidelijk zijn? En wat als er iets mis gaat wanneer de ontwikkelaars de tekeningen proberen te gebruiken?

Uiteindelijk zullen deze problemen resulteren in werkonderbrekingen voor de ontwerper, en zullen deze onderbrekingen een belemmering zijn voor de volgende grote batch waar de ontwerper aan zou moeten werken. Als de tekeningen opnieuw moeten worden gedaan, zitten de ontwikkelaars wellicht zonder werk terwijl zij zitten te wachten op de aangepaste tekeningen. Als de ontwerper niet beschikbaar is, moeten de ontwikkelaars wellicht de tekeningen zelf opnieuw maken. Dat is de reden waarom zo weinig producten ook daadwerkelijk worden gebouwd zoals ze waren ontworpen.

Wanneer ik samenwerk met productmanagers en ontwerpers bij bedrijven die werken op basis van grootschaligheid, zie ik vaak dat zij hun werk vijf of zes keer opnieuw moeten doen voor elke nieuwe versie van het product. Een productmanager waar ik mee samenwerkte werd zo vaak tijdens zijn werk onderbroken dat hij 's nachts naar kantoor kwam zodat hij ongehinderd kon doorwerken. Toen ik hem voorstelde om zijn manier van werken te veranderen van grote batches naar stuksproductie weigerde hij dat – want dat zou inefficiënt zijn! De intuïtie om met grote batches te moeten werken is zo sterk, dat zelfs wanneer grootschaligheid niet blijkt te werken, wij toch de schuld bij onszelf leggen.

Grote batches hebben de neiging om mettertijd groter geworden in. Omdat het doorschuiven van de batch vaak leidt tot extra werk, dingen opnieuw doen, vertragingen en onderbrekingen wil iedereen in nog grotere batches gaan werken in een poging om deze overhead te beperken. Dit wordt ook wel de 'dodelijke spiraal van grootschaligheid' genoemd, omdat anders dan bij fabricage er geen fysieke beperkingen zijn aan de maximale omvang van een batch.[6] Zo is het mogelijk dat de batches maar blijven groeien. Uiteindelijk zal één batch het project worden met de hoogste prioriteit, een zeer belangrijke nieuwe versie van het product, omdat het bedrijf er zo lang over heeft gedaan om een nieuwe versie te introduceren. Maar de managers worden nu eerst gestimuleerd om de batches groter te maken in plaats van het product uit te leven. Gezien de lange tijd dat het product in ontwikkeling is geweest, kunnen we toch net zo goed nog een probleem oplossen of een nieuwe voorziening toevoegen? En wie wil nu de manager zijn die het succes van deze grote aanpassing riskeert door niet eerst een mogelijke ernstige fout aan te pakken?

Ik werkte ooit bij een bedrijf dat aan het begin stond van deze dodelijke spiraal. We hadden al maanden lang gewerkt aan een nieuwe versie van een werkelijk te gek product. Over de oorspronkelijke versie was jaren gedaan en de verwachtingen voor de volgende versie waren bijzonder hoog. Maar hoe langer we werkten, hoe angstiger we voor de reactie van de klanten werden wanneer zij eindelijk kennis konden maken met de nieuwe versie. Naarmate onze klanten ambitieuzer werden, groeide ook het aantal fouten, conflicten en problemen dat we moesten oplossen. Al gauw kwamen we in een situatie terecht waarin we helemaal niets konden uitleveren. De introductiedatum leek steeds verder weg. En hoe meer werk we deden, hoe meer werk we nog moesten doen. Het niet kunnen leveren leidde uiteindelijk tot een crisis en een verandering in het management, allemaal vanwege de valkuil van grote batches.

De misvattingen over de omvang van batches zijn wijdverbreid. Apotheken van ziekenhuizen leveren vaak eenmaal per dag een grote partij medicijnen aan de verpleegafdelingen omdat dat efficiënt is (slechts één keer langs gaan, toch?). Maar veel van die medicijnen worden geretourneerd wanneer de recepten van patiënten wijzigen of wanneer patiënten worden overgeplaatst of ontslagen, met als gevolg dat de apotheek veel werk opnieuw moet doen en medicijnen opnieuw moet administreren (of zelfs weggooien). Door bijvoorbeeld elke vier uur kleine batches af te leveren zal de totale werklast voor de apotheek verminderen en zullen de juiste medicijnen wanneer nodig op de juiste plek aanwezig zijn.

Het verzamelen van afgenomen bloed voor het ziekenhuislab wordt elk uur gedaan. Het bloed wordt gedurende een uur bij meerdere patiënten afgenomen en vervolgens worden alle monsters tegelijk naar het lab verzonden of persoonlijk gebracht. Dit verhoogt de doorlooptijd voordat de testresultaten beschikbaar zijn en zal ook een negatieve invloed hebben op de kwaliteit van de tests. Het is inmiddels gebruikelijk dat ziekenhuizen kleine batches afgenomen bloed (van twee patiënten) of slechts het bloed van een patiënt elke keer naar het lab laten brengen, zelfs als daarvoor een of twee mensen extra moeten worden ingeschakeld om bloed af te nemen, omdat hiermee de totale kosten van het systeem omlaag gaan.[7]

Trekken, niet duwen

Laat we eens zeggen dat je wat rondrijdt en nadenkt over de voordelen van kleinschaligheid. Per ongeluk rijdt je een deuk in je nieuwe blauwe Toyota Camry uit 2011. Je gaat ermee naar de dealer om het te laten repareren en wacht op het slechte nieuws. De monteur vertelt je dat de bumper moet worden vervangen. Hij controleert de voorraad en zegt je dat hij een nieuwe bumper op voorraad heeft en dat ze de reparatie meteen voor je kunnen uitvoeren. Dat is voor iedereen goed nieuws – voor jou omdat je weer sneller over je auto kunt beschikken en voor de dealer omdat zij weer een blije klant hebben en niet het risico lopen dat je met je auto ergens anders heen gaat voor de reparatie. En ook hoeven zij jouw auto niet vast te houden of je een leenauto mee te geven terwijl zij wachten totdat het onderdeel is binnen gekomen.

Bij traditionele massaproductie is dé manier om te voorkomen dat het product dat de klant wil hebben niet voorhanden is, het aanhouden van een grote voorraad reserveonderdelen voor het geval dat. Het kan zijn dat de bumper van de blauwe Camry heel populair is. Maar hoe zit dat met het model van vorig jaar of het model van vijf jaar geleden? Hoe meer voorraad je aanhoudt, hoe groter de kans dat je het juiste product voor elke klant op voorraad hebt. Maar grote voorraden zijn duur omdat deze moeten worden vervoerd, opgeslagen en geadministreerd. En wat nu als de bumper uit 2011 een ontwerpfout blijkt te hebben? Alle exemplaren in alle magazijnen zijn dan direct een vorm van verspilling.

Bij de Lean-productiemethode wordt het probleem van geen voorraad hebben opgelost met een techniek die *pull* (trekken) wordt genoemd. Wanneer je je auto naar de dealer brengt ter reparatie, wordt er een blauwe bumper voor de Camry model 2011 gebruikt. Dit zorgt voor een 'gat' in de voorraad van de dealer, waarna er automatisch een melding wordt verzonden naar een lokaal bedrijf dat de voorraden aanvult, in dit geval het Toyota Parts

Redistribution Center (PRC), waar alle onderdelenleveranciers hun producten laten opslaan. Dit magazijn verstuurt een melding naar de fabriek waar de bumpers worden gemaakt om nog een extra bumper te produceren, die vervolgens wordt gefabriceerd en verscheept naar het PRC.

Het ideaal is om te werken met kleine batches, zelfs tot aan het niveau van stuksproductie, in de hele leveringsketen. Elke stap in de lijn 'trekt' het onderdeel dat het nodig heeft uit de vorige stap in het systeem. Dit is de beroemde just-in-timeproductiemethode van Toyota.[8]

Wanneer bedrijven overschakelen op deze manier van produceren worden hun magazijnen direct kleiner omdat de hoeveelheid benodigde voorraad, ook wel *work-in-progress* (WIP) genoemd, enorm wordt teruggebracht. Deze bijna magische inkrimping van de voorraad is de oorsprong van de naam Lean-productie, ofwel 'afgeslankte' of 'magere' productie. Het is alsof de gehele leveringsketen op dieet is gegaan.

Startups vinden het moeilijk om hun *work-in-progress*-voorraad voor zich te zien. Wanneer fabrieken te veel WIP hebben, stapelt de voorraad zich letterlijk op de vloer op. Omdat de meeste werkzaamheden van startups niet tastbaar zijn, zijn ze ook niet erg zichtbaar. Zo is al het werk dat besteed wordt aan het ontwerpen van een minimaal levensvatbaar product – tot het moment dat het product wordt uitgeleverd – niet meer dan WIP-voorraad.

Zo zijn alle onvolledige ontwerpen, nog niet gevalideerde aannames en de meeste bedrijfsplannen WIP. Bijna elke techniek van de Lean Startup-methode die wij tot nu toe hebben besproken verricht op twee manieren zijn wonderen: door het omzetten van *push* (duwen) in *pull* (trekken) en het beperken van de batchomvang. Beide hebben het netto-effect dat zij de WIP-voorraad terugdringen.

Bij fabricage wordt *pull* voornamelijk gebruikt om ervoor te zorgen dat de productieprocessen in lijn zijn met de vraag van de klanten naar een product. Zonder dit principe kan het zijn dat fabrikanten uiteindelijk veel meer – of veel minder – exemplaren van een product maken dan waar klanten echt behoefte aan hebben. Echter, het toepassen van deze benadering op het ontwikkelen van nieuwe producten is niet zo eenvoudig. Sommige mensen zien het Lean Startup-model ten onrechte als een eenvoudige manier om het principe van *pull* toe te passen op de klantbehoefte. Hierbij gaat men ervan uit dat klanten ons zouden kunnen vertellen welke producten wij moeten bouwen en dat dit het *pull*-signaal zou zijn voor productontwikkelteams om het product te maken.[9]

Zoals we eerder al hebben aangegeven is dit niet de manier waarop het Lean Startup-model werkt, omdat klanten vaak niet weten wat zij willen. Ons doel bij het ontwikkelen van producten is in staat zijn om experimenten uit te voeren die ons kunnen helpen bij het vergaren van kennis over hoe wij een duurzaam bedrijf kunnen opzetten. De juiste manier om het proces van productontwikkeling binnen het Lean Startup-model te beschouwen is dat het reageert op *pull*-verzoeken met experimenten die moeten worden uitgevoerd.

Zodra we een hypothese formuleren die wij willen gaan testen, moet het productontwikkelteam zo zijn opgezet dat het dit experiment zo snel mogelijk kan ontwerpen en uitvoeren, met gebruikmaking van de kleinst mogelijke batchomvang om de klus te klaren. Vergeet niet dat hoewel we de feedbackcyclus omschrijven als bouwen-meten-leren omdat de activiteiten in die volgorde plaatsvinden, onze planning in feite in de omgekeerde volgorde plaatsvindt: we stellen vast wat we moeten leren en werken dan terug om te bekijken welke product als experiment kan fungeren om dat leerproces tot stand te brengen. Daarmee is het dus niet de klant, maar eerder *onze hypothese over de klant* die het werk 'betrekt' (*pulls*) van productontwikkelaars en anderen. Al het andere werk is een vorm van verspilling.

Hypothese over het pullsysteem bij schone technologie

Om te zien hoe dit in de praktijk werkt, kijken we naar de startup Alphabet Energy uit Berkeley. Elke machine of elk proces dat energie genereert, of dat nu een motor in een fabriek is of een kolencentrale, produceert warmte als bijproduct. Alphabet Energy heeft een product ontwikkeld dat elektriciteit kan genereren uit deze verspilde hitte, met behulp van een nieuw soort materiaal, *thermoelectric* genaamd. Het thermo-elektrische materiaal van Alphabet Energy werd in een periode van tien jaar ontwikkeld door de wetenschappers van de Lawrence Berkeley National Laboratories.

Zoals met zo veel producten op het gebied van schone technologie zijn er grote uitdagingen wanneer men zo'n product op de markt wil brengen. Terwijl zij hun *leap-of-faith*-aannames doorliepen, kwam Alphabet Energy al gauw tot de ontdekking dat er voor het ontwikkelen van een oplossing voor verspilling middels thermo-elektriciteit niet alleen een hitteomvormer moest worden gebouwd, maar ook een apparaat om de hitte van het ene medium naar het andere over te brengen, en dat er dus specialistische kennis nodig was om dit te ontwikkelen. Als Alphabet Energy bijvoorbeeld een oplossing wilde bouwen voor een faciliteit zoals Pacific Gas en Electric, dan zou de hitteomvormer moet worden geconfigureerd, vormgegeven en geïnstalleerd om de hitte op te vangen die vrijkomt bij het uitlaatsysteem van een elektriciteitscentrale.

Wat Alphabet Energy zo uniek maakt is dat het bedrijf al vroeg in het onderzoeksproces een slimme beslissing nam. In plaats van gebruik te maken van zeldzame elementen als materiaal om mee te werken, besloten zij om hun onderzoek te richten op siliconenwafels, hetzelfde fysieke materiaal waar de CPU's van computers van worden gemaakt. Of zoals CEO Matthew Scullin het uitlegt: "Onze thermo-elektrische installatie is de enige die kan werken met een infrastructuur van goedkope halfgeleiders voor de productie." Hierdoor kon Alphabet Energy zijn producten op kleine schaal ontwerpen en bouwen.

Hier staat tegenover dat de succesvolste startups op het gebied van schone technologie in het begin aanzienlijke investeringen moeten doen. De producent van zonnepanelen SunPower moest zijn panelen in fabrieken produceren en een samenwerking aangaan met installateurs voordat ze volledig operationeel waren. BrightSource haalde 291 miljoen euro op om grootschalige centrales voor zonne-energie te bouwen zonder nog maar een Watt aan energie aan klanten te hebben geleverd.

In plaats van tijd en geld te moeten investeren in dure fabricagefaciliteiten, is Alphabet Energy in staat om haar voordeel te doen met de uitgebreide bestaande infrastructuur die siliconenwafels produceert voor computerelektronica. Het gevolg is dat Alphabet Energy de cyclus van een productconcept naar een fysieke versie in slechts zes weken helemaal kon worden volbrengen. De uitdaging lag voor Alphabet Energy in het vinden van de beste combinatie van prestaties, prijs en fysieke vorm die hun eerste klanten zou aanspreken. Hoewel de technologie mogelijk revolutionair is, zullen *early adopters* deze alleen gaan gebruiken als zij een duidelijk rendement op de investeringen zien.

Het leek wel zeker dat de meest logische markt voor de technologie van Alphabet Energy die van elektriciteitscentrales is en dat was inderdaad ook de aanvankelijke hypothese van het team. Alphabet Energy had de hypothese dat eenvoudige gasturbines een ideale toepassing zouden zijn; deze turbines, die lijken op de kale motoren van vliegtuigen, worden door aggregaten gebruikt om energie te leveren bij extreem grote vraag. Alphabet Energy ging ervan uit dat het verbinden van hun halfgeleiders met de turbines eenvoudig en goedkoop zou zijn.

Het bedrijf ging deze hypothese op kleine schaal testen door kleinschalige oplossingen te bouwen voor zijn klanten om daarvan te leren. Maar net als met zo veel oorspronkelijke ideeën, werd hun hypothese al gauw weerlegd. Elektriciteitsbedrijven hebben een lage tolerantie voor risico's, waardoor zij niet zo heel gauw *early adopters* zullen worden. Maar omdat er geen grootschalige benadering achter zat, kon Alphabet Energy al na drie maanden onderzoek de strategie gaan bijstellen.

Alphabet Energy heeft ook al diverse andere potentiële markten uitgesloten, wat geleid heeft tot een reeks bijstellingen gericht op klantsegmentatie. De inspanningen van het bedrijf richten zich nu op productiebedrijven, die de mogelijkheid hebben om te experimenteren met nieuwe technologieën in diverse onderdelen binnen een fabriek; hierdoor kunnen *early adopters* de echte voordelen bij gebruik in de praktijk beoordelen, voordat zij zich willen overgeven aan een brede toepassing. Bij deze eerste toepassingen worden ook andere aannames van Alphabet Energy getoetst. In tegenstelling tot de industrie van computerhardware zijn klanten niet bereid om de allerhoogste prijs te betalen voor de beste prestaties. Hierdoor bleken belangrijke veranderingen in het product van Alphabet Energy nodig, zodat de laagst mogelijke kosten per Watt konden worden gerealiseerd.

Al deze experimenten hebben het bedrijf slechts een fractie gekost van wat andere startups in de energie-industrie hebben gespendeerd. Tot op dit moment heeft Alphabet Energy ongeveer 1 miljoen euro weten te werven. De tijd zal leren of zij zullen blijven bestaan, maar dankzij de kracht van kleinschaligheid zullen zij in staat zijn om veel sneller tot de waarheid te komen.[10]

Het productiesysteem van Toyota is waarschijnlijk het meest

geavanceerde managementsysteem ter wereld, maar het is nog indrukwekkender dat Toyota de meest geavanceerde lerende organisatie in de geschiedenis heeft weten op te bouwen. Het heeft laten zien dat het in staat was om de creativiteit van zijn werknemers aan te wakkeren, consistente groei te realiseren en gedurende bijna een hele eeuw innovatieve nieuwe producten te produceren.[11]

Dit is het soort langetermijnsucces dat ondernemers zouden moeten ambiëren. Hoewel de technieken van Lean-productie krachtig zijn, zijn zij niet meer dan een manifestatie van een zeer goed functionerende organisatie die is toegewijd aan het neerzetten van de beste prestaties door op de lange termijn op de juiste manier de voortgang te meten. Processen zijn slechts de fundering waarop grote bedrijfsculturen kunnen ontstaan. Zonder deze fundering zullen inspanningen om leren, creativiteit en innovatie te stimuleren geen enkel effect hebben – zoals veel gedesillusioneerde hr-managers kunnen bevestigen.

De Lean Startup-methode werkt alleen als we in staat zijn om een organisatie op te bouwen die zich net zo snel kan aanpassen en net zo snel kan werken als de uitdagingen waarvoor het zich gesteld ziet. Dit betekent dat de menselijke uitdagingen die inherent zijn aan deze nieuwe manier van werken ook moeten worden aangepakt; dat is het onderwerp van de rest van deel 3.

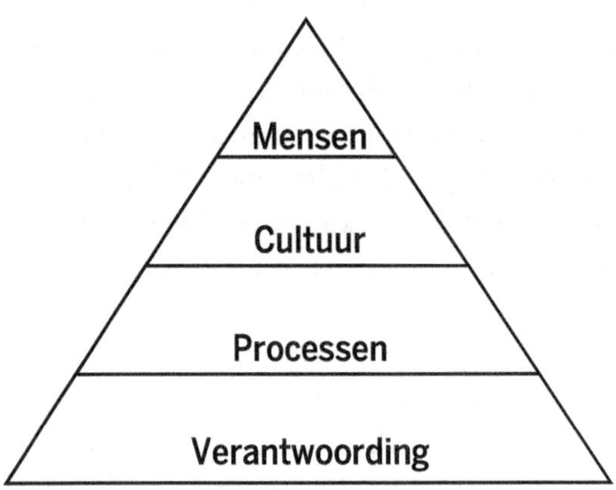

De startup

HOOFDSTUK 10

Groeien

Onlangs kwamen er op een dag twee startups naar mij toe voor advies. Hun bedrijven hadden niet meer van elkaar kunnen verschillen. Het eerste bedrijf is bezig met het ontwikkelen van een marktplaats waar handelaars in verzamelaarsobjecten met elkaar in contact kunnen treden. Het gaat hier om echte fans van films, Japanse anime en stripverhalen die ernaar streven om hun verzamelingen van speelgoed een ander promomateriaal van de figuren waar zij van houden te completeren. De startup wil de concurrentie aangaan met andere online marktplaatsen zoals eBay, maar ook met fysieke markten die gehouden worden op conventies en andere bijeenkomsten van fans.

De tweede startup verkoopt databasesoftware aan ondernemingen. Zij hebben een zeer geavanceerde databasetechnologie die producten van grote bedrijven zoals Oracle, IBM en SAP kan aanvullen of vervangen. Hun klanten zijn chief information officers (CIO's), IT-managers en ontwikkelaars bij enkele van 's werelds grootste organisaties. Het gaat hierbij om verkopen met een lange looptijd waarmee verkopers, ontwikkelaars, installatieondersteuning en onderhoudscontracten gemoeid zijn.

Ik zou het je vergeven als je denkt dat deze twee bedrijven helemaal niets met elkaar gemeen hebben, maar toch kwamen zij beide naar mij toe met exact hetzelfde probleem. Ze hadden allebei al hun eerste klanten binnengehaald en de omzet was veelbelovend. Ze hadden veel hypotheses in hun bedrijfsmodellen kunnen valideren en weerleggen en deden het uitstekend, gezien het pad dat zij voor hun product hadden uitgestippeld. Hun klanten hadden hen voorzien van een goede mix van positieve feedback en suggesties voor verbeteringen. Beide bedrijven hadden hun vroege succes aangewend om geld te werven bij investeerders van buitenaf.

Het probleem was dat geen van beide bedrijven groei vertoonde. Beide CEO's lieten mij vrijwel dezelfde grafieken zien, waaruit bleek dat de eerste groei was gestagneerd. En ze wisten niet waarom. Ze waren zich zeer bewust van de noodzaak om hun werknemers en investeerders te laten zien dat er vooruitgang werd geboekt en zij kwamen dan ook naar mij om advies in te winnen over hoe zij deze groei een stimulans konden geven. Moesten zij investeren in meer reclame en marketingcampagnes? Moesten zij zich meer richten op de kwaliteit van hun product of nieuwe voorzieningen? Moesten zij proberen om de conversiecijfers of de prijsstelling te verbeteren?

Het bleek dat beide bedrijven een zelfde soort groei vertoonden – en daardoor ook net zo verward waren over wat zij moesten doen. Ze maakten beide gebruik van dezelfde groeimotor, het onderwerp van dit hoofdstuk.

Waar komt groei vandaan?

De groeimotor is het mechanisme dat startups gebruiken om duurzame groei te bewerkstelligen. Ik gebruik het woord duurzaam om alle eenmalige activiteiten die een stroom klanten lokken en geen impact op de lange termijn hebben, uit te sluiten. Denk daarbij aan een eenmalige advertentie of een publiciteitsstunt die ingezet kan worden om een snelle groei te realiseren, maar die deze groei niet voor de lange termijn kan bewerkstelligen.

Duurzame groei wordt gekenmerkt door een duidelijke regel:

Nieuwe klanten komen als gevolg van het handelen van oude klanten.

Er zijn vier belangrijke manieren waarop klanten uit het verleden zorgen voor duurzame groei:

1. **Mond-tot-mondreclame.** In de meeste producten zit een natuurlijk niveau van groei verscholen, die wordt veroorzaakt door het enthousiasme van tevreden klanten voor het product. Toen ik bijvoorbeeld mijn eerste TiVO DVR kocht, bleef ik mijn vrienden en familie daar maar over vertellen. En al gauw had mijn hele familie er een.

2. **Als bijeffect van het gebruik van het product.** Mode of status, zoals het geval is bij luxegoederen, creëren een bepaald bewustzijn wanneer zij worden gebruikt. Wanneer je iemand ziet in de laatste mode of in een bepaalde auto ziet rijden, kun je gestimuleerd worden om dat product aan te schaffen. Dit geldt ook voor zogenaamde virale producten, zoals Facebook en PayPal. Wanneer een klant geld stuurt naar een vriend via PayPal, wordt deze vriend automatisch blootgesteld aan het product PayPal.
3. **Door betaalde advertenties.** De meeste bedrijven maken gebruik van reclame om klanten te verleiden hun product te gaan gebruiken. Om dit een bron van duurzame groei te maken, moet de reclame betaald worden uit de omzet en niet uit eenmalige bronnen zoals investeringskapitaal. Zolang de kosten van het werven van een nieuwe klant (de zogenaamde marginale kosten) minder zijn dan de omzet die deze klant genereert (de marginale omzet), kan het meerdere (de marginale winst) gebruikt worden om nieuwe klanten te werven. Hoe meer marginale winst, hoe sneller de groei.
4. **Door herhalingsaankopen of herhaald gebruik.** Sommige producten zijn ontworpen om herhaaldelijk te worden aangeschaft door bijvoorbeeld een abonnement (tv) of door vrijwillige herhalingsaankopen (dagelijkse boodschappen). Hiertegenover staan de vele producten en diensten die bedoeld zijn als eenmalige gebeurtenissen, zoals het organiseren van een bruiloft.

Deze bronnen van duurzame groei voeden de feedbackcycli die ik groeimotoren heb genoemd. Ze zijn allemaal als een verbrandingsmotor, die elke keer opnieuw draait. Hoe sneller de cyclus wordt doorlopen, hoe sneller het bedrijf zal groeien. Elke motor heeft een ingebouwde set meetmethoden die bepalen hoe snel een bedrijf kan groeien wanneer deze motor wordt geactiveerd.

De drie groeimotoren

In deel 2 hebben wij gezien hoe belangrijk het voor startups is om gebruik te maken van de juiste meetmethoden – *actionable metrics* – om de vooruitgang te kunnen evalueren. Dit laat echter ruimte voor een grote mate van variëteit als het gaat om wat er moet worden gemeten. Een van de duurste vormen van mogelijke verspilling voor een startup is dat er tijd wordt besteed aan het discussiëren over hoe de nieuwe ontwikkeling moet worden geprioriteerd wanneer er eenmaal een product op de markt is. Het bedrijf kan altijd energie investeren in het zoeken naar nieuwe klanten, het nog beter bedienen van bestaande klanten, het verbeteren van de algehele kwaliteit of het terugdringen van de kosten. Het is mijn ervaring dat discussies over dergelijke prioriteitsbeslissingen een groot deel van de beschikbare tijd van het bedrijf in beslag nemen.

Groeimotoren zijn ontworpen om startups een relatief kleine set meetmethoden aan te reiken waarop zij al hun aandacht kunnen richten. Of zoals een van mijn mentoren, de durfkapitalist Shawn Carolan, het zei, "Startups verhongeren niet, zij verdrinken." Er zijn altijd tig nieuwe ideeën over hoe het product kan blijven drijven, maar de harde werkelijkheid is dat de meeste van deze ideeën slechts marginale verschillen maken. Het gaat om optimaliseringen. Startups moeten zich richten op de grote experimenten die leiden tot gevalideerd leren. Het raamwerk met de groeimotoren helpt hen zich te blijven richten op die metingen die van belang zijn.

De aantrekkende groeimotor (sticky)

Hiermee zijn we terug bij de twee startups aan het begin van dit hoofdstuk. Allebei maken ze gebruik van precies dezelfde groeimotor, hoewel ze actief waren in verschillende bedrijfstakken. Beide producten zijn ontworpen om klanten voor lange tijd aan te trekken en te behouden. Het onderliggende mechanisme van die retentie is bij beide verschillend. Het bedrijf dat handelt in verzamelaarsobjecten heeft de visie om dé marktplaats te worden voor fanatieke verzamelaars. Dit zijn mensen die continu op zoek zijn naar de laatste artikelen en de beste deals. Als het product van het bedrijf werkt zoals ontworpen, zullen verzamelaars die het gaan gebruiken continu en herhaaldelijk gaan controleren of er nieuwe items te koop zijn en zullen zij ook hun eigen items te koop of te ruil aanbieden.

De startup die databases verkoopt is om een andere reden afhankelijk van herhaald gebruik. De databasetechnologie wordt alleen gebruikt als een fundament voor de eigen producten van hun klanten, zoals een website of een verkoopsysteem. Wanneer je een product opbouwt boven op een bepaalde databasetechnologie, is het heel erg lastig om op iets anders over te schakelen. In de IT-branche wordt ook wel gezegd dat zulke klanten vastzitten aan de leverancier die zij kiezen. Om een dergelijk nieuw product te laten groeien, moet het zeer overtuigende nieuwe voorzieningen bieden waardoor klanten bereid zijn om het risico te nemen om mogelijk voor een lange tijd gebonden te zijn aan een en dezelfde leverancier.

Beide bedrijven leunen daarom op een hoge retentie onder hun klanten. Zij hebben de verwachting dat wanneer je eenmaal hun product begint te gebruiken, je dat ook blijft gebruiken. Dezelfde dynamiek is terug te vinden bij providers van mobieletelefoondiensten: wanneer een klant zijn abonnement opzegt, betekent dat over het algemeen dat hij bijzonder ontevreden is of overschakelt op het product van de concurrent. Dit staat lijnrecht tegenover bijvoorbeeld de producten in een supermarkt. In de detailhandel kan de smaak van klanten fluctueren, en als een klant deze week Pepsi koopt in plaats van Coca-Cola, maakt dat niet zoveel uit.

Bedrijven die gebruikmaken van de aantrekkende groeimotor houden dan ook zeer zorgvuldig het verloop en de schommelingen bij. Deze *churn rate*, ofwel het aantal mensen dat afhaakt, wordt gedefinieerd als het aandeel klanten dat in een bepaalde periode niet betrokken blijft bij het product van het bedrijf.

De regels die bepalend zijn voor de aantrekkende groeimotor zijn zeer eenvoudig: als het aantal nieuwe klanten dat geworven wordt de *churn rate* overstijgt, zal het product groeien. De snelheid van deze groei wordt bepaald door wat ik de *rate of compounding*, de vergrotingsfactor, noem. Als deze factor hoog is zal dat leiden tot een zeer snelle groei – zonder reclame, virale groei of pr-stunts.

Helaas maakten beide startups gebruik van algemene indicatoren, zoals het totaal aantal klanten, om hun voortgang te meten. Zelfs hun *actionable metrics*, zoals het activeringcijfer en de opbrengst per klant, hielpen hen niet erg bij deze aantrekkende groeimotor, omdat deze variabelen weinig impact op de groei hebben. (Bij de aantrekkende groeimotor zijn zij beter geschikt om de waardehypothese te testen, zoals we in hoofdstuk 5 hebben besproken.)

Na onze bespreking hield een van de twee startups zich aan mijn advies om het klantgedrag te beïnvloeden door gebruik te maken van de aantrekkende groeimotor. De resultaten waren verbluffend: een retentie van 61 procent en 39 procent groei in het aantal nieuwe klanten. Met andere woorden, de *churn rate* en het aantal nieuwe klanten dat geworven werd hielden elkaar bijna perfect in balans, wat resulteerde in een vergrotingsfactor van slechts 0,02 procent – bijna nul dus.

Dat is kenmerkend voor bedrijven die het moeten hebben van de betrokkenheid van klanten en moeite hebben om te groeien. Een insider die tijdens de internethausse werkte bij het bedrijf PointCast maakte mij ooit duidelijk hoe dat bedrijf te lijden had onder een zelfde soort disfunctioneren. Toen PointCast moeite had om te groeien, was het nog steeds ongelooflijk succesvol in het werven van nieuwe klanten – net zoals deze startup met een aantrekkende groeimotor (90 procent in elke periode). Helaas werd deze groei tenietgedaan door een even grote *churn rate*. Wanneer de dingen eenmaal zo verlopen, is ook het goede nieuws meteen duidelijk: er zijn genoeg nieuwe klanten die de deur weten te vinden. De manier om groei te realiseren is je te richten op bestaande klanten en ervoor te zorgen dat zij meer betrokken blijven bij het product. Het bedrijf kan zich bijvoorbeeld richten op het verkrijgen van meer en betere vermeldingen. Hierdoor zouden klanten eerder geneigd zijn om vaker terug te komen. Ook zou het bedrijf een directere actie kunnen ondernemen, zoals het versturen van berichten over tijdelijke of speciale aanbiedingen. Hoe dan ook, de focus moet liggen op het verbeteren van de retentie. Dit gaat in tegen de algemene intuïtie dat als een bedrijf niet groeit, het meer moet investeren in verkoop en marketing. Dit tegen de intuïtie indruisende resultaat is heel lastig af te leiden uit de *vanity metrics* die zo standaard zijn.

De virale groeimotor (viral)

Sociale netwerken op internet en Tupperware zijn voorbeelden van producten waarvan klanten het grootste deel van de marketing voor hun rekening nemen. Bewustzijn van het product gaat razendsnel van persoon tot persoon, net zoals een virus een epidemie wordt. Dit is anders dan de eenvoudige mond-tot-mondreclame die voor groei zorgt zoals hierboven beschreven. Producten die een vorm van virale groei vertonen zijn afhankelijk van de overdracht van persoon tot persoon, als een onvermijdelijk gevolg van normaal gebruik van het product. Klanten handelen niet met opzet als promotors; en zij doen niet bewust hun best om over het product te vertellen. Groei vindt automatisch plaats als een bijeffect van het feit dat klanten het product gebruiken. Virussen zijn geen bewuste keuze.

Een van de grootste virale succesverhalen is bijvoorbeeld een bedrijf met de naam Hotmail. In 1996 introduceerden Sabeer Bhatia en Jack Smith een nieuwe webgebaseerde e-maildienst die klanten gratis accounts aanbood. Aanvankelijk verliep de groei erg langzaam; met slechts een kleine initiële investering van de durfkapitalisten Draper Fisher Juvetson kon het team van Hotmail zich geen uitgebreide marketingcampagne veroorloven. Maar alles veranderde toen zij een kleine aanpassing aan het product deden. Onder aan elk e-mailbericht plaatsten zij de boodschap 'P.S. Get your free e-mail at Hotmail' als een hyperlink.

Binnen enkele weken zorgde deze kleine productaanpassing voor overweldigende resultaten. Binnen zes maanden konden Bhatia en Smith meer dan 1 miljoen nieuwe klanten noteren. Vijf weken later waren dit er al 2 miljoen. Achttien maanden na de introductie van de dienst en met twaalf miljoen aanmeldingen verkochten zij het bedrijf aan Microsoft voor 400 miljoen euro.[1]

Hetzelfde gebeurt bij de beroemde tupperwareparty's waar klanten een commissie verdienen door het product te verkopen aan vrienden en buren. Elk verkooppraatje is een mogelijkheid om niet alleen Tupperware-producten te verkopen, maar ook om andere klanten te overtuigen vertegenwoordigers van Tupperware te worden. Tupperwareparty's zijn, tientallen jaren nadat zij zijn begonnen, nog steeds helemaal in. Veel andere hedendaagse bedrijven, zoals Pampered Chef (waarvan Warren Buffets Berkshire Hathaway eigenaar is), Southern Living en Tastefully Simple, hebben met succes hetzelfde bedrijfsmodel toegepast.

Net zoals de andere groeimotoren wordt de virale motor aangedreven door een feedbackcyclus die kan worden gekwantificeerd. Dit noemen wij de *virale cyclus* en de doorloopsnelheid ervan wordt bepaald door de wiskundige term *virale coëfficiënt*. Hoe hoger deze coëfficiënt is, hoe sneller het product zich zal verspreiden. De virale coëfficiënt meet hoeveel nieuwe klanten een product zullen gaan gebruiken als gevolg van de aanmelding van afzonderlijke nieuwe klanten. Met andere woorden, hoeveel vrienden brengt elke nieuwe klant met zich mee? Omdat elke vriend ook een nieuwe klant is, heeft hij ook een mogelijkheid om meer vrienden te werven.

Voor een product met een virale coëfficiënt van 0,1 geldt dat één op elke tien klanten een van zijn vrienden als nieuwe klant zal werven. Dat is geen vol te houden cyclus. Stel je eens voor dat er 100 klanten zijn die zich aanmelden. Dat levert slechts 10 nieuwe vrienden op die zich aanmelden. Die 10 vrienden zorgen ervoor dat nog een persoon zich aanmeldt, maar daarna zal de cyclus stoppen.

In tegenstelling daarmee zal een virale cyclus met een coëfficient die groter is dan 1,0 exponentieel groeien, omdat elke persoon die zich aanmeldt gemiddeld meer dan één persoon meeneemt.

In onderstaande grafiek zijn deze effecten grafisch weergegeven.

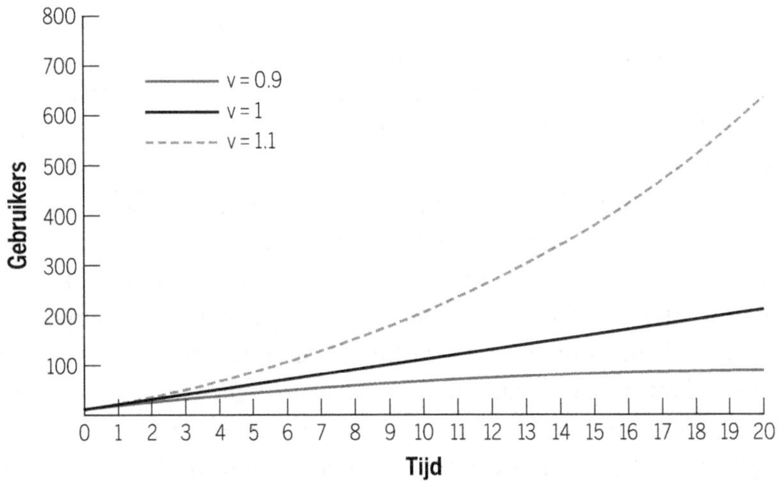

Bedrijven die steunen op de virale groeimotor moeten zich met name richten op het vergroten van de virale coëfficiënt, omdat zelfs kleine veranderingen in dit cijfer zeer grote gevolgen kunnen hebben voor hun toekomstverwachtingen.

Het gevolg hiervan is dat veel virale producten hun klanten niet direct laten betalen, maar dat zij vertrouwen op indirecte bronnen van inkomsten zoals reclame. Zij doen dat omdat virale producten het zich niet kunnen veroorloven dat het proces van klanten die zich aanmelden en vrienden werven wordt verstoord. Dit zorgt er ook voor dat het testen van de waardehypothese van virale producten een enorme uitdaging is.

De echte test van de waardehypothese is altijd een vrijwillige uitwisseling van waarde tussen klanten en de startup die hen bedient. Er ontstaat veel verwarring doordat deze uitwisseling van financiële aard kan zijn, zoals in het geval van Tupperware, of van niet-financiële aard zoals in het geval van Facebook. Bij de virale groeimotor is een financiële uitwisseling niet de reden voor groei; het is slechts nuttig als aanwijzing dat klanten het product genoeg waarderen om ervoor te willen betalen. Als Facebook of Hotmail direct al hun klanten hadden laten betalen, zou dat een domme beslissing zijn geweest omdat het hun vermogen om te groeien in de weg zou hebben gestaan. Maar het is echter niet waar dat klanten deze bedrijven niet iets van waarde geven: doordat zij hun tijd en aandacht schenken aan het product, maken zij dit product waardevol voor adverteerders. Bedrijven die advertenties verkopen bedienen eigenlijk twee groepen klanten – directe klanten en de adverteerders – en wisselen met elk van deze twee op een andere manier waarde uit.[2]

Dit verschilt duidelijk van bedrijven die op een actieve manier geld gebruiken om hun groei te financieren, zoals een winkelketen die net zo hard kan groeien als dat het de opening van nieuwe winkels op geschikte locaties kan financieren. Deze bedrijven maken gebruik van een geheel andere groeimotor.

De betaalde groeimotor (paid)

Laten we eens kijken naar een paar andere bedrijven. Het eerste bedrijf verdient 1 euro voor elke klant die zich aanmeldt, het tweede bedrijf verdient 100.000 euro voor elke klant die zich aanmeldt. Om te kunnen voorspellen welk bedrijf sneller zal groeien, hoeven we slechts nog één ding te weten: hoeveel het kost om een nieuwe klant zich te laten aanmelden.

Stel dat het eerste bedrijf gebruikmaakt van Google Adwords om nieuwe klanten te vinden en gemiddeld 0,80 euro betaalt voor elke klant die zich aanmeldt. Het tweede bedrijf verkoopt zware materialen aan grote bedrijven. In elke verkoop wordt door een verkoper behoorlijk wat tijd geïnvesteerd en ook is er op locatie technische hulp nodig om het product te installeren; deze vaste kosten tezamen bedragen 80.000 euro voor elke nieuwe klant. Deze twee bedrijven zullen in precies hetzelfde tempo groeien. Elk bedrijf heeft hetzelfde aandeel aan omzet (20 procent) beschikbaar om te herinvesteren in het werven van nieuwe klanten. Als de bedrijven hun groeicijfers willen verbeteren, kunnen ze dat op een van de twee volgende manieren doen: de omzet van elke klant verhogen of de kosten voor het werven van nieuwe klanten terugdringen.

Dat is de betaalde groeimotor in de praktijk.

Bij het verhaal over IMVU in hoofdstuk 3, had ik het erover hoe we in het begin een zeer grote fout maakten bij het bepalen van de strategie van het bedrijf. En uiteindelijk moesten we dan ook overstappen op een andere groeimotor. Aanvankelijk dachten wij dat onze strategie met de IM-add-on ervoor zou zorgen dat het product een virale groei zou doormaken. Maar helaas weigerden de klanten mee te gaan met deze briljante strategie.

Onze grootste misvatting was dat wij geloofden dat klanten bereid zouden zijn om IMVU te gebruiken als een aanvulling op bestaande netwerken voor instant messaging. Wij geloofden dat het product zich op een virale manier zou verspreiden door deze netwerken heen, dat het van klant naar klant zou gaan. Het probleem met die theorie is dat sommige soorten producten niet matchen met virale groei.

De klanten van IMVU wilden het product niet gebruiken met hun bestaande vrienden. Ze wilden het gebruiken om nieuwe vrienden te maken. Helaas betekende dat ook dat zij geen stimulans hadden om nieuwe klanten met het product te laten kennismaken; dat vonden ze ons werk. Gelukkig kon IMVU groeien door betaalde advertenties, omdat onze klanten bereid waren om meer voor ons product te betalen dan het ons kostte om hen te bereiken via reclame.

Net zoals de andere groeimotoren wordt de betaalde groeimotor ondersteund door een feedbackcyclus. Elke klant betaalt tijdens zijn 'leven met het product' een bepaald bedrag. Worden de variabele kosten in mindering gebracht, dan wordt dit ook wel de *lifetime value* (LTV) van de klant genoemd. Deze opbrengst kan in de groei worden geïnvesteerd door advertenties te kopen.

Stel, een advertentie kost 100 euro en zorg ervoor dat vijftig nieuwe klanten zich aanmelden bij de dienst. Deze advertentie heeft dan een *cost per acquisition* (CPA), ofwel kosten per acquisitie, van 2 euro. In dit voorbeeld is het zo dat als het product een LTV heeft die hoger is dan 2 euro, het product zal groeien. De marge tussen de LTV en de CPA bepaalt hoe snel de betaalde groeimotor zal draaien (dit wordt de marginale winst genoemd). Als de CPA echter 2 euro blijft en de LTV onder de 2 euro gaat uitkomen, zal de groei van het bedrijf vertragen. Het kan wellicht het verschil goedmaken met eenmalige tactieken zoals het gebruikmaken van geïnvesteerd kapitaal of publiciteitsstunts, maar dergelijke tactieken zijn niet lang vol te houden. Dit was ook het lot van vele mislukte bedrijven, waaronder vooraanstaande internetbedrijven, die ten onder gingen omdat zij abusievelijk dachten dat zij geld konden toeleggen op elke klant, en dat wel weer goed zouden kunnen maken met een groter volume.

Hoewel ik nu de betaalde groeimotor heb uitgelegd aan de hand van reclame, speelt er veel meer. Startups die gebruikmaken van een naar buiten gerichte verkooptactiek maken ook gebruik van deze motor, net zoals de detailhandelaren die het moeten hebben van klanten die fysiek hun winkel binnenkomen. Al deze kosten moeten worden meegenomen bij het berekenen van de CPA.

Zo ontwikkelde bijvoorbeeld een startup waarmee ik heb gewerkt zogenaamde samenwerkingshulpmiddelen voor teams en groepen. Het bedrijf maakte een vergaande bijstelling door, waarbij het overschakelde van een hulpmiddel dat voornamelijk door hobbyisten en kleine clubs werd gebruikt naar een dat uitsluitend werd verkocht aan ondernemingen, ngo's en andere zeer grote organisaties. Zij deden deze bijstelling, die gericht was op een bepaald klantensegment, echter zonder hun groeimotor te wijzigen. Eerder hadden zij online klanten geworven, met de hulp van webgebaseerde direct marketing. Ik kan mij nog een situatie uit het begin herinneren toen het bedrijf een verzoek kreeg van een grote ngo die het product wilde kopen en uitrollen over meerdere divisies. De startup had een prijsstelling voor 'onbeperkt' gebruik, de duurste optie, die slechts een paar honderd dollar per maand kostte. De ngo kon de aankoop niet doen omdat het geen procedures had voor het kopen van zoiets goedkoops. Daarnaast had de ngo behoorlijk wat hulp nodig bij het organiseren van de introductie bij andere divisies en moest het haar personeel instrueren over het gebruik van het nieuwe hulpmiddel en de impact van de verandering administreren; dat waren allemaal diensten waar het bedrijf niet goed voor was ingericht. Het bedienen van een ander klantensegment bracht de noodzaak met zich mee om aanzienlijk wat verkopers aan te stellen die congressen moesten bezoeken, leidinggevenden moesten trainen en geschreven artikelen moesten produceren. Maar die veel hogere kosten resulteerden ook in een overeenkomstige beloning: het bedrijf behaalde niet langer een omzet van een paar dollar per klant maar tientallen dollars en later zelfs enkele honderdduizenden dollars voor veel grotere klanten. Hun nieuwe groeimotor resulteerde in duurzaam succes.

De meeste manieren van klantenwerving zijn gevoelig voor concurrentie. Zo krijgen grote fysieke winkels veel meer klanten over de vloer en zijn daardoor ook veel waardevoller. Evenzo kost reclame die is gericht op de welgestelde klanten over het algemeen meer dan reclame die is gericht op het brede publiek. Deze prijzen worden bepaald door de gemiddelde waarde die gezamenlijk wordt verdiend door de bedrijven die concurreren om de aandacht van de klant. Het kost meer om rijke klanten te bereiken omdat zij uiteindelijk ook winstgevendere klanten zullen zijn.

Mettertijd zal elke vorm van klantenwerving de CPA doen stijgen als gevolg van deze concurrentie. Als iedereen in een bepaalde bedrijfstak hetzelfde zou verdienen bij elke verkoop, zullen zij uiteindelijk allemaal het grootste deel van hun marginale winst besteden aan acquisitie. Daarom zal het vermogen om te groeien met gebruikmaking van de betaalde groeimotor op de lange termijn een gedifferentieerde manier nodig hebben om aan bepaalde klanten geld te kunnen verdienen.

IMVU is een goed voorbeeld daarvan. Door andere online diensten werden onze klanten niet als erg lucratief gezien: er waren veel teenagers bij, volwassenen met een laag inkomen en internationale klanten. Andere diensten gingen ervan uit dat deze mensen hoe dan ook niet bereid waren online geld uit te geven aan een product. Bij IMVU ontwikkelden wij technieken voor het innen van online betalingen van klanten die niet beschikten over een creditcard, zoals ze belasten via hun mobiele telefoonrekening of het bieden van de mogelijkheid om ons contant geld per post te sturen. Op die manier konden wij meer geld dan onze concurrenten besteden aan het werven van juist die klanten.

Een waarschuwing van technische aard

Technisch gezien kan er meer dan één groeimotor actief zijn bij een bedrijf. Zo zijn er bijvoorbeeld producten die een zeer snelle virale groei vertonen, maar ook een bijzonder lage *churn rate* hebben. Bovendien is er geen reden waarom een product niet zowel grote marges als een grote retentie zou kunnen hebben. Het is echter mijn ervaring dat succesvolle startups zich doorgaans richten op slechts één groeimotor, en dat zij zich specialiseren in alles wat er voor nodig is om deze te laten slagen. Bedrijven die een manier proberen te vinden om alle drie de groeimotoren in te zetten, zorgen doorgaans voor veel verwarring omdat het zeer ingewikkeld is vanwege de expertise die ervoor nodig is om alle effecten allemaal tegelijk in goede banen te leiden. Daarom adviseer ik startups om zich vooral te richten op één groeimotor per keer. De meeste ondernemers hebben al een sterke *leap-of-faith*-hypothese over welke motor naar alle waarschijnlijkheid het best voor hun zal werken. Als dat niet het geval is, zal het niet lang duren voor zij inzicht krijgen in welke het winstgevendst zou kunnen zijn wanneer zij in contact treden met hun klanten. Pas nadat een groeimotor grondig is uitgeprobeerd moet een startup overwegen over te schakelen op een andere groeimotor.

Groeimotoren bepalen de geschiktheid van het product of de markt

Marc Andreessen, de legendarische ondernemer en investeerder en tevens een van de grondleggers van het internet, introduceerde de term *product/market fit*, geschiktheid van het product of de markt, om het moment te beschrijven waarop een startup eindelijk een grote groep klanten weet te vinden die reageert op zijn product:

In een grote markt – een markt met veel echte potentiële klanten – 'trekt' de markt de producten uit de startup. Dit is het verhaal van adverteren op basis van zoekwoorden, internetveilingen en TCP/IP-routers. In een slechte markt daarentegen kun je het beste product ter wereld en een fantastisch team hebben, maar dat maakt allemaal niets uit – je zult het niet redden.[3]

Wanneer je een startup tegenkomt die zijn plek in een grote markt heeft gevonden is dat zeer verheugend. Er is dan geen enkele twijfel. Het is als de T-Ford die de fabriek uitvliegt, Facebook dat in no time de universiteiten bestormt of Lotus dat in het allereerste jaar de zakenwereld verovert met een omzet van 54 miljoen euro met zijn Lotus 1-2-3-producten.

Startups vragen mij wel eens om hen te helpen bij het evalueren of zij een *product/market fit* hebben gerealiseerd. Dat is een gemakkelijk te beantwoorden vraag: als je het aan mij vraagt, ben je er duidelijk nog niet. Helaas helpt dit niet om bedrijven te leren ontdekken hoe zij daar dan dichterbij kunnen komen. Hoe weet je nu of je aan de rand van het succes staat of daar juist nog hopeloos ver van verwijderd bent?

Hoewel ik niet denk dat Andreessen dit als deel van zijn definitie zag, is voor veel ondernemers een bijstelling een teken van mislukking – "onze startup is er niet in geslaagd om de *product/market fit* te realiseren." Maar het impliceert ook het tegenovergestelde: wanneer ons product de *product-market fit* heeft bereikt, hoeven we niet meer bij te stellen. Beide aannames zijn onjuist.

Ik geloof dat het concept van de groeimotor het idee van *product/market fit* een betere basis kan bieden. Omdat elke groeimotor op kwantitatieve manier kan worden gedefinieerd, heeft elke motor ook een unieke set meetmethoden die kan worden gebruikt om vast te stellen of een startup op weg is naar het bereiken van de *product/market fit*. Een startup met een virale coëfficiënt van 0,9 of meer staat op het punt succesvol te worden. Beter nog, de metingen voor elke groeimotor werken nauw samen met het model van innovation accounting, zoals besproken in hoofdstuk 7, waarmee richting wordt gegeven aan de inspanningen die startups doen op het gebied van productontwikkeling. Als een startup bijvoorbeeld probeert om gebruik te maken van de virale groeimotor, kan het zijn productontwikkeling richten op dingen die het gedrag van klanten beïnvloeden – in de virale cyclus – en zonder problemen die dingen die dat niet doen negeren. Een dergelijke startup hoeft zich niet te specialiseren in marketing, reclame of verkoop. Een bedrijf dat echter gebruikmaakt van de betaalde groeimotor moet juist zo snel mogelijk de marketing- en verkoopfuncties ontwikkelen.

Een startup kan zelf vaststellen wanneer het dichter bij een *product/market fit* is als het zijn groeimotor afstelt op basis van evaluaties tijdens de feedbackcyclus van bouwen-meten-leren volgens het principe van innovation accounting. Daarbij zijn niet de ruwe cijfers of de *vanity metrics* het belangrijkst, maar de richting en de mate van vooruitgang.

Stel je eens twee startups voor die hard werken aan het afstellen van de aantrekkende groeimotor. Een van de startups heeft een samengestelde groei van 5 procent en de andere van 10 procent. Welk bedrijf doet het beter? Op het eerste gezicht lijkt het dat een hoger groeicijfer beter is, maar wat nu als de metingen ten aanzien van de innovatie eruitzien als in de volgende tabel?

SAMENGESTELDE GROEI	BEDRIJF A	BEDRIJF B
Zes maanden geleden	0,1%	9,8%
Vijf maanden geleden	0,5%	9,6%
Vier maanden geleden	2,0%	9,9%
Drie maanden geleden	3,2%	9,8%
Twee maanden geleden	4,5%	9,7%
Een maand geleden	5,0%	10,0%

Zelfs als je verder geen enkel inzicht hebt in de brutocijfers kunnen we zeggen dat bedrijf A daadwerkelijk vooruitgang boekt, terwijl bedrijf B dreigt vast te lopen. En dat is zelfs waar ondanks dat bedrijf B op dit moment sneller groeit dan bedrijf A.

Wanneer er geen groeimotoren meer zijn

De groeimotor van een startup aan de gang krijgen is al moeilijk genoeg, maar de werkelijkheid is dat elke groeimotor op een gegeven moment geen brandstof meer heeft. Elke motor is verbonden met een bepaalde groep klanten en hun gedrag, voorkeuren, marketingkanalen en onderlinge relaties. Op een gegeven moment is deze groep klanten verzadigd. Dat kan lang of kort duren, afhankelijk van de bedrijfstak en de timing.

In hoofdstuk 6 benadrukten we het belang van het ontwikkelen van een minimaal levensvatbaar product en dat het niet meer voorzieningen moet bevatten dan door de *early adopters* worden verlangd. Als deze strategie met succes wordt gevolgd, zal er een groeimotor beschikbaar komen die het doelpubliek kan bereiken. De overgang naar het brede klantenpubliek zal echter enorm veel extra werk vergen.[4] Als we eenmaal een product hebben dat groeit onder de *early adopters*, zouden we in theorie helemaal met productontwikkeling kunnen stoppen. Het product zou blijven doorgroeien totdat het de grenzen van deze vroege markt had bereikt. De groei zou dan steeds minder worden of zelfs tot stilstand komen. De uitdaging ligt nu in het feit dat deze vertraging pas na enkele maanden of zelfs jaren zal inzetten. In hoofdstuk 8 hebben we besproken hoe IMVU deze test niet doorstond, althans aanvankelijk, om precies deze reden.

Er zijn bedrijven die de pech hebben dat zij deze strategie volgen zonder enig succes. Omdat zij gebruikmaken van *vanity metrics* en de traditionele manier van *innovation accounting*, denken ze dat ze vooruitgang boeken als de cijfers omhoog gaan. Ten onrechte geloven zij dat zij hun product beter maken terwijl ze in feite geen enkele invloed hebben op het consumentengedrag. De groei komt alleen van de groeimotor die zijn werk doet – efficiënt draaien om nieuwe klanten te werven – en niet door verbeteringen die het gevolg zijn van productontwikkeling. En wanneer de groei dan langzaam afneemt, zorgt dit voor een crisis.

Dit is hetzelfde probleem dat gevestigde bedrijven tegenkomen. Hun successen in het verleden waren gestoeld op een goed afgestelde groeimotor. Als die motor gewoon blijft doorlopen en de groei neemt af of stopt, kan een crisis ontstaan als het bedrijf geen mogelijkheden voor nieuwe startups binnen zijn gelederen heeft die nieuwe bronnen van groei kunnen aanboren.

Bedrijven van welke omvang dan ook kunnen te maken krijgen met dit altijd op de loer liggende onheil. Zij moeten een reeks aan activiteiten beheren waarmee zij tegelijkertijd de groeimotor kunnen afstellen en nieuwe bronnen van groei kunnen ontwikkelen voor het geval de motor er op een gegeven moment mee ophoudt. Hoe zij dit kunnen doen wordt besproken in hoofdstuk 12. Maar voordat we al die activiteiten kunnen beheren, hebben we een organisatiestructuur, -cultuur en -discipline nodig die alle om kunnen gaan met deze snelle en vaak onverwachte veranderingen. Ik noem dit een *adaptive organization* (adaptieve organisatie) en het is het onderwerp van hoofdstuk 11.

HOOFDSTUK 11

Aanpassen

Toen ik CTO was bij IMVU, dacht ik dat ik meestal mijn werk goed deed. Ik had een flexibele organisatie van de technologische afdeling weten te maken en we experimenteerden met succes met de laatste technieken die later bekend zouden worden als de Lean Startup-methode. Maar verscheidene malen realiseerde ik mij dat ik mijn werk niet goed deed. Voor een prestatiegericht persoon als ik was dat behoorlijk ontnuchterend. En het ergste is nog dat niemand je er een memo over stuurt. Als dat wel het geval was, zou dat er ongeveer zo uitzien:

Beste Eric,
Gefeliciteerd! De baan die je bij dit bedrijf had bestaat niet meer. We hebben je echter overgeplaatst naar een nieuwe functie binnen het bedrijf. Eigenlijk is het niet meer hetzelfde bedrijf, hoewel het nog steeds dezelfde naam heeft en dezelfde werknemers. En hoewel de functienaam ook nog steeds hetzelfde is en je eigenlijk heel goed was in je vorige baan, doe je het in deze nieuwe eigenlijk nu al niet goed. Deze overplaatsing is namelijk zes maanden geleden ingegaan, dus deze memo dient om je erop te wijzen dat je al een tijdje niet goed presteert.

Veel succes!

Elke keer dat dit mij overkwam, wist ik niet goed wat ik moest doen. Ik wist dat naarmate het bedrijf groeide, we behoefte hadden aan aanvullende processen en systemen om het functioneren van het bedrijf op grotere schaal te coördineren. Daarentegen had ik ook gezien dat vele startups apathisch en bureaucratisch werden als gevolg van een misplaatste wens 'professioneel' te worden.

Het was voor IMVU geen optie om geen systeem te hebben en ook voor jou is dat geen optie. Er zijn zo veel manieren waarop een startup kan mislukken. Ik heb meegemaakt dat er te veel structuur was, waarbij men probeerde alle mogelijke problemen die zich zouden kunnen voordoen te voorkomen, met als enige resultaat dat het bedrijf te lang deed over het op de markt brengen van een product. Ook heb ik bedrijven zien mislukken door het tegenovergestelde, het zogenaamde Friendster-effect, wanneer een zeer groot technisch mankement zich voordoet juist op het moment dat de klanten het product massaal beginnen te omarmen. Voor iemand die leiding geeft aan een afdeling is dit resultaat het ergste wat je je kunt indenken, omdat de fout niet alleen enorm in het oog springt, maar ook is toe te schrijven aan een enkele functie of afdeling – die van jou. Niet alleen zal het bedrijf mislukken, het is nog jouw schuld ook.

Vaak is het advies dan om een benadering van 'deel het verschil' toe te passen (zoals in 'doe een beetje aan planning, maar niet te veel'). Het probleem met deze halfzachte benadering is dat het heel lastig is om een duidelijke reden te geven waarom wij moeten inspelen op een bepaald probleem en een ander moeten negeren. Het kan voelen alsof de baas wispelturig of willekeurig handelt, en dat geeft weer voeding aan het algemene gevoel dat er achter de beslissingen van het management een ander motief ligt.

Voor degenen die op deze manier gemanaged worden, zijn de prikkels duidelijk. Als de baas 'het verschil wil delen' is de beste manier om hem te beïnvloeden en te krijgen wat je wilt een zo extreem mogelijke positie innemen. Als bijvoorbeeld één groep een voorstander is van zeer lange cycli tussen het introduceren van nieuwe productversies, bijvoorbeeld eens per jaar, dan zou je kunnen wedijveren voor een zeer korte cyclus (bijvoorbeeld elke week of zelfs dagelijks), in de wetenschap dat deze twee opvattingen zullen worden gemiddeld. Dus wanneer het verschil wordt gedeeld, is de kans groter dat het resultaat sowieso dichter ligt bij wat jij wilde. Helaas is het zo dat een dergelijke strijd vaak escaleert. Rivalen aan de andere kant zullen zeer waarschijnlijk dezelfde tactiek toepassen. Mettertijd zal iedereen de meest extreme positie innemen, waardoor het delen van het verschil steeds lastiger wordt en ook steeds minder succesvol zal zijn. De managers moeten de verantwoordelijkheid nemen voor het bewust of onbewust creëren van zulke prikkels. Hoewel het niet de bedoeling was een dergelijke vergaande organisatie te belonen, is dat precies wat zij doen. Om uit deze valkuil te komen is een andere manier van denken nodig.

Het opbouwen van een adaptieve organisatie

Moet een startup investeren in trainingsprogramma voor nieuwe werknemers? Als je me dat een paar jaar geleden had gevraagd, zou ik je hebben uitgelachen en hebben gezegd, "Absoluut niet. Trainingsprogramma's zijn voor grote bedrijven die ze kunnen betalen." Maar bij IMVU hadden we uiteindelijk een trainingsprogramma opgebouwd dat zo goed was, dat nieuwelingen al op hun eerste werkdag productief waren. Binnen een paar weken leverden deze werknemers al op zeer hoog niveau hun bijdrage. Het vergt te veel om de werkprocessen te standaardiseren en een lesprogramma op te stellen van de concepten die nieuwe werknemers zouden moeten leren. Elke nieuwe productontwikkelaar kreeg een mentor toebedeeld, die de nieuwe werknemer zou helpen bij het doorlopen van een trainingsprogramma over systemen, concepten en technieken die hij nodig zou hebben om productief te zijn bij IMVU. De prestaties van de mentor en zijn leerling waren gekoppeld, waardoor de mentoren deze training heel serieus namen.

Wanneer ik terugkijk op dit voorbeeld, is het interessant om te zien dat we nooit bewust hebben besloten dat we een fantastisch trainingsprogramma moesten gaan opzetten. Het trainingsprogramma ontstond op een organische manier vanuit een methodische benadering om onze eigen processen verder te ontwikkelen. Dit ontwikkelingsproces was continu onderwerp van experimenteren en herzien zodat het steeds effectiever werd – en ook een minder grote last.

Ik noem dit het opbouwen van een *adaptieve organisatie*, een organisatie die automatisch zijn processen en prestaties aanpast aan de huidige omstandigheden.

Kun je ook te snel gaan?

Tot nu toe hebben we in dit boek de nadruk gelegd op het belang van snelheid. Startups bevinden zich in een strijd op leven en dood om te leren hoe zij een duurzaam bedrijf kunnen opbouwen voordat hun bronnen op zijn en ze sterven. Je uitsluitend richten op snelheid zou echter destructief zijn. Om te functioneren hebben startups ingebouwde snelheidsregelaars nodig die teams helpen bij het vinden van het ideale tempo voor hun werkzaamheden.

We zagen al een voorbeeld van snelheidsregulering in hoofdstuk 9, toen we het *andon*-koord bespraken, zoals dat wordt gebruikt bij systemen van *continuous deployment* (continue uitlevering). Het wordt samengevat in de paradoxale slogan van Toyota, "Stop de productie zodat de productie nooit stil komt te staan." Het belangrijkste aspect van het *andon*-koord is dat het de werkzaamheden stopt zodra er een onherstelbaar kwaliteitsprobleem optreedt – waardoor men gedwongen wordt dit te onderzoeken. Dit is een van de allerbelangrijkste ontdekkingen van de Lean-productiebeweging: je kunt kwaliteit niet inwisselen voor tijd. Als je op dit moment kwaliteitsproblemen veroorzaakt (of niet opmerkt), zullen de gebreken die daaruit voortkomen in een later stadium de processen gaan vertragen. Gebreken zorgen ervoor dat er veel werk opnieuw moet worden gedaan, dat de stemming slechter wordt en klanten gaan klagen, dingen die er allemaal toe bijdragen dat de vooruitgang afneemt en waardevolle bronnen moeten worden aangesproken.

Tot nu toe heb ik verwezen naar fysieke producten om deze problemen te omschrijven, maar dat heb ik slechts voor het gemak gedaan. Bedrijven die diensten verlenen krijgen te maken met dezelfde uitdagingen. Vraag maar eens aan een manager van een bedrijf dat trainingen verzorgt, personeel levert of evenementen organiseert om je het draaiboek te laten zien waarin precies staat uitgelegd hoe werknemers onder diverse omstandigheden hun dienst moeten verlenen. Wat wellicht ooit begonnen was als een eenvoudige leidraad groeit mettertijd op een onverbiddelijke manier uit tot iets veel groters.

Al gauw zal blijken dat het ongelooflijk ingewikkeld is om de juiste richting te vinden en werknemers hebben veel tijd en energie gestopt in het leren van de regels. Maar stel je nu eens een ondernemende manager voor in een dergelijk bedrijf dat probeert te experimenteren met procedures. Hoe hoger de kwaliteit van het bestaande draaiboek, hoe gemakkelijker het zal zijn om dit mettertijd aan te passen. Een draaiboek van lage kwaliteit zal vol staan met tegenstrijdige of ambigue regels die voor verwarring zorgen als er ergens iets verandert.

Wanneer ik ondernemers met een technische achtergrond de Lean Startup-methode bijbreng, is dit voor hen een van de moeilijkste concepten. Aan de ene kant is er de logica van gevalideerd leren en het minimaal levensvatbare product die zegt dat we zo snel mogelijk een product in handen van de klant moeten krijgen en dat al het werk dat we meer doen dan wat nodig is om te leren van onze klanten, verspilling is. Aan de andere kant is er de feedbackcyclus van bouwen-meten-leren als een continu proces. We stoppen niet na één minimaal levensvatbaar product, maar gebruiken wat we hebben geleerd om meteen aan de slag te gaan voor de volgende aanpassing.

Daarom zullen we als we vandaag de pas afsnijden ten aanzien van productkwaliteit, ontwerp of infrastructuur uiteindelijk het bedrijf in een later stadium mogelijk vertragen. Je kunt deze paradox in actie zien bij IMVU. In hoofdstuk 3 hebben we het gehad over hoe we uiteindelijk een product aan de klanten leverden dat vol zat met gebreken, waar voorzieningen aan ontbraken en wat een slecht ontwerp had. De klanten wilden het product niet eens proberen en veel van ons werk moest toen worden afgedankt. Het is goed dat we toen niet veel tijd hebben verspild aan het repareren van die gebreken om zo de eerste versie op te poetsen.

Maar omdat wij door ons leerproces in staat waren om producten te ontwikkelen die de klanten wél wilden, kregen we te maken met vertragingen. Wanneer het om een product van lage kwaliteit gaat, kan dit het leren in de weg staan wanneer de defecten klanten ervan weerhouden om de voordelen van het product te ervaren (en daar feedback over te geven). In het geval van IMVU waren de doorsneeklanten aan wie wij het product aanboden veel minder vergevingsgezind dan de *early adopters* waren geweest. En hoe meer we aan het product toevoegden, hoe lastiger het werd om er nog meer aan toe te voegen omdat het risico bestond dat een nieuwe voorziening een bestaande in de weg zou zitten. Dezelfde dynamiek komt voor bij een dienstverlenend bedrijf, omdat nieuwe regels mogelijk kunnen conflicteren met bestaande regels, en hoe meer regels er zijn, hoe groter de kans op conflicten.

IMVU heeft de technieken uit dit hoofdstuk gebruikt voor schaalvergroting en om kwaliteit te leveren volgens de just-in-timemethode.

De wijsheid van de 'vijf waarom-vragen'

Om te kunnen versnellen hebben Lean Startups een proces nodig dat een natuurlijke feedbackcyclus biedt. Wanneer je te snel gaat, veroorzaak je meer problemen. Adaptieve processen dwingen je om het kalmer aan te doen en te investeren in het voorkomen van het soort problemen dat op dit moment zorgt voor een verspilling van tijd. Naarmate deze maatregelen hun vruchten afwerpen, zal vanzelf weer een versnelling worden ingezet.

Laten we eens teruggaan naar de vraag of het goed is om een trainingsprogramma te hebben voor nieuwe werknemers. Zonder zo'n programma zullen nieuwe werknemers, als zij nog in de leercurve zitten, fouten maken die de assistentie of interventie vereisen van andere teamleden, waardoor iedereen wordt vertraagd. Hoe beslis je nu of de investering in training het voordeel van de snelheid als gevolg van minder onderbrekingen waard is? Om het antwoord op deze vraag van bovenaf te vinden is een hele uitdaging, omdat daarvoor een schatting van twee geheel onbekende waarden nodig is: hoeveel kost het om een onbekend programma te ontwikkelen tegenover een onbekend voordeel dat je misschien zult hebben. Sterker nog, de traditionele manier om deze beslissingen te nemen is er een van grootschalig denken. Een bedrijf heeft ofwel een uitgebreid trainingsprogramma of niet. Totdat ze het rendement op de investering bij het ontwikkelen van een volledig programma kunnen verantwoorden, doen de meeste bedrijven over het algemeen helemaal niets.

Het alternatief is om het systeem van de vijf W's te gebruiken om zo kleine investeringen te doen en geleidelijk de processen van de startup te ontwikkelen. De kern van het idee van de vijf W's is investeringen direct te koppelen aan het voorkomen van de meest problematische symptomen. Het systeem ontleent zijn naam aan de onderzoekersmethode van het vijf keer de vraag 'Waarom?' stellen om te begrijpen wat er is gebeurd (de voornaamste oorzaak achterhalen). Als je ooit de vraag hebt moeten beantwoorden van een wijs kind dat wil weten 'Waarom de hemel blauw is?' en na elk antwoord blijft vragen 'Waarom?', dan weet je waar het over gaat. Deze techniek werd ontwikkeld door Taiichi Ohno, de bedenker van het Toyota-productiesysteem, als een hulpmiddel om op een systematische manier problemen op te lossen. Om het te gebruiken binnen het Lean Startup-model heb ik een paar wijzigingen aangebracht die specifiek gericht zijn op startups.

Aan de basis van elk ogenschijnlijk technisch probleem ligt een menselijk probleem. Vijf keer waarom vragen biedt een mogelijkheid om te ontdekken wat dat menselijke probleem kan zijn. Taiichi Ohno geeft het volgende voorbeeld:

1. Waarom stopt de machine? (Hij was overbelast en de zekering vloog er uit.)
2. Waarom raakte hij overbelast? (De lagers waren niet goed gesmeerd.)
3. Waarom waren de lagers niet goed gesmeerd? (De smeerpomp pompte niet genoeg.)
4. Waarom pompte de pomp niet genoeg? (De schacht van de pomp was versleten en rammelde.)
5. Waarom was de schacht versleten (Er was geen filter waardoor er metaaldeeltjes in terechtkwamen.)

Door op deze manier vijf keer de vraag 'waarom' te stellen, kan de oorsprong van het probleem worden ontdekt en gecorrigeerd. Als deze procedure niet in zijn geheel wordt doorlopen, zou het zo kunnen zijn dat alleen de zekering of de schacht van de pomp wordt vervangen. In dit geval zou het probleem zich dan binnen een paar maanden weer voordoen. Het Toyota-productiesysteem is ontwikkeld op basis van de ervaringen en evolutie van deze wetenschappelijke benadering. Door vijf keer de waarom-vraag te stellen en te beantwoorden, komen we uit bij de echte oorzaak van het probleem, die vaak verscholen ligt achter meer zichtbare symptomen.[1]

Merk op dat zelfs in Ohno's relatief eenvoudige voorbeeld de echte oorzaak van het probleem ver afligt van een technisch mankement (een gesprongen zekering) en meer richting een menselijke fout komt (iemand was vergeten om een filter te monteren). Dit is zeer kenmerkend voor de meeste problemen waar startups mee te maken krijgen, in wat voor bedrijfstak zij ook actief zijn. Als we nu teruggaan naar ons voorbeeld van een dienstverlenend bedrijf, kunnen de meeste problemen die aanvankelijk individuele fouten lijken, worden herleid tot problemen in training of in het oorspronkelijke draaiboek voor de dienst die moet worden geleverd.

Ik zal hierna aangeven hoe wij met de methode van de 'vijf

waarom-vragen' in staat waren de training van onze werknemers te ontwikkelen. Probeer je eens voor te stellen dat wij bij IMVU opeens klachten begonnen te krijgen van klanten over een nieuwe versie van het product die wij zojuist hadden vrijgegeven.

1. Een nieuwe versie zorgde ervoor dat klanten een bepaalde optie niet meer konden gebruiken. Waarom? Omdat een bepaalde server niet werkte.
2. Waarom werkte de server niet? Omdat een onopvallend subsysteem op de verkeerde manier werd gebruikt.
3. Waarom werd dit op de verkeerde manier gebruikt? De technicus die het gebruikte wist niet hoe hij het op de juiste manier moest gebruiken.
4. Waarom wist hij dat niet? Omdat het hem nooit was geleerd.
5. Waarom was het hem nooit geleerd? Omdat zijn manager niet gelooft in het trainen van nieuwe technici omdat hij en zijn team 'het veel te druk hebben'.

Wat begon als een puur technische fout bleek al snel te gaan om een zeer menselijk probleem op managementniveau.

Een proportionele investering doen

Op de volgende manier kan een analyse volgens de methode van vijf keer vragen waarom bijdragen aan het ontwikkelen van een adaptieve organisatie: doe consequent een proportionele investering op elk van de vijf niveaus van de hiërarchie. Met andere woorden, de investering moet kleiner zijn wanneer het symptoom kleiner is en groter wanneer het symptoom erger is. We doen geen grote investeringen in preventie, tenzij we te maken hebben met grote problemen.

In het voorbeeld hierboven is het antwoord om de server te repareren, het subsysteem aan te passen zodat het minder foutgevoelig is, de technicus te trainen en inderdaad ook een gesprek te voeren met de manager van deze technicus.

Dit laatste, het gesprek met de manager, is altijd lastig, met name bij startups. Toen ik manager was bij een startup had ik je, wanneer je mij gezegd had dat ik moest investeren in het trainen van mijn mensen, gezegd dat dat een verspilling van tijd was. Er waren altijd veel te veel dingen die moesten worden gedaan. En waarschijnlijk zou ik iets hebben gezegd als "Natuurlijk, ik zou dat graag doen – als jij mij acht weken vrij geeft om het op te zetten." Dat is managerstaal voor "Vergeet het maar".

Dat is ook waarom de benadering van de proportionele investering zo belangrijk is. Als het probleem slechts iets kleins is, is het belangrijk ook slechts een kleine investering te doen om het op te lossen. Laten we beginnen met het eerste uur van het programma van acht weken. Dat lijkt misschien niet veel, maar het is een begin. Als het probleem zich weer voordoet, zal het wederom vragen waarom ook betekenen dat we doorgaan met het maken van vorderingen. Als het probleem zich niet meer voordoet, is er met dat ene uur niets verloren.

Ik heb het voorbeeld van een training van technici gebruikt omdat dat bij IMVU iets was waarin ik niet graag wilde investeren. Aan het begin van ons avontuur dacht ik dat we al onze energie moesten richten op het ontwikkelen en aan de man brengen van ons product, maar toen we eenmaal een periode waren ingegaan waarin we veel nieuw personeel aannamen, maakte het herhaaldelijk toepassen van de methode van de 'vijf waarom-vragen' ons duidelijk dat problemen die veroorzaakt werden door een gebrek aan training onze productontwikkeling afremden. Maar op geen enkel moment lieten wij alles uit onze handen vallen om ons alleen te richten op training. In plaats daarvan voerden we continu kleine verbeteringen in het proces door, waarbij we elke keer ook steeds een klein beetje meer voordeel behaalden. Mettertijd was het aantal veranderingen zo toegenomen, dat er tijd en energie vrijkwam die daarvoor altijd verloren ging aan het bestrijden van problemen en crisismanagement.

Automatische snelheidsregelaar

De benadering van vijf keer vragen waarom is een natuurlijke snelheidsregelaar. Hoe meer problemen je hebt, hoe meer je investeert in oplossingen voor die problemen. Naarmate de investeringen in infrastructuurprocessen hun vruchten gaan afwerpen, zal het aantal problemen en de ernst ervan afnemen en zal het team zijn snelheid herwinnen. Met name bij startups dreigt het gevaar dat teams te snel werken, waardoor kwaliteit wordt ingeruild voor snelheidswinst op een manier die slordige fouten veroorzaakt. De methode van de waarom-vragen voorkomt dat, zodat teams hun ideale tempo kunnen vinden.

Bij het vragen waarom wordt het tempo van de vooruitgang gekoppeld aan het leerproces en niet slechts aan de uitvoering.

Startup-teams moeten de waarom-vragen stellen elke keer wanneer zij te maken krijgen met een mislukking, waaronder ook technische gebreken, het niet realiseren van de verwachte resultaten of onverwachte veranderingen in klantgedrag.

De waarom-vragen vormen een krachtige techniek voor elke organisatie. Enkele van de ontwikkelaars die ik heb getraind om deze methode te gebruiken geloven dat je alle andere Lean Startup-technieken kunt afleiden uit de methode van de vijf waarom-vragen. Dat tezamen met het werken op kleine schaal, biedt de basis die hun bedrijf nodig heeft om snel te kunnen reageren op problemen zodra deze zich voordoen, zonder te veel investeringen of te veel inspanningen op het gebied van ontwikkeling.

De vloek van vijf keer schuld

Wanneer teams voor het eerst gaan werken met de methode van de vijf waarom-vragen als probleemoplossend hulpmiddel, komen zij een aantal veel voorkomende valkuilen tegen. Wij hebben systemen zoals de vijf waarom-vragen nodig om onze psychologische beperkingen te overstijgen omdat wij de neiging hebben om te heftig te reageren op dingen die op een bepaald moment gebeuren. Ook hebben wij de neiging om gefrustreerd te raken als er dingen gebeuren die we niet hadden verwacht.

Wanneer de benadering van de vijf waarom-vragen verkeerd uitpakt, noem ik het ook wel de methode van 'vijf keer schuld'. In plaats van telkens opnieuw de vraag waarom te stellen in een poging te achterhalen wat er verkeerd is gegaan, kunnen gefrustreerde teamleden met een beschuldigende vinger naar elkaar gaan wijzen om te beslechten wie er fout zit. In plaats van dat zij de vijf waarom-vragen gebruiken om problemen te ontdekken en op te lossen, kunnen managers en werknemers in de valkuil trappen dat zij de schuldvragen gaan gebruiken als een middel om hun frustraties te uiten en collega's te beschuldigen van het maken van systeemfouten. Het is zeer menselijk gedrag om te veronderstellen dat wanneer er een fout is gemaakt, dat komt doordat men op een andere afdeling steken heeft laten vallen of dat het ligt aan de gebrekkige kennis of persoonlijkheid van iemand anders. Maar het doel van de vijf waarom-vragen is ons te helpen inzien dat het een objectieve waarheid is dat chronische problemen worden veroorzaakt door slechte processen en niet door slechte mensen, en dat we ze ook in dat licht moeten oplossen.

Ik beveel dan ook verschillende tactieken aan voor het vermijden van de vijf schuldvragen. Allereerst is het belangrijk dat iedereen die door het probleem wordt getroffen aanwezig is tijdens de analyse van de voornaamste oorzaak ervan. Tijdens deze bespreking moet iedereen aanwezig zijn die het probleem heeft opgemerkt of bestudeerd, inclusief de vertegenwoordigers van de klantenservice die mogelijk de telefoontjes erover hebben beantwoord. Ook moet iedereen aanwezig zijn die heeft geprobeerd om het symptoom te bestrijden en alle personen die hebben gewerkt aan de betrokken subsystemen of productvoorzieningen. Als het probleem inmiddels bij het senior management is terechtgekomen, moeten ook de beslissers die betrokken waren bij de escalatie van het probleem aanwezig zijn.

Dat kan een volle zaal worden, maar het is wel belangrijk. Het is mijn ervaring dat wanneer er mensen buiten de discussie worden gehouden, dat juist degenen zijn die het doelwit worden van het afschuiven van de schuld. En of de zondebok nu een nieuwe medewerker is of de CEO, het is even schadelijk voor het bedrijf. Wanneer het een nieuweling is, is het maar al te gemakkelijk om te denken dat die persoon wel te vervangen is. Wanneer echter de CEO niet aanwezig is, is het maar al te gemakkelijk om aan te nemen dat zijn gedrag niet kan worden gewijzigd. In de meeste gevallen is geen van beide aannames correct.

Wanneer toch mensen de schuld krijgen, moeten de oudgedienden in de zaal de volgende mantra voor zichzelf herhalen: wanneer er een fout wordt gemaakt, moeten wij ons schamen dat wij het zo gemakkelijk hebben gemaakt om deze fout te laten gebeuren. Bij een analyse op basis van de vijf waarom-vragen willen wij zo veel mogelijk werken volgens een visie op systeemniveau.

Hierna zal ik een situatie schetsen waarin deze mantra goed van pas kwam. Als gevolg van het trainingsproces dat wij bij IMVU hadden ontwikkeld naar aanleiding van de methode van de vijf waarom-vragen, was het routine geworden om nieuwe ontwikkelaars te vragen om op hun eerste werkdag een verandering aan te brengen in de productieomgeving. Voor ontwikkelaars die waren opgeleid volgens de traditionele methoden was dit vaak nogal beangstigend. Ze stelden vragen als, "Wat gebeurt er met me als ik per ongeluk het productieproces verstoor of tot stilstand breng?"

Bij hun vorige werkgever was dat een fout die hen hun baan kon kosten. Bij IMVU vertelden we nieuwe mensen, "Als ons productieproces zo fragiel is dat jij het op je eerste werkdag al kunt verstoren, dan moeten wij ons schamen dat dat zo gemakkelijk is." En als het hem toch lukte om het te verstoren, dan gaven we hem meteen de leiding bij het oplossen van het probleem, maar ook over de werkzaamheden die moesten voorkómen dat iemand anders hun fout zou herhalen.

Voor nieuwe werknemers die van bedrijven kwamen met een geheel andere cultuur was dit vaak een stressvolle eerste kennismaking, maar iedereen doorstond het met een intuïtief begrip van onze waarden. Beetje bij beetje, systeem voor systeem, droegen die kleine investeringen bij aan een robuust productontwikkelproces dat al onze medewerkers in staat stelt creatief te werken, en met veel minder angst.

Aan de slag

Hierna volgen tips hoe u met de methode van de vijf waarom-vragen kunt beginnen. Deze tips zijn gebaseerd op mijn eigen ervaringen toen ik deze techniek introduceerde bij diverse bedrijven.

Om goed met deze methode te kunnen werken, is er een aantal regels dat moet worden opgevolgd. Bijvoorbeeld, de vijf waarom-vragen verlangen een omgeving waarin wederzijds vertrouwen heerst en die stimulerend is. Wanneer dit niet zo is, kan de complexiteit van de methode overweldigend zijn. In dergelijke situaties heb ik vaak een vereenvoudigde versie gebruikt waarbij teams zich nog steeds kunnen richten op het analyseren van de voornaamste oorzaken, terwijl zij er wel alvast aan werken om in een later stadium de volledige methode te kunnen toepassen.

Ik vraag teams om de volgende eenvoudige regels toe te passen:

1. Wees de eerste keer tolerant ten aanzien van alle fouten die worden gemaakt.
2. Sta niet toe dat dezelfde fout nogmaals wordt gemaakt.

De eerste regel stimuleert mensen om vertrouwd te raken met het tonen van begrip voor fouten, met name de fouten van anderen. Vergeet niet dat de meeste fouten worden veroorzaakt door gebrekkige systemen en niet door gebrekkige mensen. De tweede regel zorgt ervoor dat het team een begin maakt met proportionele investeringen in preventie.

Dit vereenvoudigde systeem werkt goed. We hebben het ook gebruikt bij IMVU toen ik nog niet de methode van de vijf waarom-vragen en het Toyota-productiesysteem had ontdekt. Op de lange termijn werkt zo'n vereenvoudigd systeem echter niet goed genoeg, zoals ik uit eigen ervaring weet. Dat was ook een van de dingen die mij ertoe bracht om meer te weten te komen over Lean-productie.

De zwakke en sterke punten van het vereenvoudigde systeem is dat het vragen oproept als 'Wanneer hebben we het over hetzelfde probleem?', 'Op wat soort fouten moeten we ons richten?' en 'Moeten we elk afzonderlijk probleem aanpakken of meteen proberen om een hele categorie van gerelateerde problemen te verhelpen?' Voor een team dat net begint, bieden dergelijke vragen genoeg stof om over na te denken en kunnen zij de basis vormen van uitgebreidere methoden in de toekomst. Maar het allerbelangrijkste is dat deze vragen beantwoord worden. Daarvoor is een compleet adaptief proces zoals de methode van de vijf waarom-vragen nodig.

Omgaan met onplezierige waarheden

Je moet je erop voorbereiden dat de methode van de vijf waarom-vragen onplezierige feiten over je organisatie naar boven zullen brengen, met name in het begin. Er zullen investeringen nodig zijn die ten koste zullen gaan van tijd en geld die zouden kunnen worden geïnvesteerd in nieuwe producten of voorzieningen. Onder druk kunnen teams het gevoel krijgen dat zij geen tijd kunnen verspillen aan het analyseren van oorzaken van problemen, zelfs als dat hen op de lange termijn tijd scheelt. Soms zal het proces uitlopen op de vijf schuldvragen. Op al deze momenten is het belangrijk dat er iemand aanwezig is met voldoende autoriteit om er op aan te dringen dat het proces juist wordt gevolgd en dat de aanbevelingen worden doorgevoerd. Deze persoon moet ook als een scheidsrechter kunnen fungeren als de meningsverschillen te groot worden. Voor het ontwikkelen van een adaptieve organisatie is met andere woorden uitvoerend leiderschap nodig om het proces mogelijk te maken en te ondersteunen.

Vaak komen individuele personen die bij een startup betrokken zijn naar mijn workshops omdat zij graag de methode van de vijf waarom-vragen willen gaan toepassen. Ik waarschuw hen dan om dat niet te proberen als zij niet de toestemming van hun manager of teamleider hebben. Ga voorzichtig te werk als je in deze situatie zit. Soms is het niet mogelijk om het gehele team bijeen te krijgen voor een echt onderzoek volgens de methode van vijf waarom-vragen, maar je kunt dan altijd nog de twee regels van de vereenvoudigde versie in je eigen werk toepassen. Wanneer iets fout gaat, stel jezelf dan de vraag: Hoe kan ik voorkomen dat ik nog eens in deze situatie terechtkom?

Begin klein, maar wees wel duidelijk

Wanneer je er eenmaal klaar voor bent om te beginnen, dan adviseer ik je om te starten met een strak omschreven categorie symptomen. De eerste keer dat ik met succes gebruikmaakte van de vijf waarom-vragen, gebruikte ik de methode om problemen te onderzoeken met een van onze interne testhulpmiddelen die niet direct effect hadden op onze klanten. Het kan verleidelijk zijn om te beginnen met iets groots en belangrijk omdat dat de dingen zijn waar de meeste tijd wordt verspild als gevolg van een gebrekkig proces, maar daar zal ook de druk het grootst zijn. Wanneer de inzet zeer hoog is, kunnen de vijf waarom-vragen al gauw uitmonden in de vijf schuldvragen. Het is beter om het team de ruimte te geven om te leren hoe zij met dit proces kunnen omgaan en dit vervolgens uit te breiden naar zaken waarbij meer op het spel staat.

Hoe specifieker de symptomen zijn, hoe makkelijker het voor iedereen zal worden om te herkennen wanneer het tijd is voor een vergadering over de vijf waarom-vragen. Stel dat je de vijf waarom-vragen wilt gebruiken om klachten van klanten over facturen aan te pakken. In dat geval stel je een datum vast waarop het totaal aantal klachten over facturen automatisch de reden zal zijn voor het organiseren van een vergadering over de vijf waarom-vragen. Het aantal klachten moet dan nog wel klein genoeg zijn om deze vergadering praktisch te laten verlopen. Als er al te veel klachten binnen zijn gekomen, neem daar dan een selectie van waar je je op gaat richten. Zorg ervoor dat de regels die ervoor zorgen dat een vergadering wordt uitgeschreven eenvoudig en helder zijn. Zo kun je bijvoorbeeld beslissen dat elke klacht waarbij een creditcardtransactie is betrokken zal worden onderzocht. Dat is een eenvoudige regel om op te volgen. Kies geen regels die ambigu zijn.

Aanvankelijk zal de verleiding groot zijn om radicale en vergaande veranderingen aan te brengen in het factureringssysteem en de betrokken processen. Geef daar niet aan toe. Houd in plaats daarvan de vergaderingen kort en kies voor relatief eenvoudige veranderingen op elk van de vijf niveaus van het onderzoek. Naarmate het team steeds vertrouwder raakt met het proces, kun je dit uitbreiden en steeds meer verschillende soorten klachten over facturen behandelen en daarna ook overgaan op andere soorten klachten.

Stel iemand aan die de vijf waarom-vragen beheert

Om het leerproces te vergemakkelijken, heb ik het in de praktijk nuttig gevonden om iemand aan te wijzen die waakt over de methode van de vijf waarom-vragen binnen elk gebied waarop deze methode wordt gebruikt. Deze persoon is de voorzitter bij elke vergadering, neemt beslissingen over de preventieve stappen die worden genomen en wijst de werkzaamheden toe die voortvloeien uit die vergadering. Deze verantwoordelijke moet hoog in de hiërarchie zitten om genoeg autoriteit te hebben om ervoor te zorgen dat de taken ook daadwerkelijk worden uitgevoerd, maar ook weer niet zo hoog dat hij niet aanwezig kan zijn bij de vergaderingen vanwege conflicterende verantwoordelijkheden. Deze persoon is ook de persoon naar wie wordt gekeken als het gaat om het afleggen van verantwoording; hij is de belangrijkste persoon die veranderingen kan inzetten. Mensen die zich in deze positie bevinden kunnen beoordelen hoe goed de vergaderingen verlopen en of de investeringen die worden gedaan in preventie ook hun vruchten afwerpen.

De methode van de vijf waarom-vragen in actie

IGN Entertainment, een divisie van News Corporation, is een mediabedrijf dat zich richt op online videogames en heeft het grootste publiek van gamers in de wereld. Meer dan 45 miljoen mensen bezoeken regelmatig het portfolio van het bedrijf. IGN werd aan het eind van de jaren 90 van de vorige eeuw opgericht en werd in 2005 door News Corporation overgenomen. IGN biedt werk aan enkele honderden mensen, waaronder bijna honderd ontwikkelaars.

Onlangs had ik de mogelijkheid om een lezing te houden voor het productontwikkelteam van IGN. De afgelopen jaren waren zij zeer succesvol geweest, maar net zoals alle andere gevestigde bedrijven die we in dit boek hebben besproken, waren ook zij op zoek naar een versnelling in hun productontwikkeling en wilde zij manieren vinden om innovatiever te worden. Zij brachten hun teams van ontwikkelaars, productie en ontwerp samen om te bespreken hoe zij het Lean Startup-model zouden kunnen toepassen.

Dit initiatief om te veranderen werd gesteund door het senior management van IGN, onder wie de CEO, het hoofd productontwikkeling, de vice president van de technische afdeling, de uitgever en de algeheel verantwoordelijke voor het product. Hun eerdere poging om de methode toe te passen was op niets uitgelopen. Zij hadden geprobeerd om een hele waslijst aan probleemgebieden aan te pakken, die waren voorgedragen door het productteam. De problemen varieerden van verschillen in webanalyses tot datastromen van zakelijke partners die niet goed werkten. Hun vergadering over de methode van de vijf waarom-vragen duurde een uur, en hoewel daar een aantal interessante dingen naar voren kwamen met betrekking tot de vijf waarom-vragen, was het verder een ramp. Geen van de mensen die betrokken waren bij of het meest wisten over de problemen waren tijdens de vergadering aanwezig, en omdat dit de eerste keer was dat zij gingen nadenken over deze methode, hielden zich zij niet aan de bijbehorende regels. Het was niet alleen maar tijdverspilling geweest, maar de voordelen van de adaptieve managementstijl zoals besproken in dit hoofdstuk waren nergens te bespeuren.

Onderwerp je volgeladen koffer niet aan het proces van de vijf waarom-vragen

IGN had de ervaring dat het probeerde een koffer vol problemen op te lossen die al jaren voor verspilling van tijd zorgden. Omdat dit een nogal overweldigende hoeveelheid problemen is, is het zoeken naar snelle oplossingen eveneens overweldigend.

In al hun ijver om aan de slag te gaan met de methode van de vijf waarom-vragen, negeerde IGN drie belangrijke dingen:

1. Om de methode van de vijf waarom-vragen bij een organisatie te introduceren, is het nodig speciale sessies te houden wanneer nieuwe problemen zich voordoen. Omdat er altijd terugkerende problemen zullen zijn, zullen zij ook altijd onderdeel zijn van de analyse en kun je dit aangrijpen om ze stapje voor

stapje op te lossen. En als deze problemen niet vanzelf komen bovendrijven, zijn ze misschien helemaal niet zo groot als zij lijken.

2. Iedereen die betrokken is bij een probleem moet aanwezig zijn bij de sessie. Veel organisaties raken in de verleiding om tijd te besparen door drukbezette mensen buiten de analyse van de oorzaken van problemen te houden. Dat is een verkeerde zuinigheid, zoals IGN door schade en schande moest leren.
3. Aan het begin van elke sessie over de vijf waarom-vragen moet je een paar minuten de tijd nemen om uit te leggen waar het proces voor dient en hoe het in het voordeel kan werken van degenen die er nog niet eerder mee hebben kennisgemaakt. Gebruik indien mogelijk een voorbeeld van een geslaagde sessie uit het verleden. Als je er blanco aan begint, kun je gebruikmaken van mijn eerdere voorbeeld van de manager die niet gelooft in de waarde van training. IGN ontdekte dat het helpt om, wanneer mogelijk, iets te gebruiken dat ook persoonlijke betekenis voor de teamleden heeft.

Na onze bespreking besloot de leiding van IGN het nog eens te proberen met de methode van de vijf waarom-vragen. In overeenstemming met de adviezen die in dit hoofdstuk worden beschreven, wezen zij iemand aan die verantwoordelijk was voor het proces. Dat was Tony Ford, het hoofd van de technische afdeling. Tony was een ondernemer die bij IGN terecht was gekomen na een wervingscampagne. Hij begon zijn carrière in de internettechnologie en bouwde aan het eind van de jaren 90 van de vorige eeuw websites over videogames. Hierdoor kreeg hij de kans om te gaan werken bij de startup TeamXbox, waar hij de belangrijkste softwareontwikkelaar werd. TeamXbox werd in 2003 overgenomen door IGN entertainment en sindsdien is Tony een technoloog, een promotor van innovatie en een voorstander van de *agile* en Lean manier van werken aldaar.

Helaas begon Tony zonder zich te kunnen richten op een specifiek probleemgebied. Dit leidde al vroeg tot teleurstellingen en frustraties. Tony vertelt, “Als de nieuwe verantwoordelijke voor het proces van de vijf waarom-vragen was ik niet zo goed in het effectief doorlopen daarvan. En de problemen die we probeerden op te lossen waren sowieso geen goede kandidaten. Zoals je je kunt voorstellen, verliepen deze eerste sessies nogal vreemd en bleken ze uiteindelijk ook niet erg nuttig. Ik raakte daar nogal ontmoedigd en gefrustreerd door." Dat is een veel voorkomend probleem dat voorkomt wanneer je te veel in één keer probeert aan te pakken, maar het is ook een gevolg van het feit dat het enige tijd kost om je deze vaardigheden eigen te maken. Gelukkig hield Tony vol: "In mijn ogen is het essentieel dat er een verantwoordelijke voor het proces is. De vijf waarom-vragen zijn in theorie makkelijk, maar in de praktijk juist moeilijk, dus heb je iemand nodig die er goed in thuis is om voor degenen die er niet zo goed in zijn de sessies vorm te geven."

De ommekeer kwam toen Tony een sessie van de vijf waarom-vragen voorzat die ging over een project waarin herhaaldelijk deadlines waren gemist. De sessie was fascinerend, bood inzichten en zorgde ook voor betekenisvolle proportionele investeringen. Tony legt uit: "Het succes was te danken aan een ervaren voorzitter en ervaren aanwezigen. We wisten allemaal wat de methode van de vijf waarom-vragen inhield en ik hield ons allemaal goed bij de les en we dwaalden niet af. Dat was een belangrijk moment. Toen besefte ik dat de methode van de vijf waarom-vragen een nieuw hulpmiddel was dat daadwerkelijk impact zou gaan hebben op ons algehele succes als een team en als bedrijf."

Op het eerste gezicht lijkt het bij de vijf waarom-vragen te gaan om technische problemen en het voorkomen van fouten, maar wanneer teams deze oppervlakkige verspillingen hebben weten uit te bannen, ontwikkelen zij een nieuwe begrip van hoe zij samen kunnen werken. Tony formuleerde het als volgt: "Ik durf te stellen dat ik heb ontdekt dat het bij de vijf waarom-vragen om meer gaat dan een analyse van de voornaamste oorzaken, door informatie naar boven te brengen die je teamleden dichter bij elkaar brengt omdat er een gezamenlijk begrip en perspectief is. Heel vaak kunnen problemen mensen van elkaar verwijderen; bij de methode van de vijf waarom-vragen gebeurt het tegenovergestelde."

Ik vroeg Tony om een voorbeeld te geven van een recente succesvolle analyse binnen IGN volgens deze methode. Zijn verslag lees je in het volgende kader.

Waarom kon je geen berichten aan de blogs toevoegen of deze bewerken?
Antwoord: Elk verzoek voor een post (schrijven) aan de content-API gaf een 500 error.
Proportionele investering: Jim – We zullen werken aan die API, maar laten we ons CMS iets prettiger maken voor de gebruiker. Stel gebruikers in staat om concepten toe te voegen en te bewerken zonder foutmeldingen, zodat zij een betere gebruikerservaring hebben.

Waarom gaf de content-API fouten van het type 500?
Antwoord: de bson-ext gem was niet compatibel met andere gems waar deze afhankelijk van is.
Proportionele investering: King – Verwijder de gem (inmiddels al gedaan om de uitval te verhelpen).

Waarom was de gem niet compatibel?
Antwoord: We voegden een nieuwe versie van de gem toe aan de bestaande versie en tegen de verwachting in begon de app deze te gebruiken.
Proportionele investering: Bennett – Converteer onze Rails-app voor het gebruik van bundler voor gem-beheer.

Waarom voegden wij een nieuwe versie van de gem toe tijdens productie zonder deze eerst te testen?
Antwoord: Wij dachten dat in dit geval een test niet nodig was.
Proportionele investering: Bennett en Jim – Schrijf een unit of functionele test in de API en het CMS waarmee dit probleem kan worden opgespoord.

Waarom voegen wij gems toe die we niet van plan zijn direct te gaan gebruiken?
Antwoord: Als voorbereiding op het doorvoeren van nieuwe code wilden we alle nieuwe gems in de productieomgeving al klaar hebben. Hoewel onze *code deployment* geheel geautomatiseerd is, zijn onze gems dat niet.
Proportionele investering: Bennett – Automatiseer het gem-beheer en de installatie daarvan in het *continuous integration* en *continuous deployment*-proces.

Bonus – Waarom doen wij dingen in productie altijd op vrijdagavond?
Antwoord: Omdat niemand ons heeft gezegd dat dat niet kan en omdat het een goed moment voor de ontwikkelaar is om een deployment voor te bereiden die wij op maandag uitvoeren.
Proportionele investering: Tony – Bereid een aankondiging voor het team voor. Er zullen in het vervolg geen productieveranderingen plaatsvinden op vrijdag, zaterdag of zondag, tenzij er een uitzondering wordt gemaakt en met goedgekeuring vandoor David (VP Engineering). We zullen dit beleid opnieuw evalueren wanneer wij een volledig geautomatiseerd proces voor *continuous deployment* in werking hebben.

Als gevolg van deze sessie over de vijf waarom-vragen en de proportionele investeringen die wij hebben gedaan, zijn onze deployments nu veel gemakkelijker en sneller en zal ons proces nooit meer toestaan dat een ontwikkelaar een gem in het productiesystemen plaatst zonder dat de gevolgen daarvan bekend zijn. En inderdaad is dit probleem nooit meer voorgekomen. Wij hebben als het ware ons 'clusterimmuunsysteem' versterkt.

Zonder de vijf waarom-vragen zouden we nooit alle informatie hebben ontdekt die wij nu boven tafel hebben gekregen. Ik denk dat we anders een van onze ontwikkelaars zouden hebben verteld om geen domme dingen meer te doen op vrijdagavond en gewoon verder zouden zijn gegaan. Dit is precies wat ik eerder ook heb benadrukt, wanneer een goede sessie twee soorten resultaten oplevert: leren en doen. De proportionele investeringen die voortkwamen uit deze sessie zijn overduidelijk waardevol, maar het leren dat wij doen is veel subtieler, het doet wonderen voor het groeiproces van ons als ontwikkelaars en als team.

Wennen aan kleinschaligheid

Tot slot wil ik aan dit onderwerp van het ontwikkelen van een adaptieve organisatie nog een verhaal toevoegen. Dit gaat over een product dat je waarschijnlijk wel eens hebt gebruikt als je een eigen bedrijf hebt. Het heet QuickBooks en is een van de belangrijkste producten van Intuit.

QuickBooks is in zijn categorie al vele jaren marktleider. Het heeft daarom ook een grote en toegewijde klantenschare en Intuit verwacht van hen ook dat zij bijdragen aan de basis van hun product. Net zoals veel softwareontwikkelaars de afgelopen twintig jaar, heeft ook QuickBooks elk jaar een nieuwe versie geïntroduceerd, waarbij alle veranderingen in één batch werden uitgeleverd. Dat was hoe het nog geen drie jaar ging toen Greg Wright, nu directeur productmarketing bij QuickBooks, zich bij het team voegde. Zoals je je kunt voorstellen waren er heel veel bestaande processen die zorgden voor een consistent product en een tijdige levering. De benadering van de vrijgave van zo'n nieuwe versie was dat er vooraf behoorlijk veel tijd werd besteed aan het vaststellen van de behoeften van de klanten:

In de eerste drie of vier maanden van zo'n jaarlijkse cyclus werd veel aandacht aan strategie en planning besteed, zonder dat er nieuwe voorzieningen werden gebouwd. Wanneer eenmaal een plan en mijlpalen waren vastgesteld, besteedde het team de volgende zes tot negen maanden aan het ontwikkelen van het nieuwe product. Dit resulteerde uiteindelijk in een grootse introductie en vervolgens zou het team dan aan het eind van het proces de eerste feedback krijgen over of het op een succesvolle manier had voldaan aan de behoeften van de klanten.
De tijdlijn zag er dus als volgt uit: start van het proces in september, eerste bètaversie in juni, tweede bètaversie in juli. Bij de bèta wordt voornamelijk getest of de computers van klanten niet crashen en of zij geen gegevens verliezen – op dat moment in het proces kunnen alleen grote fouten worden verholpen. Het ontwerp van het product zelf ligt dan al helemaal vast.

Dit is de standaard ontwikkelmethode die productontwikkelteams jarenlang hebben gebruikt. Het is een niet-lineair systeem gebaseerd op grootschaligheid dat om succesvol te kunnen zijn afhankelijk is van de juiste voorspellingen en planning. Met andere woorden, het is geheel ongeschikt voor de snel veranderende wereld waarin vandaag de dag zaken worden gedaan.

Het eerste jaar: mislukking

Gregg maakte in 2009, het eerste jaar dat hij bij QuickBooks werkzaam was, het verval mee. In dat jaar leverde het bedrijf een geheel nieuw systeem voor online bankieren, een van de belangrijkste voorzieningen van het product, met QuickBooks mee. Het team had verschillende rondes van gebruikerstests doorlopen met gebruikmaking van modellen en niet-functionele prototypes, gevolgd door behoorlijk wat bètatests waarbij ze voorbeeldbestanden van klantengegevens gebruikten. Toen het product werd geïntroduceerd, leek alles er goed uit te zien.

De eerste bètaversie verscheen in juni en de feedback van de klanten was negatief. En hoewel klanten klaagden, was er niet voldoende reden om de release tegen te houden omdat er technisch gezien niets mis was – het liet geen computers crashen. Op dat moment bevond Greg zich in een lastige positie. Hij kon op geen enkele manier weten hoe de feedback zich zou vertalen in echt klantgedrag als het product eenmaal op de markt was. Waren dit slechts geïsoleerde klachten of waren ze onderdeel van een groter probleem? Maar één ding wist hij wel zeker: het team kon zich niet veroorloven om de deadline niet te halen.

Toen het product eenmaal was uitgeleverd, waren de resultaten verschrikkelijk. Het kostte klanten vier tot vijf keer meer tijd om hun banktransacties te doen dan met de oude versie. Uiteindelijk had Gregs team gefaald in hun streven om te voldoen aan de klantbehoeften (ondanks dat het product gebouwd was volgens alle specificaties). En omdat de volgende release hetzelfde proces moest doorlopen, duurde het negen maanden voordat het team de problemen kon oplossen. Dit is een klassiek geval van het 'behalen van een mislukking' – met succes een gebrekkig plan uitvoeren. Intuit maakt gebruik van een onderzoeksmethode die Net Promotor Score[2] wordt genoemd om de klanttevredenheid te evalueren voor al zijn producten. Dit is een fantastische bron voor *actionable metrics* over wat klanten daadwerkelijk vinden van een product. Bij IMVU gebruiken wij het ook. Het mooie aan NPS is dat het stabiel blijft. Omdat het de klanttevredenheid aan de basis meet, is het niet onderhevig aan schommelingen; het registreert alleen grote veranderingen onder de meningen van klanten. In dat jaar daalde de score van QuickBooks met twintig punten, de eerste keer dat er een verandering was te zien in hun Net Promoter Score. Die daling met twintig punten resulteerde in een behoorlijk verlies voor Intuit en was bovendien beschamend voor het bedrijf – en dat allemaal omdat de feedback van de klanten te laat in het proces binnenkwam, waardoor er geen tijd meer was voor aanpassingen.

Het senior management van Intuit, waaronder de general manager van de divisie voor het midden- en kleinbedrijf en het hoofd van de administratie voor het midden- en kleinbedrijf, erkenden allemaal de behoefte aan verandering. Hun valt de lof ten deel dat zij Greg opdroegen om die verandering door te voeren. Zijn missie: zorgen voor voldoende startup-snelheid voor de ontwikkeling en uitlevering van QuickBooks.

Het tweede jaar: de kracht van de gewoonte

Het volgende deel van dit verhaal laat zien hoe moeilijk het is om een adaptieve organisatie op te bouwen. Greg had zich ten doel gesteld om het ontwikkelproces van QuickBooks te veranderen door gebruik te maken van de volgende vier principes:

1. Kleine teams. Overschakelen van grote teams met uniforme functies naar kleinere teams met volledig betrokken teamleden die ook verschillende functies kunnen vervullen.
2. Kortere cycli.
3. Sneller klantenfeedback ontvangen, testen of het product de computers van klanten laat crashen en de prestaties van nieuwe voorzieningen/klantervaringen meten.
4. Teams in staat stellen en de autoriteit geven om snel en doortastend beslissingen te nemen.

Op het eerste gezicht lijken deze doelen overeen te komen met de methoden en principes die we in eerdere hoofdstukken hebben beschreven, maar Gregs tweede jaar bij QuickBooks was nou niet bepaald een succes. Zo verordonneerde hij bijvoorbeeld dat het team zou overgaan tot een release halverwege het jaar, waarmee effectief de cyclus en de batchomvang met de helft werden bekort. Dit was echter geen succes. Het team zette alles op alles om alfarelease in januari op de markt te brengen. Maar de problemen die zo kenmerkend zijn voor grootschaligheid waren nog steeds aanwezig en het team had er zelfs moeite mee om de alfaversie in april gereed te hebben. Dat was wel een verbetering ten opzichte van het vorige systeem, omdat er nu twee maanden eerder problemen naar voren konden komen dan met het oude systeem, maar het resulteerde niet in de sterk verbeterde resultaten waar Greg op hoopte.

In de loop van het jaar begon het proces dat het team volgde steeds meer te lijken op dat wat het in vorige jaren had gebruikt. Of zoals Greg het formuleerde, "Organisaties vallen terug op gewoonten", en het is lastig voor mensen om hun oude gewoonten af te leren. Greg liep tegen de muur van het systeem aan en het doorvoeren van afzonderlijke veranderingen, zoals het eigenhandig veranderen van de releasedatum, werden niet geaccepteerd.

Het derde jaar: explosie

Gefrustreerd als hij was door de beperkte vooruitgang in het voorgaande jaar, ging Greg een samenwerking aan met het hoofd productontwikkeling, Himanshu Baxi. Samen gooiden zij alle processen overboord. Zij kondigden publiekelijk aan dat hun gezamenlijke teams nieuwe processen zouden ontwikkelen en dat ze niet zouden terugvallen op de oude manier van werken.

In plaats van zich te richten op nieuwe deadlines, investeerden Greg en Himanshu in veranderingen op het gebied van proces, product en technologie waardoor kleinschalig werken mogelijk werd. Deze technische innovaties hielpen hen om de desktopsoftware sneller bij de klanten te krijgen voor feedback. In plaats van het uitstippelen van een uitgebreide route aan het begin van het jaar, begon Greg het jaar met wat hij sessies voor het bedenken van ideeën/code/oplossingen noemde en waarbij ontwikkelaars, productmanagers en klanten samen allerlei ideeën verzamelden. Voor Greg was het als productmanager beangstigend om het jaar af te trappen zonder een vaste lijst van wat er in de nieuwe release van het product zou worden verwerkt, maar hij had vertrouwen in zijn team en in het nieuwe proces.

In het derde jaar werden er drie veranderingen doorgevoerd:

- Teams werden betrokken bij het ontwikkelen van nieuwe technologieën, processen en systemen.
- Functieoverschrijdende teams werden samengesteld rondom goede nieuwe ideeën.
- Klanten werden vanaf de conceptfase bij een nieuwe voorziening betrokken.

Het is belangrijk te begrijpen dat de oude benadering geen gebrek had aan klantenfeedback of klantbetrokkenheid in het planningsproces. Volgens de ware geest van *genchi gembutsu* voerden de productmanagers van Intuit gesprekken met klanten om problemen te ontdekken die bij de volgende release konden worden opgelost. Maar de productmanagers waren verantwoordelijk voor al het klantenonderzoek. Ze kwamen ermee terug bij het team en zeiden dan, "Dit is het probleem dat we willen oplossen en hier zijn een aantal ideeën voor hoe we dat zouden kunnen doen."

Overschakelen op een functieoverschrijdende manier van werken verliep niet vlekkeloos. Sommige teamleden waren daar sceptisch over. Sommige productmanagers hadden het gevoel dat het verspilling van tijd was als ontwikkelaars tijd zouden gaan besteden aan gesprekken met klanten. De productmanagers dachten dat het hun werk was om de problemen bij de klanten te ontdekken en te omschrijven wat er moest worden ontwikkeld. De reactie van enkele productmanager was daarom ook: "Wat is nu mijn werk? Wat moet ik nu doen?" En op dezelfde manier wilden de meeste ontwikkelaars gewoon te horen krijgen wat ze moesten doen; ze wilden helemaal niet met klanten praten. Zoals kenmerkend is voor productontwikkeling via grote batches, waren beide groepen bereid geweest om het vermogen van hun team om te leren op te offeren om efficiënter te gaan werken.

De communicatie was van groot belang om dit veranderproces te laten slagen. Alle teamleiders waren open over de veranderingen die zij wilde doorvoeren en waarom zij die wilden doorvoeren. Veel van de scepsis die zij tegenkwamen was gebaseerd op het feit dat zij geen concrete voorbeelden konden geven van een situatie waar dit in het verleden tot succes had geleid; het was een geheel nieuw proces voor Intuit. Zij moesten duidelijk uitleggen waarom het oude proces niet meer werkte en waarom het pad van een jaarlijkse release niet naar succes zou leiden. Tijdens de verandering communiceerden zij de resultaten van het proces waar zij naar streefden: vroegere klantenfeedback en een snellere ontwikkelcyclus die niet langer gekoppeld was aan de tijdlijn van een jaarlijkse versie. Zij benadrukten bij herhaling dat de nieuwe benadering de manier was waarop concurrerende startups werkten en hun processen aanpasten. Zij moesten op dezelfde manier gaan werken of het risico lopen dat ze in de vergetelheid zouden raken.

QuickBooks was ooit opgebouwd volgens een systeem van grote teams en lange cycli. In de beginjaren bestond het nu zo slecht bekendstaande online bankteam uit vijftien ontwikkelaars, zeven deskundigen om de kwaliteit te waarborgen, een productmanager en soms ook meer dan één ontwerper. Op dit moment is er geen enkel team dat bestaat uit meer dan vijf mensen. De focus van elk team beweegt zo snel mogelijk mee met dat van de klanten, waarbij experimenten worden uitgevoerd en gevalideerd leren wordt gebruikt om direct beslissingen te nemen over in welke werkzaamheden moet worden geïnvesteerd. Terwijl er vroeger vijf grote afdelingen van QuickBooks waren die de voorzieningen samenvoegden op het moment van een productintroductie in, waren er nu twintig tot vijfentwintig. Hierdoor kunnen veel meer experimenten worden gedaan. Elk team werkt gedurende zes weken continu aan een nieuwe voorziening en test deze gedurende het hele proces met echte klanten.

Hoewel de belangrijkste veranderingen die moeten worden doorgevoerd bij een adaptieve organisatie in de hoofden van de werknemers plaatsvinden, is alleen het veranderen van de cultuur niet voldoende. Zoals we zagen in hoofdstuk 9 is het voor Lean-management nodig dat het werk allereerst wordt gezien als een systeem en dat vervolgens wordt gekeken naar de batchomvang en de lengte van de cycli binnen het gehele proces. Om blijvende veranderingen te kunnen doorvoeren, moest het team van QuickBooks investeren in hulpmiddelen en een ander platform waardoor de nieuwe snellere manier van werken mogelijk zou worden.

Een van de belangrijkste pijnpunten bij hun poging van een jaar eerder om een vroege alfaversie vrij te geven was bijvoorbeeld dat het product QuickBooks geen fouten toestond in welk onderdeel van het systeem dan ook. Het team was zeer huiverig om een minimaal levensvatbaar product op de markt te brengen waaraan het risico kleefde dat het gegevens van klanten zou kunnen beschadigen. En daarom zou, zelfs als ze in kleinere teams met een kleiner bereik zouden werken, de last van dat risico het zeer lastig hebben gemaakt om in kleine batches te werken.

Om de omvang van de batches kleiner te maken, moest het team van QuickBooks investeren in nieuwe technologie. Zij bouwden een systeem waarmee zij meerdere versies van QuickBooks konden laten draaien op de computer van een klant. De tweede versie had toegang tot alle gegevens van die klant maar kon geen permanente veranderingen daarin aanbrengen. En daardoor was er geen risico dat de nieuwe versie per ongeluk de gegevens van de klant zou beschadigen. Hiermee konden zij nieuwe versies isoleren, zodat een select aantal echte klanten het product kon testen en feedback kon geven.

De resultaten in het derde jaar waren veelbelovend. De versie van QuickBooks die dat jaar werd uitgeleverd kreeg veel hogere cijfers ten aanzien van klanttevredenheid en werd ook vaker verkocht. Als je op dit moment gebruikmaakt van QuickBooks, is het zeer waarschijnlijk dat je een versie hebt die ontwikkeld is door gebruikmaking van kleine batches. Nu Greg toe is aan zijn vierde jaar met het team van QuickBooks, zijn ze nog meer manieren aan het onderzoeken om de batchomvang en de duur van de cycli terug te brengen. En zoals gebruikelijk zijn er mogelijkheden die verder gaan dan louter technische oplossingen. Zo is bijvoorbeeld de jaarlijkse cyclus van desktopsoftware die wordt geleverd in een doos een duidelijke hindernis voor echt snel leren en daarom is het team begonnen met het experimenteren met producten op abonnementsbasis voor de meest actieve klanten. Wanneer klanten hun updates via internet downloaden, kan Intuit zijn software veel frequenter vernieuwen. En binnenkort zal volgens dit programma het team van QuickBooks elk kwartaal een nieuwe versie aan zijn klanten leveren.[3]

Naarmate Lean Startups groeien, kunnen zij gebruikmaken van adaptieve technieken om complexere processen te ontwikkelen zonder dat zij hun belangrijkste voordeel hoeven op te geven: snelheidswinst behalen door middel van de feedbackcyclus bouwen-meten-leren. Een van de voornaamste voordelen van het gebruik van technieken die voortkomen uit de Lean-productiemethode is dat Lean Startups wanneer zij volwassen worden een goede positie hebben om op operationeel gebied zeer goed te presteren dankzij de principes van de Lean-methode. Zij weten inmiddels hoe zij kunnen functioneren op basis van discipline, processen kunnen ontwikkelen die precies bij hun eigen situatie passen en technieken als de vijf waarom-vragen en kleinschaligheid kunnen toepassen. Wanneer een succesvolle startup de overgang maakt naar een gevestigd bedrijf, zal het stabiel genoeg zijn om een cultuur van gedisciplineerde uitvoering te ontwikkelen die zo kenmerkend is voor 's werelds beste bedrijven, zoals Toyota.

Succesvol uitgroeien tot een gevestigd bedrijf is slechts een deel van het verhaal. Het werk van een startup is nooit klaar en zelfs gevestigde bedrijven, zoals we in hoofdstuk 2 hebben besproken, moeten vechten om nieuwe bronnen voor groei aan te boren met behulp van ontwrichtende innovatie. Deze noodzaak is al vroeg in het leven van bedrijven aan de orde, een succesvolle startup kan niet verwachten dat het na zijn eerste stappen op de markt nog jaren de tijd heeft om marktleider te worden. Vandaag de dag krijgen succesvolle bedrijven te maken met de altijd aanwezige druk van nieuwe concurrenten, snelle volgers en vechtlustige startups. Het gevolg is dat het niet langer zinvol is om te denken dat startups afgebakende fases doorlopen alsof zij van een rups een vlinder worden. Zowel succesvolle startups als gevestigde bedrijven moeten leren om een grote complexiteit aan werkzaamheden tegelijkertijd te verrichten, terwijl zij streven naar operationele uitmuntendheid en ontwrichtende innovatie. Dit vereist een nieuwe manier van denken over het portfolio van een bedrijf, het onderwerp van hoofdstuk 12.

HOOFDSTUK 12

Innoveren

Volgens de conventionele manier van denken is het zo dat wanneer bedrijven groter worden, zij onvermijdelijk het vermogen verliezen om te innoveren, creatief te zijn en te groeien. Ik denk dat dit verkeerd is. Naarmate startups groeien kunnen ondernemers organisaties bouwen die leren hoe ze een evenwicht kunnen aanbrengen in de behoefte van bestaande klanten, terwijl zij tegelijkertijd de uitdaging aangaan van het zoeken naar nieuwe klanten, het beheren van bestaande productielijnen en het onderzoeken van nieuwe bedrijfsmodellen. En als ze bereid zijn om hun managementfilosofie aan te passen, denk ik dat zelfs grotere, gevestigde bedrijven deze verschuiving, die ik portfoliodenken noem, kunnen laten plaatsvinden.

Hoe je ontwrichtende innovatie kunt bevorderen

Succesvolle innovatieteams moeten op de juiste manier worden opgezet om te kunnen slagen. Startups die worden gesteund door durfkapitaal of eigen kapitaal hebben ingebracht, hebben uiteraard al een aantal van deze structurele kenmerken omdat zij kleine onafhankelijke bedrijven zijn. Startup-teams binnen een grotere organisatie hebben de steun nodig van het senior management om deze structuren te ontwikkelen. Maar ongeacht of het gaat om interne of externe startup-teams is het mijn ervaring dat er drie structurele kenmerken moeten zijn: schaarse maar zekere hulpbronnen, onafhankelijke autoriteit om het bedrijf verder te ontwikkelen en een persoonlijk belang bij het resultaat.

Elk van deze eisen is anders dan die bij gevestigde bedrijfseenheden. Vergeet niet dat structuur slechts een vereiste is – het is geen garantie op succes. Maar wanneer de structuur niet juist is opgezet zal dit vrijwel zeker tot mislukking leiden.

Schaarse maar zekere hulpbronnen

De leiders van bedrijfseenheden van grote gevestigde organisaties zijn gewend om gebruik te maken van politiek om hun budgetten te vergroten en weten ook dat die budgetten niet zo vast zijn. Zij weten vaak een zo groot mogelijk budget los te krijgen en bereiden zich erop voor dat zij dit moeten verdedigen tegen aanvallen van andere afdelingen. Politiek betekent in dit geval dat zij soms winnen en soms ook verliezen: als zich op een andere plek in de organisatie een crisis voordoet, kan hun budget zomaar met tien procent worden ingeperkt. Dat is echter geen ramp; teams zullen harder moeten werken en meer moeten doen met minder. En het is zeer waarschijnlijk dat er in het budget voor dergelijke gebeurtenissen al enige speelruimte is ingebouwd.

Startups zijn anders: te veel budget is net zo schadelijk als te weinig – de vele mislukte IT-bedrijven zijn daar het bewijs van – en startups zijn zeer gevoelig voor budgetaanpassingen als zij eenmaal op weg zijn. Het komt maar zeer zelden voor dat een startup opeens tien procent van zijn liquide middelen kwijtraakt. In veel gevallen zou dit fatale gevolgen hebben, omdat een onafhankelijke startup een zeer kleine foutmarge heeft. Daarom zijn startups niet alleen gemakkelijker maar ook veeleisender om te leiden dan traditionele bedrijfseenheden: ze hebben over het geheel genomen minder kapitaal nodig, maar dat kapitaal moet wel gegarandeerd beschikbaar zijn.

Onafhankelijke autoriteit voor verdere ontwikkeling

Startup-teams moeten volledig autonoom kunnen handelen om nieuwe producten te ontwikkelen en in de markt te zetten, zij het binnen hun mandaat. Zij moeten experimenten kunnen ontwikkelen en uitvoeren zonder dat daarvoor een buitensporig groot aantal goedkeuringen nodig is.

Ik adviseer met klem dat startup-teams volledig functieoverschrijdend zijn. Met andere woorden, dat er vanuit elke functionele afdeling binnen het bedrijf een fulltime vertegenwoordiger in het team zit. Deze personen moeten betrokken worden bij de ontwikkeling of lancering van de eerste producten. Deze teams moeten in staat zijn om daadwerkelijk functionerende producten en diensten, niets slechts prototypes, te bouwen en uit te leveren. Handtekeningen en goedkeuringen vertragen de feedbackcyclus van bouwen-meten-leren en staan daardoor het proces van leren en meten in de weg. Voor startups is het noodzakelijk dat deze dingen tot een absoluut minimum worden beperkt.

Uiteraard zal dit niveau van autonomie bij productontwikkeling angst inboezemen bij een eventuele moederorganisatie. Het wegnemen van die angsten is een belangrijk doel van de hierna beschreven methode.

Een persoonlijk belang bij het resultaat

Ten derde moeten ondernemers een persoonlijk belang hebben bij het resultaat van wat zij doen. Bij onafhankelijke nieuwe ondernemingen wordt dit meestal bereikt door de uitgifte van aandelen of iets soortgelijks. Als er in plaats daarvan gebruik wordt gemaakt van een bonussysteem, is de beste stimulans deze te koppelen aan de prestaties van de nieuwe onderneming op de lange termijn.

Ik denk echter niet dat een persoonlijk belang per se van financiële aard hoeft te zijn. Dit is met name van belang bij organisaties waarbij de innovatie niet gekoppeld is aan financiële motieven, zoals bij non-profitorganisaties of de overheid. In deze gevallen kunnen teams echter nog steeds een persoonlijk belang hebben. De moederorganisatie moet duidelijk maken wie de innovator is en er ook voor zorgen dat de innovator erkenning krijgt voor het feit dat hij het nieuwe product heeft ontwikkeld – wanneer het succesvol is. Of zoals een ondernemer die leiding gaf aan haar eigen afdeling bij een groot mediabedrijf mij vertelde, "Afgezien van de financiële stimulans, had ik altijd het gevoel dat, omdat mijn naam op de deur stond, ik meer te verliezen had en ook meer te bewijzen had dan ieder ander. Dat gevoel van 'eigenaarschap' moet je niet uitvlakken."

Deze formule is ook effectief bij bedrijven die wel een winstoogmerk hebben. Bij Toyota wordt de manager die van begin tot eind verantwoordelijk is voor de ontwikkeling van een nieuwe auto *shusa*, ofwel chief engineer, genoemd:

Shusa *worden in de Amerikaanse literatuur vaak de zwaargewichten onder de projectmanagers genoemd, maar een dergelijke benaming onderschat hun echte rol van manager die leiding geeft aan het ontwerp. De werknemers van Toyota vertalen de term zelf als chief engineer, en de auto die onder hun leiding van de band rolt noemen zij de* shusa-*auto. Zij benadrukken dat de* shusa *absolute en laatste zeggenschap heeft over elk aspect van de ontwikkeling van de auto.*[1]

De andere kant van de medaille is dat ik ook een zeer goed aangeschreven technologisch bedrijf ken dat de reputatie heeft dat er een innovatieve cultuur heerst, maar niettemin is het aantal nieuwe producten dat het heeft geproduceerd teleurstellend. Het bedrijf gaat prat op een intern beloningssysteem dat gebaseerd is op grote beloningen van financiële aard en in status aan teams die iets bijzonders presteren. Maar deze beloningen worden uitgedeeld door het senior management op basis van – niemand weet eigenlijk op basis waarvan. Er zijn geen objectieve criteria op basis waarvan een team kan peilen of het deze verkapte loterij kan winnen. Teams hebben er dan ook weinig vertrouwen in dat zij op enige manier op de lange termijn eigenaarschap zullen hebben over hun eigen innovatie. Daarom zijn teams zelden gemotiveerd om echte risico's te nemen en richten zij zich in plaats daarvan op projecten die naar verwachting de goedkeuring van het senior management kunnen wegdragen.

Het ontwikkelen van een platform voor experimenten

Vervolgens is het belangrijk om de aandacht te richten op het vaststellen van de basisregels waaraan een autonome startup zich in de praktijk moet houden: hoe de moederorganisatie wordt beschermd, hoe ondernemingen managers ter verantwoording kunnen roepen en hoe een innovatie, als deze succesvol is, in het moederbedrijf kan worden geïntegreerd. Denk maar eens terug aan het 'eiland van vrijheid' dat het SnapTax-team (hoofdstuk 2) in staat stelde om op een succesvolle manier een startup te beginnen binnen Intuit. Dat is waartoe een platform voor experimenten kan leiden.

De moederorganisatie beschermen

Traditioneel gezien richt advies over interne vernieuwers zich op het beschermen van de startup tegen de moederorganisatie. Ik denk dat het noodzakelijk is dit model om te gooien.

Laat ik beginnen met het beschrijven van een tamelijk kenmerkende bespreking bij een van mijn klanten, een groot bedrijf. Het senior management was samengekomen om beslissingen te nemen over wat er moest worden opgenomen in de nieuwe versie van het product. Als onderdeel van de missie van het bedrijf zich te laten leiden door data, hadden zij geprobeerd om een experiment uit te voeren met de prijsstelling. Het eerste deel van de vergadering werd in beslag genomen door het interpreteren van de gegevens die het experiment had opgeleverd.

Een van de problemen was dat ze het er niet over eens waren wat de data precies betekenden. Er waren veel rapporten die speciaal voor de vergadering waren samengesteld; de mensen van het bureau dat de gegevens had verzameld waren ook aanwezig. Hoe vaker hen werd gevraagd om de details van elke rij in het spreadsheet uit te leggen, hoe duidelijker het werd dat eigenlijk niemand precies wist hoe die cijfers tot stand waren gekomen. Waar we uiteindelijk naar keken waren de cijfers van de bruto-omzet van het product op verschillende prijspunten, onderverdeeld naar kwartaal en klantensegment. Het waren te veel gegevens om te kunnen bevatten.

En erger nog, niemand wist welke klanten in het experiment waren meegenomen. Verschillende teams waren verantwoordelijk geweest voor het uitvoeren van het experiment en daardoor waren verschillende delen van het product op verschillende momenten bijgewerkt. Het hele proces had enkele maanden geduurd, en op dit moment waren de personen die het experiment waren gestart verhuisd naar een afdeling die geen connectie had met de afdeling van de personen die het experiment hadden uitgevoerd.

De vele problemen die uit zo'n situatie voortkomen zullen duidelijk zijn: het gebruik van *vanity metrics* in plaats van *actionable metrics*, een extreem lange doorlooptijd, grote batches, een onduidelijke groeihypothese, slecht opgezette experimenten, geen teameigenaarschap en daardoor ook weinig mogelijkheden om te leren.

Terwijl ik alles aanhoorde, ging ik ervan uit dat de vergadering daarmee beëindigd was. Omdat er geen overeenstemming was over de feiten om een beslissing te kunnen nemen, dacht ik dat er voor niemand een basis zou zijn om zich hard te maken voor het ondernemen van een bepaalde actie. Maar dat had ik verkeerd gezien. Elke afdeling koos simpelweg voor die interpretatie van de gegevens die het best hun eigen positie ondersteunde en begon deze openlijk te verdedigen. Andere afdelingen konden zich vinden in weer andere interpretaties die hun positie weer ondersteunden, enzovoort. En uiteindelijk werden de beslissingen niet genomen op basis van feitelijke gegevens. In plaats daarvan was de leidinggevende die de vergadering voorzat gedwongen de beslissingen te baseren op de argumenten die het meest aannemelijk klonken.

Het kwam op mij als een verspilling over dat er zo veel tijd in de vergadering was besteed aan het bediscussiëren van de gegevens, omdat uiteindelijk de argumenten die de overhand hadden ook direct aan het begin hadden kunnen worden gepresenteerd. Het was alsof elke voorstander van een bepaald argument het gevoel had dat hij elk moment in een hinderlaag kon lopen; als een ander team in staat bleek om meer duidelijkheid in de situatie te verschaffen, zou dat die persoon kunnen ondermijnen en daarom was de rationele respons er een van zo veel mogelijk vertroebelen. Wat een verspilling.

Ironisch genoeg hadden vergaderingen als deze het proces van beslissingen nemen op basis van gegevens en experimenten een slechte naam binnen het bedrijf gegeven, en daar waren goede redenen voor. Het team van het dataverzamelingsbedrijf produceerde rapporten die niemand las of begreep. De projectteams hadden het gevoel dat de experimenten tijdverspilling waren, omdat deze leiden tot het half afbouwen van voorzieningen, waardoor ze eigenlijk nooit goed werden. Het 'uitvoeren van een experiment' bleek voor hen gelijk te staan aan het uitstellen van een moeilijke beslissing. En het ergste was nog wel dat de vergaderingen het uitvoerende team chronische hoofdpijn bezorgden. Hun ouderwetse vergaderingen waarbij producten werden geprioriteerd waren dan misschien niet veel meer dan aan een meningenstrijd, de verantwoordelijken begrepen in ieder geval wel wat er allemaal gebeurde. Nu moesten zij een ritueel doorlopen van hogere wiskunde, kwamen er geen eenduidige besluiten en ontstond er sowieso ook een meningenstrijd.

Rationele angsten

Aan deze strijd tussen afdelingen lag echter een rationele angst ten grondslag. Dit bedrijf bediende twee klantensegmenten: een business-to-businessdeel en een segment van directe klanten. Voor het business-to-businesssegment had het bedrijf verkopers aangetrokken om grote aantallen van het product te verkopen aan andere bedrijven, terwijl er bij het klantensegment voornamelijk eenmalige aankopen door afzonderlijke klanten werden gedaan. Het grootste deel van de omzet kwam uit de B2B-verkoop, maar de groei in dat segment was achteruitgegaan. Iedereen was het erover eens dat er een enorm groeipotentieel zat in het klantensegment, maar tot nu toe was er niet veel mee gedaan.

Dit gebrek aan groei werd deels veroorzaakt door de huidige prijsstelling. Net zoals zo veel bedrijven die aan grote ondernemingen verkopen, had ook dit bedrijf een lijst met hogere prijzen gepubliceerd waarop vervolgens grote kortingen voor bevoorrechte zakelijke klanten werd gegeven als zij grote aantallen afnamen. En uiteraard werd elke verkoper aangemoedigd om zijn klanten dit voorrecht te gunnen. En helaas waren de prijzen op deze openbaar gemaakte lijst veel te hoog voor de directe klanten.

Het team dat verantwoordelijk was voor het laten groeien van het klantensegment wilde experimenten doen met een lagere prijsstructuur. Het team dat verantwoordelijk was voor het bedrijfssegment was echter bang dat dit de bestaande relatie met hun klanten zou kannibaliseren of op een andere manier zou aantasten. Wat nu als die klanten zouden ontdekken dat individuele klanten een lagere prijs kregen dan zij? Iedereen die heeft gewerkt in een bedrijf met meerdere klantensegmenten zal weten dat er diverse oplossingen voor dit probleem zijn, zoals het invoeren van staffels voor pakketten van voorzieningen waardoor verschillende klanten in staat zijn om verschillende niveaus van het product aan te schaffen (zoals bij vliegtuigtickets) of zelfs het aanschaffen van verschillende producten met verschillende merknamen. Maar toch had het bedrijf grote moeite om een oplossing door te voeren. Waarom? Uit angst om de huidige bedrijfsvoering in gevaar te brengen werd elk voorgesteld experiment vertraagd, gesaboteerd of in de war geschopt.

Het is belangrijk om te benadrukken dat deze angst gegrond is. Sabotage is een rationele respons van managers wier territorium wordt bedreigd. Het bedrijf is niet zomaar een kleine startup die niets te verliezen heeft. Een gevestigd bedrijf heeft veel te verliezen. Als de omzet uit de kerntaken minder wordt, gaan er koppen rollen. En dit moet niet te licht worden opgevat.

De gevaren die kleven aan innovatie in een zwarte doos

De noodzaak om te innoveren is altijd aanwezig. Zonder het vermogen om op een flexibele manier te experimenteren zou dit bedrijf uiteindelijk het lot ondergaan zoals beschreven in *The Innovator's Dilemma*: jaar in jaar uit steeds grotere winsten en marges totdat het bedrijf opeens instort.

Wij schetsen interne uitdagingen op het gebied van innovatie vaak door de vraag te stellen, 'Hoe kunnen wij de interne startup beschermen tegen de moederorganisatie?' Ik zou deze vraag anders willen formuleren en ook om willen draaien: 'Hoe kunnen wij de moederorganisatie beschermen tegen de startup?' Het is mijn ervaring dat mensen zichzelf verdedigen wanneer zij bedreigd worden, en innovatie kan niet succesvol zijn als er alom een defensieve houding heerst. Daarom is ook de vaak gedane suggestie het innovatieteam weg te stoppen een verkeerde. Er zijn voorbeelden van eenmalige successen die tot stand zijn gekomen dankzij geheime *skunkwork*-teams of innovatieteams op een andere locatie, zoals de ontwikkeling van de oorspronkelijke IBM-pc in Boca Raton, Florida, geheel afzonderlijk van de voornaamste productielijn van IBM. Maar deze voorbeelden zouden eigenlijk een waarschuwing moeten zijn, want ze hebben maar zelden duurzame innovatie voortgebracht.[2] Je afzijdig houden van het moederbedrijf kan op de lange termijn negatieve gevolgen hebben.

Bekijk het eens vanuit het oogpunt van de managers die opeens te maken krijgen met innovatie. Het is zeer wel mogelijk dat zij zich verraden voelen en ook op zijn zachtst gezegd een beetje paranoïde worden. Als zoiets groots immers geheim kon worden gehouden, wat heeft men dan nog meer in petto? Mettertijd zal dit leiden tot meer politiek omdat managers gestimuleerd worden om uit te vinden welke bedreigingen er zijn voor hun eigen macht, invloed en carrière. Het feit dat de innovatie zelf een succes was, is geen rechtvaardiging voor dergelijk oneerlijk gedrag. Vanuit het oogpunt van gevestigde managers is de boodschap duidelijk: als je niet op de hoogte bent van alle ins en outs, is het heel goed mogelijk dat je onaangenaam verrast wordt door een dergelijk geheim.

Het is niet fair om deze managers te bekritiseren vanwege hun reactie; de kritiek zou moeten worden gericht op de senior leidinggevenden die er niet in zijn geslaagd om een ondersteunend systeem op te zetten waarin men kan werken en innoveren. Ik ben van mening dat het gebruiken van een 'black box' zoals in de pc-industrie een van de redenen is waarom bedrijven zoals IBM hun leidinggevende positie in de nieuwe markten die zij zelf hebben ontwikkeld hebben verloren; zij zijn niet in staat om de cultuur die in de eerste plaats heeft geleid tot integratie opnieuw te creëren en te behouden.

Het opzetten van een speeltuin voor innovatie

De uitdaging is om een mechanisme te ontwerpen dat innovatieteams in staat stelt openlijk hun werk te doen. Dat is de weg naar een duurzame cultuur van innovatie terwijl bedrijven te maken krijgen met herhaaldelijke bedreigingen van hun voortbestaan. Ik stel voor om een speeltuin op te zetten voor innovatie die de impact van de nieuwe innovatie zal omvatten, maar niet de methoden van het startup-team zal beperken. Het werkt als volgt:

1. Elk team kan een echt splittest-experiment ontwikkelen dat alleen van invloed is op de onderdelen van het product of de dienst in de speeltuin (voor een product dat uit meerdere onderdelen bestaat) of dat alleen betrekking heeft op bepaalde klantensegmenten of gebieden (voor een nieuw product). Echter:
2. Een en hetzelfde team moet het gehele experiment van het begin tot eind uitvoeren.
3. Experimenten kunnen niet langer duren dan een vooraf vastgestelde tijd (meestal enkele weken voor eenvoudige experimenten met voorzieningen, langer voor vergaande innovaties).
4. Geen enkel experiment kan van invloed zijn op meer dan een vooraf vastgesteld aantal klanten (meestal uitgedrukt als percentage van het klantenbestand van het bedrijf).
5. Elk experiment moet worden geëvalueerd op basis van een enkelvoudig gestandaardiseerd rapport van vijf tot tien (zeker niet meer) *actionable metrics*.
6. Elk team dat in de speeltuin werkt en elk product dat daar wordt ontwikkeld moet gebruikmaken van dezelfde meetmethoden om succes te evalueren.
7. Elk team dat een experiment ontwikkelt moet de metingen

en de reacties van de klanten administreren (telefoontjes voor ondersteuning, de reacties op de sociale media, threads op een forum enzovoort) zolang het experiment voortduurt en dit experiment afbreken zodra er iets rampzaligs gebeurt.

In het begin moet de speelruimte vrij klein zijn. Bij het hierboven beschreven bedrijf bevatte de speeltuin aanvankelijk alleen de pagina met de prijsstelling. Afhankelijk van het soort producten dat het bedrijf maakt, kan de omvang van de speeltuin op andere manieren worden vastgesteld. Een online dienst bijvoorbeeld kan de speelruimte beperken tot bepaalde pagina's of gebruikersstromen. Een detailhandelketen kan zich beperken tot bepaalde winkels of geografische gebieden. Bedrijven die een geheel nieuw product op de markt proberen te brengen, kunnen de beperkingen vaststellen rondom klanten in een bepaald segment.

In tegenstelling tot een concepttest of markttest worden de klanten in de speeltuin beschouwd als echte klanten en mag het innovatieteam proberen om een langdurige relatie met hen op te bouwen. Het kan per slot van rekening zo zijn dat zij nog lange tijd met deze *early adopters* zullen experimenteren voordat zij hun leermijlpalen hebben bereikt.

Wanneer mogelijk, moet het innovatieteam functieoverschrijdend zijn en een zichtbare teamleider aanstellen, zoals de *shusa* bij Toyota. Het moet gestimuleerd worden om in de speeltuin producten of voorzieningen te bouwen, te vermarkten en uit te leveren zonder toestemming vooraf. Er moet ook gerapporteerd worden over het succes of het falen van die inspanningen door gebruik te maken van standaard *actionable metrics* en *innovation accounting*.

Deze benadering kan ook werken voor teams die nog nooit eerder functieoverschrijdend hebben gewerkt. De eerste paar veranderingen, zoals een prijswijziging, zullen geen grote inspanningen op technisch gebied vergen, maar zij vragen wel om coördinatie tussen afdelingen: technologie, marketing en klantenservice. Teams die op deze manier werken zijn productiever zolang de productiviteit wordt gemeten aan de hand van hun vermogen om waarde voor de klant te realiseren en niet door slechts bezig te blijven.

Echte experimenten zijn gemakkelijk te bestempelen als successen of mislukkingen, omdat de belangrijkste metingen een verandering laten zien of niet. Hoe dan ook, het team weet direct of zijn aannames over hoe klanten zich zullen gedragen juist zijn of niet. Door elke keer dezelfde meetmethoden te hanteren, bouwt het team een bekendheid op met bepaalde metingen binnen het hele bedrijf. Omdat het innovatieteam rapporteert over de vooruitgang door middel van een systeem van *innovation accounting*, zoals beschreven in deel 2, raakt iedereen die de rapporten leest bekend met de kracht van *actionable metrics*. Dit effect is bijzonder sterk. Zelfs als iemand het innovatieteam zou willen saboteren, zal hij de finesses van *actionable metrics* en leermijlpalen moeten doorgronden.

De speeltuin stimuleert ook snelle aanpassingen. Wanneer mensen de kans hebben om een project van begin tot eind te begeleiden en wanneer het werk op kleine schaal wordt gedaan zodat er snel duidelijkheid is, zullen zij voordeel hebben van de kracht van feedback. Elke keer dat er geen verandering in de metingen is waar te nemen, kunnen zij direct op deze bevinding reageren. Deze teams komen dan ook snel tot de beste oplossingen, zelfs als zij beginnen met behoorlijk slechte ideeën.

Zoals we eerder hebben gezien, is dit een uiting van de methode van kleinschalig werken. Functionele deskundigen, met name degenen die zeer ervaren zijn in het stage-gatemodel, zijn geoefend in het werken met zeer grote batches. Dit zorgt ervoor dat zelfs goede ideeën worden overstelpt door verspilling. Door met kleinere batches te werken, stelt de speeltuinmethode teams in staat om op een goedkope manier fouten te maken en direct daarvan te leren. Zoals we hierna zullen zien, kunnen deze kleine initiële experimenten een bewijs zijn dat een team een levensvatbare nieuwe bedrijfsvoering heeft die kan worden geïntegreerd in het moederbedrijf.

De verantwoordelijkheid van interne teams

In hoofdstuk 7 hebben we al de leermijlpalen besproken. Met een intern startup-team is de volgorde van het afleggen van verantwoording hetzelfde: het ontwikkelen van een ideaal model voor de gewenste ontwrichting die is gebaseerd op klanttyperingen, het lanceren van een minimaal levensvatbaar product om een basislijn vast te stellen en vervolgens proberen om de groeimotor zo af te stellen dat deze dichter bij het gewenste ideaal komt.

Wanneer zij werken binnen dit raamwerk kunnen interne

teams feitelijk als startups functioneren. Wanneer zij zich succesvol tonen, moeten zij worden geïntegreerd in de overkoepelende product- en dienstenportfolio van het bedrijf.

Het managementportfolio cultiveren

Er zijn vier belangrijke soorten werk die bedrijven moeten beheersen. Naarmate een interne startup groeit, moeten de ondernemers die het oorspronkelijke concept hebben ontwikkeld de uitdaging van schaalvergroting aangaan. Wanneer er steeds meer nieuwe klanten in de breedte komen en nieuwe markten worden veroverd, wordt het product een onderdeel van het gezicht van het bedrijf met belangrijke gevolgen voor pr, marketing, verkoopactiviteiten en bedrijfsontwikkeling. In de meeste gevallen zal het product ook concurrentie uitlokken: copycats, snelle volgers en allerlei soorten na-apers.

Wanneer de markt voor het nieuwe product eenmaal goed vorm heeft gekregen, worden de procedures routines. Om het bijna onvermijdelijke feit te voorkomen dat het product gemeengoed wordt in zijn markt, zijn uitbreidingen van de productlijn, geregelde upgrades en nieuwe manieren van marketing noodzakelijk. In deze fase is het zeer belangrijk dat er op operationeel niveau uitstekend wordt gepresteerd, door bijvoorbeeld de kosten terug te dringen om de marges te vergroten. Hiervoor is wellicht een ander soort manager nodig: een die goed is in het optimaliseren, delegeren, controleren en uitvoeren van de werkzaamheden. De aandelenprijzen van het bedrijf zijn afhankelijk van deze soort voorspelbare groei.

Er is ook nog een vierde fase, die gedomineerd wordt door de operationele kosten en producten die worden uitgefaseerd. Dit is het domein van uitbesteden, automatisering en kostenreductie. De infrastructuur blijft echter een kritisch en doorslaggevend onderdeel van het bedrijf. Wanneer bepaalde faciliteiten niet goed functioneren, belangrijke infrastructuur faalt of trouwe klanten weglopen, kan dat het gehele bedrijf in gevaar brengen. In tegenstelling tot de fase van groei en optimalisering zullen investeringen op deze gebieden niet helpen om het bedrijf weer bovengemiddeld te laten groeien. Managers van dergelijke organisaties zijn net als scheidsrechters bij sportwedstrijden: bekritiseerd wanneer er iets verkeerd gaat, maar nooit gewaardeerd wanneer de dingen op rolletjes lopen.

Over het algemeen bespreken we deze bedrijfsfasen vanuit het perspectief van grote bedrijven, waarbij het soms gaat om complete bedrijfseenheden en honderden of zelfs duizenden mensen. Dat is op zich logisch, omdat de evolutie van dergelijke grote ondernemingen het gemakkelijkst te observeren is. Alle bedrijven doorlopen echter continu al deze vier fasen van werkzaamheden. Zodra een product op de markt verschijnt, zijn er teams van mensen die er hard aan werken om het product naar de volgende fase te tillen. Elk succesvol product of elke succesvolle voorziening begon ooit op de afdeling onderzoek en ontwikkeling, en werd uiteindelijk een onderdeel van de strategie van het bedrijf, was onderwerp van optimalisering en werd na verloop van tijd oud nieuws.

Het probleem voor startups en grote ondernemingen is dat bij beide werknemers vaak de producten die zij ontwikkelen blijven volgen als deze van de ene fase naar de andere overgaan.

Het is gebruikelijk dat de uitvinder van een nieuw product of een nieuwe voorziening leiding geeft aan de daarbij betrokken bronnen, het team of de bedrijfseenheid die het product uiteindelijk vermarkt. Het gevolg is dat gedreven creatieve managers vaak vastlopen omdat zij zich bezighouden met de groei en optimalisering van producten in plaats van met het ontwikkelen van nieuwe producten.

Deze tendens is een van de redenen dat gevestigde bedrijven moeite hebben om creatieve managers te vinden die überhaupt innovatie kunnen cultiveren. Elke volgende innovatie concurreert om bronnen met reeds gevestigde projecten, en een van de meest schaarse bronnen is talent.

Ondernemer is een functienaam

Een manier om uit dit dilemma te geraken is door de vier soorten werkzaamheden anders te managen, zodat sterke functieoverschrijdende teams rondom een bepaald gebied kunnen worden gevormd. Wanneer producten overgaan van de ene fase naar de andere, worden ze doorgaans overgedragen van het ene team aan het andere. Werknemers kunnen ervoor kiezen om met het product mee te gaan als onderdeel van de overdracht of achter te blijven en aan iets nieuws te beginnen. Geen van deze twee keuzes is per se juist of verkeerd; het hangt af van het temperament en de vaardigheden van de persoon in kwestie.

Sommige mensen zijn van nature goede uitvinders die er de voorkeur aan gegeven om te werken zonder de druk en verwachtingen van de latere fasen die een product doorloopt. Andere uitvinders zijn ambitieus en zien innovatie als hun weg naar senior management. En weer andere zijn bijzonder vaardig in het beheren en runnen van een gevestigd bedrijf, het uitbesteden en het vergroten van de efficiëntie en het voor elkaar krijgen van kostenreductie. Werknemers moet de kans worden geboden om die functie te vinden die het best bij hen past.

Ondernemerschap moet dan ook worden gezien als een reëel loopbaanpad voor vernieuwers binnen grote organisaties. Managers die leiding kunnen geven aan teams met behulp van de Lean Startup-methodiek zouden niet moeten worden gedwongen om het bedrijf te verlaten als zij de vruchten van hun vaardigheden willen plukken of moeten doen alsof zij zich thuis voelen in de strakke hiërarchie van gevestigde functionele afdelingen. In plaats daarvan zouden zij een visitekaartje moeten hebben dat niet meer dan 'ondernemer' onder hun naam vermeldt. Zij moeten ter verantwoording kunnen worden geroepen met behulp van het systeem van *innovation accounting* en dienovereenkomstig moeten worden gepromoveerd en beloond.

Nadat een ondernemer een product in de innovatiespeeltuin heeft weten te ontwikkelen, moet dit worden geïntegreerd in de moederorganisatie. Uiteindelijk zal er een groter team nodig zijn om het product te laten groeien, het te vermarkten en het op grotere schaal te produceren. Aanvankelijk zal dit team het leiderschap van de vernieuwers uit die speeltuin nodig blijven hebben. En dat is een positief onderdeel van het proces, omdat het de vernieuwers de kans geeft om nieuwe teamleden op te leiden volgens de nieuwe manier van werken die zij zelf hebben geleerd in de oorspronkelijke speeltuin.

Idealiter zal deze speeltuin steeds groter worden. Ofwel, in plaats van dat het team de speeltuin verlaat en toetreedt tot de standaardroutines van het bedrijf, zijn er wellicht mogelijkheden om de reikwijdte van de speeltuin zelf te vergroten. Als bijvoorbeeld slechts bepaalde aspecten van een product onderwerp waren van experimenten in de speeltuin, kunnen nieuwe voorzieningen worden toegevoegd. Bij de online dienst die wij eerder hebben beschreven, kon dit worden verwezenlijkt door te beginnen met een speeltuin waarin alleen aandacht werd geschonken aan de pagina met de productprijzen. Toen die experimenten succesvol waren, kon het bedrijf ook de homepage van de site aan deze speeltuin toevoegen. Vervolgens zou het ook de zoekfunctie of het ontwerp van de gehele website kunnen toevoegen. Als alleen bepaalde klanten of bepaalde aantallen klanten daarbij waren betrokken, zou het bereik van het product kunnen worden vergroot. Wanneer dergelijke veranderingen worden overwogen, is het belangrijk dat het senior management ook nadenkt over het feit of de teams die in de speeltuin werkzaam zijn op politiek vlak voor zichzelf kunnen opkomen binnen de moederorganisatie. De speeltuin werd ontwikkeld om zowel hen als de moederorganisatie te beschermen, en bij elke uitbreiding moet dit worden meegenomen in de overweging.

Werken in de innovatiespeeltuin is als het ontwikkelen van de gewoonten van een startup. Aanvankelijk zal het team alleen bescheiden experimenten kunnen uitvoeren. Deze eerste experimenten leveren wellicht niet veel op wat betreft leren en zullen wellicht ook niet leiden tot een schaalbaar succes. Maar na verloop van tijd zullen deze teams vrijwel zeker beter presteren, zolang zij maar feedback krijgen op basis van hun kleinschalige ontwikkeling en *actionable metrics*. Uiteindelijk zullen zij dan verantwoordelijk worden gehouden voor het behalen van de leermijlpalen.

Uiteraard zal elk innovatiesysteem uiteindelijk slachtoffer worden van zijn eigen succes. Naarmate de speelruimte groter wordt en de omzet van het bedrijf groeit als gevolg van de innovaties die in de speeltuin zijn gedaan, moet de cyclus opnieuw beginnen. De eerdere vernieuwers zullen nu de bewakers van de status quo worden. Wanneer een product eenmaal de gehele speeltuin in beslag neemt, zal het onvermijdelijk worden overladen met aanvullende regels en controlemaatregelen die nodig zijn voor een missiekritische bedrijfsvoering. Nieuwe innovatieteams zullen een nieuwe speeltuin nodig hebben waarin zij zich kunnen uitleven.

Wanneer de status quo is bereikt

Deze laatste overgang is met name voor vernieuwers moeilijk te accepteren: hun transformatie van vooruitstrevende buitenstaanders tot de verpersoonlijking van de status quo. Ikzelf heb dit in mijn eigen loopbaan als verontrustend ervaren. Zoals je wel kunt raden aan de hand van de technieken die ik voorsta als onderdeel van de Lean Startup-methode, ben ik altijd wel een onruststoker geweest bij de bedrijven waar ik heb gewerkt. Ik probeer altijd druk uit te oefenen om snel aanpassingen te realiseren, beslissingen te nemen op basis van gegevens en klanten in een vroeg stadium bij de ontwikkeling te betrekken. Toen deze ideeën nog geen onderdeel van de dominante cultuur waren, was het eenvoudig (zij het frustrerend) om een voorstander van deze methode te zijn. Ik hoefde alleen maar zo hard als menselijk mogelijk was mijn ideeën proberen door te drukken. Omdat de dominante cultuur ze buitenissig vond, werd ik vaak gecompenseerd met inwilliging van een 'redelijk' aantal van mijn ideeën. Dankzij het psychologische fenomeen van verankeren leidde dit tot een vreemdsoortige stimulans: hoe buitenissiger mijn suggesties waren, hoe groter de kans dat het redelijke compromis dichter bij mijn ware doel lag.

En laten we nu eens kijken wat er enkele jaren later gebeurde toen ik leiding gaf aan een productontwikkelteam. Als wij nieuwe mensen aannamen, moesten zij worden ondergedompeld in de cultuur van de Lean Startup-methode. Splittests, continue uitlevering en klantentests waren allemaal standaard. Ikzelf moest een sterke vertegenwoordiger van mijn ideeën blijven en ervoor zorgen dat elke nieuwe werknemer bereid was ze in de praktijk te brengen. Maar voor de mensen die er al een tijdje werkten, waren die ideeën inmiddels onderdeel van de status quo geworden.

Net als zo veel ondernemers zat ik gevangen tussen het continu verkondigen van mijn ideeën en het alsmaar afwegen van suggesties om ze te verbeteren. Mijn werknemers kregen te maken met dezelfde prikkel waar ik jaren eerder zoveel gebruik van had gemaakt: hoe extremer de suggestie, hoe waarschijnlijker het was dat het compromis daar uitkwam dat zij wensten. En ik heb alles gehoord: suggesties dat we terug moesten gaan naar de watervalmethode, meer gebruik moesten maken van QA om de kwaliteit te waarborgen, juist minder QA moesten gebruiken of de klanten minder moesten betrekken, meer visie en minder gegevens, of gegevens op een veel strakkere statistische manier interpreteren.

Ik was continu bezig met al deze suggesties serieus in overweging nemen. Maar op een dogmatische manier reageren is niet erg nuttig. En compromissen sluiten door standaard het verschil te delen werkt ook niet.

Ik ontdekte dat elke suggestie onderworpen moet worden aan hetzelfde strakke wetenschappelijke onderzoek dat ook ten grondslag lag aan de oprichting van de Lean Startup. Kunnen we de theorie gebruiken om de resultaten van de voorgestelde veranderingen te voorspellen? Kunnen we de veranderingen testen in een klein team en kijken wat er gebeurt? Kunnen we de impact ervan meten? Wanneer zij in de praktijk konden worden doorgevoerd, hebben deze benaderingen mij in staat gesteld om mijn eigen leerproces te verbeteren en, belangrijker nog, de productiviteit van de bedrijven waar ik heb gewerkt te vergroten. Veel van de technieken in de Lean Startup-methode die wij bij IMVU voor het eerst hebben gebruikt, zijn niet mijn eigen oorspronkelijke bijdragen. Zij werden bedacht, verder ontwikkeld en uitgevoerd door werknemers die hun eigen creativiteit en talent inbrachten.

En overal kreeg ik te maken met de volgende veelgestelde vragen: Hoe weten wij nu dat 'jouw manier' van het verder ontwikkelen van het bedrijf zal werken? Welke bedrijven gebruiken het nog meer? Wie is er rijk en beroemd mee geworden? Dit zijn begrijpelijke vragen. De grote jongens in onze bedrijfstak werken allemaal op een langzamere, lineaire manier. Waarom doen wij het anders?

Voor het beantwoorden van deze vragen hebben wij de theorie nodig. Degene die de Lean Startup-methode willen gaan toepassen als een vastgestelde reeks stappen of tactieken zal daar niet in slagen. Ik heb dit zelf door schade en schande geleerd. Bij een startup lopen dingen continu mis. Wanneer dat gebeurt, krijgen wij te maken met het eeuwenoude dilemma zoals samengevat door Deming: Hoe weten wij dat het probleem een specifieke oorzaak heeft en niet een systeemfout is? Als wij midden in het proces van het werken volgens een nieuwe methode zitten, zal er altijd de verleiding zijn om het nieuwe systeem de schuld te geven van de problemen die zich voordoen. Soms is dat juist, maar soms ook niet. Het verschil leren zien vergt theorie. Je moet in staat zijn om de resultaten van de veranderingen die je doorvoert te voorspellen, om zo te kunnen vaststellen dat de problemen die naar voren komen ook daadwerkelijk problemen zijn.

Bijvoorbeeld, het wijzigen van de definitie van productiviteit voor een team met deskundigheid op diverse gebieden – marketing, verkoop of productontwikkeling – naar gevalideerd leren zal zeker problemen opleveren. Zoals we eerder al hebben aangegeven, zijn deskundigen gewend om hun efficiëntie te meten door te kijken naar de hoeveelheid tijd die zij nodig hebben om hun werk te doen. Een programmeur verwacht bijvoorbeeld dat hij de hele dag bezig is met code schrijven. Dat is ook de reden waarom traditionele werkomgevingen deze deskundigen zo frustreren. De continue onderbreking voor vergaderingen, overdrachten naar andere afdelingen en uitleg geven aan allerlei bazen hebben allemaal een negatief effect op de efficiëntie. De individuele efficiëntie van deze deskundigen is echter niet het doel van een Lean Startup. In plaats daarvan willen wij teams dwingen om functieoverschrijdend te werken om te komen tot gevalideerd leren. Veel van de technieken om dit te doen – *actionable metrics*, continue uitlevering en de feedbackcyclus van bouwen-meten-leren – zorgen er noodzakelijkerwijs voor dat teams gaan suboptimaliseren voor hun afzonderlijke functies. Het maakt niet uit hoe snel we iets kunnen ontwikkelen. Het maakt ook niet uit hoe snel we iets kunnen meten. Wat wel van belang is, is hoe snel we de cyclus kunnen doorlopen.

In de tijd dat ik dit systeem onderwees, heb ik elke keer hetzelfde patroon waargenomen: het overschakelen naar gevalideerd leren zorgde eerst voor een slechter gevoel voordat het beter werd. Dat is zo omdat de problemen die veroorzaakt worden door het oude systeem over het algemeen ongrijpbaar zijn, terwijl de problemen van het nieuwe systeem juist zeer grijpbaar zijn. Het voordeel van het hebben van een theorie is dat dit het antigif is voor dergelijke uitdagingen. Als het bekend is dat dit verlies aan productiviteit een onvermijdelijk onderdeel vormt van de overgang, kan hier op een actieve manier op in worden gespeeld. Verwachtingen kunnen vooraf worden bepaald. Als adviseur heb ik bijvoorbeeld geleerd om deze zaken direct aan te kaarten; anders kunnen zij het hele proces als het eenmaal in gang is gezet ondermijnen. Naarmate de verandering zich voltrekt, kunnen we gebruikmaken van de analyse van de voornaamste oorzaak en technieken om snel te reageren om zo uit te vinden welke problemen in de toekomst voorkomen dienen te worden. Uiteindelijk is de Lean Startup-methode een raamwerk en niet een blauwdruk van stappen die moeten worden gevolgd. Het is zo ontwikkeld dat het kan worden aangepast aan de omstandigheden van elk afzonderlijk bedrijf. In plaats van te kopiëren wat anderen hebben gedaan, stellen technieken zoals de vijf waarom-vragen je in staat om iets op te bouwen dat perfect past bij jouw bedrijf.

De beste manier om deze ideeën te beheersen en te ontdekken, is jezelf onderdompelen in de gemeenschap waarin deze methode in de praktijk wordt gebracht. Er is een levendige gemeenschap van Lean Startup-aanhangers over de hele wereld, ook online, en er worden veel suggesties gedaan hoe je de bronnen die worden besproken in het laatste hoofdstuk van dit boek, 'Sluit je aan', tot je eigen voordeel kunt aanwenden.

HOOFDSTUK 13

Epiloog: voorkom verspilling

Het is nu iets meer dan honderd jaar geleden dat Frederik Winslow Taylor zijn *The Principles of Scientific Management* schreef. De beweging van wetenschappelijk management veranderde het verloop van de 20e eeuw doordat het de enorme welvaart mogelijk maakte die wij nu zo gewoon vinden. Taylor vond op een effectieve manier uit wat we nu kortweg als management omschrijven: het verbeteren van de efficiëntie van individuele werknemers, *management by exception* (je uitsluitend richten op onverwacht goede of slechte resultaten), het standaardiseren van werkzaamheden in taken, beloningssysteem gekoppeld aan taken en – bovenal – de notie dat werk kan worden bestudeerd en verbeterd door gerichte inspanningen. Taylor was de uitvinder van de moderne witteboordensector die bedrijven ziet als systemen die moeten worden gemanaged op meer dan alleen het niveau van het individu. Er is een reden dat in het verleden alle managementrevoluties werden geleid door technici: management gaat namelijk om de techniek van het menselijk functioneren.

In 1911 schreef Taylor het volgende: "In het verleden stond de mens altijd voorop; in de toekomst zal het systeem voorop staan." Taylors verwachting is uitgekomen. We leven nu in de wereld die hij zich voorstelde. En toch is de revolutie die hij heeft ontketend – op vele manieren – te succesvol gebleken. Terwijl Taylor wetenschap bepleitte als een manier van denken, verwarden vele mensen zijn boodschap met de strakke technieken die hij voorstond: onderzoeken naar tijd en beweging, het differentiële systeem van loon naar werken en – het bitterst van alles – het idee dat arbeiders moesten worden behandeld als niet veel meer dan machines. Veel van deze ideeën bleken bijzonder schadelijk en er waren dan in latere jaren ook diverse theoretici en managers voor nodig om dit ongedaan te maken. De Lean-productiemethode herontdekte op een kritische manier de wijsheid en initiatieven die verscholen lagen in elke fabrieksarbeider en gaf een nieuwe richting aan Taylors idee van efficiëntie, zodat deze zich meer richtte op de individuele taken en het organisme dat een bedrijf is als geheel. Maar alle latere revoluties hebben Taylors idee omarmd dat werk op een wetenschappelijke manier kan worden bestudeerd en kan worden verbeterd met behulp van een strakke experimentele benadering. In de 21e eeuw krijgen wij te maken met nieuwe problemen die Taylor nooit heeft kunnen voorzien. Ons productieve vermogen overstijgt vele malen ons vermogen om te weten wat we moeten ontwikkelen. Hoewel er een ongelooflijke hoeveelheid uitvindingen en innovaties zijn gedaan aan het begin van de 20e eeuw, waren de meeste daarvan gewijd aan het vergroten van de productiviteit van arbeiders en machines om de wereldbevolking te kunnen voeden, kleden en van woonruimte te voorzien. Hoewel dat project nog steeds niet af is, getuige de vele miljoenen die in armoede leven, ligt de oplossing voor dat probleem nu alleen nog op politiek vlak. Wij hebben de mogelijkheid om vrijwel alles te bouwen wat wij ons kunnen voorstellen. De grote vraag van onze tijd is niet 'Kunnen we het bouwen?' maar 'Moeten we het bouwen?' Hiermee worden wij in een bijzonder moment in de geschiedenis geplaatst: onze toekomstige welvaart hangt af van de kwaliteit van onze collectieve verbeelding.

In 1911 schreef Taylor:

We zien onze bossen verdwijnen, onze waterkracht verspild worden, onze aarde door overstromingen verdwijnen in de zee; en er komt een eind aan onze kolen- en ijzervoorraden. Maar de grotere verspillingen van onze menselijke inspanningen, die elke dag weer plaatsvinden omdat wij miskleunen, het verkeerde doen of inefficiënt werken... zijn veel minder zichtbaar, minder grijpbaar en worden slechts zelden erkend.

We kunnen de verspilling van materiële zaken zien en voelen. Vreemde, inefficiënte of totaal verkeerde bewegingen van mensen laten echter geen zichtbare of grijpbare sporen na. Om dit te onderkennen moeten wij ons verlaten op ons geheugen en onze verbeelding laten spreken. En daarom, zelfs als onze dagelijkse verliezen uit deze bron groter zijn dan de verspilling van materiële dingen, raakt het ene ons diep, terwijl het andere ons vrijwel niets doet.[1]

Wat kunnen we een eeuw later zeggen over deze woorden? Aan de ene kant doen ze gedateerd aan. In de 21e eeuw zijn wij ons maar al te bewust van het belang van efficiëntie en de economische waarde van verbeterde productietechnieken. Onze werkplekken – tenminste als het gaat om het ontwikkelen van materiële objecten – zijn bijzonder goed georganiseerd als je ze vergelijkt met de situatie in de tijd van Taylor.

Aan de andere kant komen de woorden van Taylor heel actueel over. Tegenover onze grootdoenerij over onze efficiëntie bij het maken van dingen staat dat onze economie nog steeds enorm verspillend is. Deze verspilling is niet het resultaat van een inefficiënte organisatie van onze werkzaamheden, maar eerder van het feit dat wij werken aan de verkeerde dingen – en op grotere industriële schaal. Zoals Peter Drucker al zei, "Er is ongetwijfeld niets zo zinloos als het met grote efficiëntie doen wat we helemaal niet zouden moeten doen."[2]

En toch doen wij continu op een efficiënte manier de verkeerde dingen. Het is lastig om een schatting te geven van hoe verspillend de moderne manier van werken wel niet is, maar er zijn genoeg verhalen over. Toen ik als adviseur rondreisde om over de Lean Startup-methode te vertellen, kreeg ik continu dezelfde boodschap te horen van werknemers bij zowel grote als kleine bedrijven. In elke bedrijfstak gaan talloze verhalen rond over mislukte lanceringen, slecht doordachte projecten en de neerwaartse spiraal als gevolg van grootschaligheid. Ik zie dit verkeerde gebruik van de tijd van mensen als een schandalige en nalatige verspilling van menselijke creativiteit en potentieel.

Hoeveel van deze verspilling is te voorkomen? Ik denk dat dat veel meer is dan wij ons nu realiseren. De meeste mensen die ik ontmoet geloven dat in ieder geval in hun eigen bedrijfstak projecten mislukken om valide redenen: projecten dragen altijd een risico in zich, marktomstandigheden zijn niet te voorspellen en de grote jongens die het voor het zeggen hebben zijn van nature niet creatief. Er zijn er die geloven dat als we alles wat langzamer aan zouden doen en zouden werken volgens een nauwkeuriger proces, we het aantal mislukkingen zouden kunnen terugbrengen door gewoon minder projecten te doen van hogere kwaliteit. Anderen daarentegen geloven dat sommige mensen nu eenmaal de aangeboren gave hebben dat zij precies weten wat het juiste product is om te ontwikkelen. Als we genoeg van deze visionairs en virtuozen weten te vinden, zullen onze problemen worden opgelost. Deze oplossingen werden ook in de 19e eeuw al als vooruitstrevend beschouwd, voordat mensen ook maar enige kennis hadden van modern management.

De eisen die de steeds snellere wereld stelt, zorgen ervoor dat deze ouderwetse benaderingen nu niet meer werken. En daarom wordt de schuld voor mislukte projecten en bedrijven vaak bij het senior management neergelegd, van wie vervolgens wordt verwacht dat ze het onmogelijke gaan doen. Ook wordt vaak met de beschuldigende vinger gewezen naar de financieel investeerders of de markt, omdat deze te veel de nadruk leggen op snelle oplossingen en resultaten op de korte termijn. We kunnen wel heel veel mensen de schuld geven, maar we beschikken over veel te weinig theorie om het handelen van leiders en investeerders richting te kunnen geven.

De Lean Startup-beweging biedt tegenwicht aan dit handenwringen. Wij geloven dat de meeste vormen van verspilling bij innovatie voorkomen kunnen worden als de oorzaken ervan eenmaal begrepen zijn. Alles wat daarvoor nodig is, is dat we onze collectieve houding over hoe dit werk moet worden gedaan veranderen.

Het is niet voldoende om werknemers aan te sporen om harder hun best te doen. Onze huidige problemen worden namelijk veroorzaakt omdat we zo hard ons best doen – op de verkeerde dingen. Wanneer wij ons richten op een functionele efficiëntie, verliezen we het echte doel van innovatie uit het oog: om dat te leren wat op dit moment nog onbekend is. Of zoals Deming ons leerde, het is niet belangrijk dat we kwantitatieve doelen stellen maar dat we die doelen met de juiste methode bereiken. De Lean Startup-beweging is voorstander van het principe dat we met de wetenschappelijke methode het antwoord kunnen vinden op de prangende vraag ten aanzien van innovatie: Hoe kunnen we een duurzame organisatie opbouwen rondom een nieuwe reeks producten of diensten?

Organisatorische superkrachten

Een deelnemer aan een van mijn workshops kwam een paar maanden later naar me toe met het volgende verhaal, dat ik hier mijn eigen woorden weergeef: "Nu ik bekend ben met de principes van Lean Startup heb ik het gevoel dat ik over superkrachten beschik. Ook al ben ik slechts een werknemer die laag in de hiërarchie zit, ik stel de vice president en general managers in de grote organisatie waar ik voor werk eenvoudige vragen en ik kan hen snel duidelijk maken dat hun projecten zijn gebaseerd op fundamentele hypotheses die kunnen worden getest. In enkele minuten kan ik mijn plan maken dat zij kunnen volgen om op wetenschappelijke manier hun plannen te valideren voordat dat te laat is. En zij antwoorden altijd met, "Wow, jij bent briljant. Wij hebben er nooit eerder aan gedacht om zo strak na te denken over nieuwe producten."

Het gevolg van deze ontmoetingen was dat hij inmiddels binnen dat grote bedrijf de reputatie heeft opgebouwd van een briljante werknemer. Dit heeft zijn carrière veel goed gedaan, maar was voor hem persoonlijk nogal frustrerend. Waarom? Omdat, hoewel hij inderdaad behoorlijk briljant is, zijn inzichten in gebrekkige productplannen niet het gevolg zijn van zijn bijzondere intelligentie, maar van het feit dat hij toegang heeft tot een theorie dat hem in staat stelt om te voorspellen wat er zal gebeuren en hij alternatieven kan voorstellen. Hij is gefrustreerd omdat de managers met wie hij zijn ideeën deelt dat systeem niet zien. Zij trekken de verkeerde conclusie dat de sleutel tot succes het vinden van briljante mensen zoals hij is, die ze vervolgens toevoegen aan hun teams. Zij zien niet de mogelijkheid die hij hen in feite biedt: op een systematische manier betere resultaten behalen door hun meningen over hoe innovatie plaatsvindt bij te stellen.

Enkele gevaren van het systeem op de eerste plaats te stellen

Net zoals bij Taylor voor ons, is het onze uitdaging om de managers van moderne ondernemingen ervan te overtuigen het systeem voorop te stellen. Maar de filosofie van Taylor moet tegelijkertijd ook een waarschuwing zijn, en het is belangrijk dat er lessen uit de geschiedenis worden getrokken als we deze nieuwe ideeën aan een breder publiek presenteren.

We kennen Taylor van zijn gerichtheid op systematisch handelen, niet op individuele genialiteit. Hierna volgt het volledige citaat uit de *The Principles of Scientific Management* met de beroemde zin over het systeem voorop stellen.

In de toekomst zal men onderkennen dat onze leiders op de juiste manier moeten zijn opgeleid en uit het juiste milieu moeten komen, en dat er geen enkel groot man is (binnen het oude systeem van persoonlijk management) die kan verwachten dat hij kan concurreren met een aantal eenvoudige mannen die zich op een goede manier hebben georganiseerd waardoor zij efficiënt kunnen samenwerken.

In het verleden stond de mens altijd voorop; in de toekomst zal het systeem voorop moeten staan. Dit impliceert echter geenszins dat grote mannen niet meer nodig zijn. Integendeel, het eerste onderwerp van elk goed systeem moet de ontwikkeling van eersteklas mensen zijn; en bij management dat gebaseerd is op een systeem zal de beste man zonder twijfel en sneller dan ooit naar de top klimmen.[3]

Helaas was Taylors bewering dat wetenschappelijk management niet in de weg staat van het vinden en stimuleren van de beste individuen gauw vergeten. De productievoordelen die men kon behalen met behulp van de tactieken van het vroege wetenschappelijk management, zoals het bestuderen van tijd en beweging, het beloningssysteem op basis van de uitgevoerde taken en met name het functioneel 'voormanschap' (de voorloper van het tegenwoordige afdelingshoofd), waren zo significant dat volgende generaties van managers volledig het belang van de mensen die deze activiteiten uitvoeren uit het oog verloren.

Dit had twee problemen tot gevolg: (1) bedrijfssystemen werden veel te strak en konden daardoor niet langer op een goede manier gebruikmaken van het aanpassingsvermogen, de creativiteit en wijsheid van individuele werknemers, en (2) er is te veel nadruk gelegd op plannen, preventie en procedures die organisaties in staat stellen om consistente resultaten te behalen in een vrijwel statische wereld. Op de werkvloer zijn deze problemen bij de hoorns gevat door de Lean-productiebeweging, en de lessen die daaruit voortvloeiden hebben zich verspreid over veel modernere ondernemingen. En toch gebruiken wij bij nieuwe productontwikkeling, ondernemerschap en innovatie over het algemeen nog steeds een gedateerd raamwerk.

Ik hoop dat de Lean Startup-beweging niet in deze zelfde valkuil van verschraling valt. We beginnen juist net te ontdekken wat de regels die ten grondslag liggen aan ondernemerschap zijn en ontwikkelen nu een methode die de kansen op succes van een startup kunnen vergroten, alsmede een systematische benadering van het ontwikkelen van nieuwe en innovatieve producten. Dit neemt echter niets weg van de deugden van de traditionele waarden van ondernemen: het vooropstellen van een visie, de bereidheid om grote risico's te nemen en doorzettingsvermogen te tonen wanneer alles tegenzit. Onze samenleving heeft meer dan ooit behoefte aan de creativiteit en visie van ondernemers. En het is precies vanwege het feit dat dit zulke waardevolle bronnen zijn dat wij het ons niet kunnen veroorloven om deze te verspillen.

Pseudowetenschappelijke productontwikkeling

Als Taylor nu nog had geleefd, denk ik dat hij had gegniffeld over hoe ondernemers en vernieuwers worden gemanaged. Hoewel we dankbaar gebruikmaken van het werk van wetenschappers en technici die iemand die leefde aan het begin van de 20e eeuw zouden hebben doen duizelen met hun technisch vernuft, ontbreekt het bij het management waarop wij deze mensen organiseren over het algemeen aan een strakke wetenschappelijke benadering. Ik zou zelfs zo ver durven gaan om dit pseudowetenschap te noemen.

We geven op een routinematige manier groen licht voor nieuwe projecten en baseren ons daarbij meer op onze intuïtie dan op feiten. Zoals we in dit hele boek hebben gezien, is dat niet de hoofdoorzaak van het probleem. Alle innovatie begint met visie. En wat er daarna gebeurt is van essentieel belang. Zoals we hebben gezien vinden te veel innovatieteams het belangrijker om hun successen aan de buitenwereld te laten zien en gaan zij daarom selectief op zoek naar gegevens die hun visie ondersteunen in plaats van dat zij de elementen van hun visie onderwerpen aan echte experimenten, of erger nog, zij werken onder de radar om zo een gegevensvrije zone te creëren waarin zij ongelimiteerd kunnen experimenteren zonder dat er klantenfeedback binnenkomt of zij zich naar buiten toe hoeven te verantwoorden. Elke keer wanneer een team probeert om oorzaak en gevolg aan te tonen door de hoogtepunten te plaatsen op een grafiek met alleen metingen van brutoresultaten, houdt het zich bezig met pseudowetenschap. Hoe weten wij dat de veronderstelde theorie over oorzaak en gevolg juist is? Elke keer dat een team zijn fouten probeert te rechtvaardigen door terug te vallen op leren als een excuus, doet het ook aan pseudowetenschap.

Wanneer het leren heeft plaatsgevonden in een cyclus van aanpassingen, moeten we dat aantonen door dit om te zetten in gevalideerd leren bij de volgende cyclus. Alleen door het ontwikkelen van een model van klantgedrag en vervolgens te laten zien dat wij in staat zijn om ons product of onze dienst te gebruiken om dit na verloop van tijd te veranderen, kunnen we komen tot echte feiten over de validiteit van onze visie.

Terwijl wij ons verheugen over het succes van de Lean Startup-beweging, is een kritische noot op zijn plaats. We kunnen niet toestaan dat ons succes een nieuwe pseudowetenschap voortbrengt rond omslagpunten, MLP's enzovoort. Dat was het lot van wetenschappelijk management en uiteindelijk wierp dat ons, naar mijn mening, tientallen jaren terug in de tijd. Wetenschap werd synoniem voor de overwinning van routinematig werk op creatief werk, van mechanisatie op menselijke inbreng en van plannen op flexibiliteit. Latere bewegingen die opkwamen moesten die gebreken weer corrigeren.

Taylor geloofde in de vele dingen die hij wetenschappelijk noemde, maar die onze moderne ogen als niet meer dan vooroordelen zien. Hij geloofde in de intrinsieke superioriteit van zowel de intelligentie als de persoonlijkheid van aristocratische mannen over de werkende klasse en de superioriteit van mannen over vrouwen; ook geloofde hij dat er op de mensen van een lagere klassen toezicht moest worden gehouden door hun meerderen. Deze meningen zijn kenmerkend voor de tijd waarin Taylor leefde en we kunnen hem makkelijk vergeven voor het feit dat hij hier blind voor is geweest.

En wanneer onze tijd wordt bezien door de ogen van toekomstige generaties, welke vooroordelen zullen er dan naar voren komen? In welke krachten stellen wij nu zonder meer vertrouwen? Wat verliezen wij mogelijk uit het oog met het aanvankelijke succes van onze beweging?

Met deze vragen wil ik graag afsluiten. Hoeveel genoegen het mij ook schenkt om te zien dat de Lean Startup-beweging steeds meer aanhangers en erkenning krijgt, is het veel belangrijker dat we het bij het rechte eind hebben bij de aanbevelingen die wij doen. Wat wij tot nu toe weten is slechts het topje van de ijsberg. Wat wij nodig hebben is een omvangrijk project om te ontdekken hoe we het grote moderne arbeidspotentieel dat voor onze neus verstopt ligt kunnen ontsluiten. Als we zouden stoppen met het verspillen van de tijd van mensen, wat zouden zij daar dan mee gaan doen? Wij hebben geen echt beeld van wat er mogelijk is.

Aan het eind van de jaren 80 van de 19e eeuw begon Taylor met een experimenteel programma om de beste manier te ontdekken om staal te snijden. Tijdens dat onderzoek, dat meer dan 25 jaar duurde, voerden hij en zijn collega's meer dan 20.000 afzonderlijke experimenten uit. Wat zo bijzonder is aan dit project is dat het niet gesteund werd vanuit de wetenschap en er waren geen onderzoeksbudgetten beschikbaar gesteld vanuit de overheid. Het hele onderzoek werd gefinancierd door de bedrijfstak zelf; de winsten die voortkwamen uit de hogere productiviteit als gevolg van de experimenten werden daarvoor aangewend. En dit was slechts een experimenteel programma om de verborgen productiviteit in een bepaalde activiteit te ontdekken. Andere aanhangers van wetenschappelijk management besteedden jaren aan het onderzoeken van werkzaamheden als metselen, een boerenbedrijf runnen en zelfs het graven van gaten. Zij wilden hoe dan ook de waarheid achterhalen en waren niet tevreden met de boerenwijsheid van ambachtslieden of de verhalen van deskundigen.

Kan iemand van ons zich een kennismanager voorstellen met dezelfde mate van interesse in de methoden die zijn werknemers gebruiken? Hoeveel van onze huidige manier van innoveren wordt gedreven door pakkende leuzen die geen enkele wetenschappelijke basis hebben?

Een nieuw onderzoeksprogramma

Welke vergelijkbare onderzoeksprogramma's zouden wij kunnen uitvoeren om te ontdekken hoe we effectiever kunnen werken?

Allereerst weten we heel erg weinig over welke dingen productiviteit kunnen bevorderen onder omstandigheden die gekenmerkt worden door grote onzekerheid. Gelukkig beschikken wij met de doorlooptijden die op allerlei gebieden steeds korter worden over veel mogelijkheden om nieuwe benaderingen te testen. Ik stel daarom ook voor dat we startup-testlaboratoria opzetten die allerlei vormen van productontwikkeling kunnen testen.

Hoe zouden we die tests kunnen uitvoeren? We kunnen kleine functieoverschrijdende teams opzetten, wellicht eerst voor productie en technische ontwikkeling, en ze laten samenwerken om problemen op te lossen met gebruikmaking van verschillende ontwikkelmethodieken. We zouden kunnen beginnen met problemen waar duidelijke antwoorden op zijn, die we wellicht kunnen halen uit de vele internationale programmeerwedstrijden waar databases uit zijn voortgekomen van goed omschreven problemen met duidelijke oplossingen. Deze wedstrijden bieden ook een duidelijke basislijn die aangeeft hoe lang het voor diverse problemen zou moeten duren voordat zij zijn opgelost, zodat wij duidelijk de individuele probleemoplossende vermogens van de experimentele onderwerpen zouden kunnen vaststellen.

Als we een dergelijke opstelling voor onze kalibratie gebruiken, zouden we daarna kunnen beginnen met het afwisselen van de omstandigheden waaronder de experimenten plaatsvinden. De uitdaging zal zijn om de mate van onzekerheid over wat het juiste antwoord is te vergroten, terwijl wij nog steeds in staat zijn om de kwaliteit van de resultaten op een objectieve manier te meten. Wellicht zouden we ook echte klantenproblemen kunnen gebruiken en vervolgens echte klanten de producten die het team voortbrengt kunnen laten testen. Of misschien kunnen we zelfs wel een minimaal levensvatbaar product ontwikkelen om telkens opnieuw dezelfde reeks problemen op te lossen om kwantificeerbaar te maken hoe de beste conversiecijfers onder de klanten worden bereikt.

We zouden ook de immer belangrijke doorlooptijd kunnen variëren door te kiezen voor meer of minder complexe ontwikkelplatforms en distributiekanalen, om de impact van die factoren te testen op de daadwerkelijke productiviteit van de teams.

Maar bovenal moeten wij heldere methoden ontwikkelen om teams verantwoordelijk te houden voor gevalideerd leren. Ik heb in dit boek één methode voorgesteld: *innovation accounting* met behulp van een strak gedefinieerd financieel model en een duidelijke groeimotor. Maar het is naïef om te veronderstellen dat dit de best mogelijke methode is. Naarmate deze methode steeds vaker bij bedrijven wordt geïmplementeerd, zullen er ongetwijfeld nieuwe technieken naar voren komen, en dan moeten we in staat zijn om nieuwe ideeën zo zorgvuldig mogelijk te evalueren.

Al deze vragen bieden mogelijkheden voor samenwerking tussen publieke en private instellingen, zoals tussen onderzoeksinstituten en de gemeenschappen van ondernemers die zij willen bedienen. Het veronderstelt ook dat universiteiten in staat zijn om op veel meer manieren waarde toe te voegen dan uitsluitend als eenvoudige financieel investeerders of bij het opzetten van startups waar ideeën worden ontwikkeld, zoals de huidige trend is. Ik voorspel dat de plekken waar dergelijk onderzoek wordt uitgevoerd belangrijke centra worden van nieuwe manieren van ondernemerschap, en universiteiten die dit onderzoek doen, kunnen daarom wellicht in staat zijn om een veel hoger niveau van commercialisering van hun voornaamste onderzoeksactiviteiten te realiseren.[4]

De aandelenmarkt op de lange termijn

Afgezien van eenvoudige onderzoeksactiviteiten, geloof ik dat ons doel zou moeten zijn om het gehele ecosysteem van ondernemerschap te veranderen. Te veel startups zijn nu onderdeel geworden van een systeem dat grote mediabedrijven en investeringsbanken voedt. Een deel van de reden waarom gevestigde bedrijven moeite hebben om te blijven investeren in innovatie is de enorm grote druk vanuit de markten om te gaan voor winstgevendheid op de korte termijn en het behalen van groeidoelstellingen. Dit wordt voornamelijk veroorzaakt door de methoden die wij hebben ontwikkeld voor het evalueren van managers, die zich richten op de *vanity metrics* die wij hebben besproken in hoofdstuk 7. Wat wij nodig hebben is een nieuw soort aandelenmarkt, die zo is ingericht dat er wordt gehandeld in aandelen van bedrijven die zich focussen op duurzaam langetermijndenken. Ik stel dan ook voor dat we de Long-Term Stock Exchange (LTSE) opzetten.

Als aanvulling op de driemaandelijkse rapporten over winsten en marges zouden bedrijven die zijn genoteerd aan de LTSE rapporteren volgens de methode van *innovation accounting* ten aanzien van hun eigen ondernemerschap. Net zoals Intuit zouden zij rapporteren over de omzet die zij behaalden op producten die een aantal jaar daarvoor nog niet bestonden. De beloning van de leidinggevenden bij LTSE-bedrijven zou worden gekoppeld aan de prestaties van het bedrijf op de lange termijn. Handelen op de LTSE zal hogere transactiekosten met zich meebrengen om de daghandel en grote prijsschommelingen te beperken. In ruil daarvoor zouden deze bedrijven de leiding over hun bedrijf zelf structuur mogen geven, zodat het management een grotere vrijheid zou krijgen om investeringen op de lange termijn te doen. Naast de steun voor langetermijndenken, zal ook de transparantie van de LTSE waardevolle gegevens opleveren over hoe innovatie in de echte wereld kan worden gestimuleerd. Een instituut als de LTSE zal de opkomst van de volgende generatie van grote bedrijven, die vanaf de grond zijn opgebouwd met als doel blijvende innovatie, kunnen versnellen.

Conclusie

Lean Startup moet als beweging voorkomen dat er doctrines en strakke ideologieën insluipen. We moeten de karikatuur zien te voorkomen dat wetenschap automatisch formules of een gebrek aan menselijkheid bij de werkzaamheden betekent. Eigenlijk is wetenschap een van de meest creatieve dingen die de mensheid doet. Ik geloof dat wanneer je wetenschap toepast op ondernemerschap dit een enorm menselijk potentieel zal ontsluiten.

Hoe zou een organisatie eruitzien als alle werknemers beschikten over de organisatorische superkrachten die de Lean Startup-methode biedt?

Iedereen zal in ieder geval erop staan dat aannames duidelijk worden geformuleerd en zorgvuldig worden getest, niet om de boel te vertragen of om maar bezig te blijven, maar vanuit de oprechte wens om de waarheid te ontdekken die achter elke visie van elk project ligt verscholen.

We zouden geen tijd verspillen aan eindeloze discussies tussen de verdedigers van kwaliteit en de cowboys die roekeloos vooruit willen gaan. In plaats daarvan zouden wij onderkennen dat snelheid en kwaliteit bondgenoten zijn in het streven naar voordelen op de lange termijn voor de klant. We zouden haast maken met het testen van onze visie, en niet om die daarna aan de kant te kunnen schuiven. We zouden manieren zoeken om verspilling uit te bannen, niet om luchtkastelen van grote kwaliteit te bouwen, maar om flexibel te zijn en baanbrekende zakelijke resultaten te behalen.

Wij zouden op mislukkingen en tegenslagen reageren met eerlijkheid en leren, niet met tegenwerpingen en beschuldigingen. En meer nog, we zouden de stimulans om het kalmer aan te doen, de batchomvang te vergroten en ons uit te leven in de gesel die preventie heet, schuwen. Wij zouden meer snelheid behalen door het overvloedige werk dat niet leidt tot leren geheel links te laten liggen. Wij zouden ons wijden aan het bouwen van nieuwe instellingen met een missie om duurzame waarde te creëren en de wereld beter te maken.

Maar bovenal zouden wij niet langer de tijd van anderen verspillen.

HOOFDSTUK 14

Sluit je aan

De laatste jaren heeft de Lean Startup-beweging zich verspreid over de hele wereld. Het aantal hulpbronnen dat beschikbaar is voor aankomende ondernemers, is overweldigend. Ik zal hier proberen om de beste evenementen, boeken en blogs die je kunt bezoeken of lezen samen te vatten. Daarna moet je het zelf doen. Lezen is goed, maar doen is beter.

De belangrijkste hulpbronnen zijn lokale bronnen. Je hoeft niet langer op één plaats, zoals Silicon Valley, te zitten om je ideeën en problemen met andere ondernemers te delen. Maar je bevinden in een startup-ecosysteem is wel een belangrijk onderdeel van je ondernemerschap. Wat er wel veranderd is, is dat deze ecosysteem steeds vaker ontstaan in centra van startups over de hele wereld.

Ik heb zelf een officiële website voor *The Lean Startup* op http://theleanstartup.com, waar je aanvullende bronnen kunt vinden, zoals casestudy's en links naar literatuur. Ook vind je er links naar mijn blog, *Startup Lessons Learned*, en naar mijn presentaties, in beeld en geluid.

Lean Startup-bijeenkomsten

De kans is groot dat er in jouw omgeving een Lean Startup-groep is. Terwijl ik dit boek schrijf, zijn er al meer dan honderd, met de grootste in steden als San Francisco, Boston, New York, Chicago en Los Angeles. Je kunt een actuele overzichtskaart van de groepen vinden op http://Lean-startup.meetup.com/. Je kunt er ook een lijst van steden vinden waar mensen geïnteresseerd zijn in het opstarten van een nieuwe groep, en hulpmiddelen om zelf zo'n groep te starten.

De Lean Startup Wiki

Niet elke Lean Startup-groep maakt gebruik van de website Meetup.com. Een uitgebreide lijst van evenementen en andere hulpbronnen wordt door vrijwilligers bijgehouden op de Lean Startup Wiki: http://leanstartup.pbworks.com/

De Lean Startup Circle

De grootste actieve gemeenschap rondom Lean Startup bevindt zich online. De Lean Startup Circle is opgericht door Richard Collins en via zijn mailinglist delen elke dag duizenden ondernemers tips, bronnen en verhalen over hoe Lean Startup kan worden gebruikt in jouw bedrijf of bedrijfstak. Het is een goede plek om te beginnen: http://leanstartupcircle.com/

De Startup Lessons Learned-bijeenkomsten

De afgelopen twee jaar heb ik een congres voorgezeten met de naam Startup Lessons Learned. Meer details hier: http://sllconf.com

Verplichte literatuur

Steve Blanks boek *The Four Steps to the Epiphany* is hét boek over klantontwikkeling. Toen ik werkte aan de opbouw van IMVU had ik altijd een stukgelezen exemplaar bij me. Het is een onmisbare gids. Je kunt hier een exemplaar vinden: http://ericri.es/Foursteps of mijn recensie ervan hier lezen: http://www.startuplessonslearned.com/2008/11/what-is-customer-development.html. Steve heeft ook een uitstekende blog waarop hij regelmatig berichten plaatst: http://steveblank.com/

Brant Cooper en Patrick Vlaskovits hebben een bondig boek geschreven met als titel *The Entrepreneurs Guide to Customer Developement*, waarin zij een goed leesbare inleiding geven op het onderwerp. Je kunt het kopen via http://custdev.com of mijn recensie lezen op http://startuplessonslearned.com/2010/07/entrepreneurs-guide-to-customer.html

Toen ik begon met de bloggen over ondernemerschap was dat nog niet zo gewoon als het nu is. Er waren slechts weinig bloggers die op een actieve manier nieuwe ideeën over ondernemerschap uitwerkten, en samen bediscussieerden en verfijnden wij deze ideeën.

Dave McClure, oprichter van de firma 500 Startups van een groep durfkapitalisten, schrijft zijn blog op http://500hats.typepad.com/. 500 Startups heeft zelf ook een uitstekende blog: http://blog.500startups.com/. Daves presentatie met als titel 'Startup Metrics for Pirates' stelde een raamwerk voor om anders te denken over het meten van online diensten, dat grote invloed kreeg op het concept groeimotoren. De oorspronkelijke presentatie is terug te zien op http://500hats.typepad.com/500blogs/2008/09/

startup-metri-2.html en mijn oorspronkelijke reactie daarop kun je hier vinden: http://www.startuplessonslearned-com/2008/09/three-drivers-of-growth-for-your.html

Sean Ellis is auteur van de *Startup Marketing Blog*, die van grote invloed is geweest op de manier hoe ik denk over het integreren van marketing in startups: http://startup-marketing.com/

Andrew Chens blog *Futuristic Play* is een van de beste bronnen voor ideeën over virale marketing, de meetmethoden van startups en ontwerp: http://andrewchenblog.com/

Babak Nivi is de auteur van de uitstekende blog *Venture Hacks* en was een van de eerste aanhangers van Lean Startup: http://venturehacks.com/. Inmiddels heeft hij Angel List opgericht, een organisatie die startups en investeerders over de hele wereld samenbrengt: http://angel.co/

Andere uitstekende blogs over Lean Startup zijn:

- Ash Maurya heeft zich een leider getoond in het helpen van vastgelopen online bedrijven bij het toepassen van ideeën uit de Lean Startup-methode. Zijn blog is genaamd *Running Lean* en ook heeft hij een eBook uitgegeven met dezelfde titel. Je kunt beide vinden op http://www.runningleanhq.com/
- Sean Murphy schrijft over softwarestartups die in hun beginfase zitten: http://www.skmurphy.com/blog/
- Brant Coopers *Market by Numbers*: http://market-by-numbers.com/
- Patrick Vlaskovits schrijft over technologie, klantontwikkeling en prijsstelling: http://vlaskovits.com/
- De KISSmetrics Marketing Blog: http://blog.kissmetrics.com/ en Hiten Shahs blog op http://hitenism.com

Meer lezen

Clayton M. Christensens *The Innovator's Dilemma* en *The Innovator's Solution* zijn klassiekers. Daarnaast biedt Christensens nieuwste werken ook nuttige inzichten in de theorie van ontwrichtende innovatie in de praktijk. Deze werken omvatten *The Innovator's Prescription* (over ontwrichtende gezondheidszorg) en *Disrupting Class* (over het onderwijs).

http://ericri.es/ClaytonChristensen

Het werk van Geoffrey A. Moore is vermaard onder alle ondernemers, en dan met name zijn boeken *Crossing the Chasm* and *Inside the Tornado*. Maar hij is zijn denken blijven verfijnen en met name zijn laatste werk vind ik zeer de moeite waard: *Dealing with Darwin: How Great Companies Innovate at Evey Phase of Their Evolution.*
http://ericri-es/DealingWithDarwin

The Principles of Product Development Flow: Second Generation Lean Product Development door Donald G. Reinertsen.
http://ericri-es/pdflow

The Toyota Way door Jeffrey Like.
http://ericri-es/thetoyotaway

Lean Thinking: Banish Waste and Create Wealth in Your Corporation, herziene en bijgewerkte versie door James P. Womack en Daniel T. Jones.
http://ericri-es/LeanThinking

The People's Tycoon: Henry Ford and the American Centuy door Steven Watts.
http://ericri-es/ThePeoplesTycoon

The One Best Way: Frederick Winslow Taylor and the Enigma of Efficiency door Robert Kanigel.
http://ericri.es/OneBestWay

The Principles of Scientific Management door Frederick Winslow Taylor.
http://ericri-es/ScientificManagement

Extreme Programming Explained: Embrace Change door Kent Beck en Cynthia Andrea.
http://ericri-es/EmbraceChange

Toyota Production System: Beyond Large-Scale Production door Taiichi Ohno.
http://ericri.es/TaiichiOhno

De ideeën over de feedbackcyclus van bouwen-meten-leren vertonen veel gelijkenissen met de ideeën over oorlogsvoering, met name John Boyds OODA-cyclus (observe-orient-decide-act). De meest toegankelijke inleiding op de ideeën van Boyd is te vinden in *Certain to Win: Strategy of John Boyd, Applied to Business* door Chet Richards.
http://ericri.es/CertainToWin

Out of the Crisis door W. Edwards Deming.
htp://ericri.es/OutOfTheCrisis

My Years with General Motors door Alfred Sloan.
http://ericri.es/MyYears

Billy, Alfred, and General Motors: The story of Two Unique Men, A Legendary Company, and a Remarkable Time in American History door William Pelfrey.
http://ericri.es/BillyAlfred

The Practice of Management door Peter F. Drucker.
http://ericri.es/PracticeOfManagement

Getting to Plan B: Breaking Through to a Better Business Model door John Mullins en Randy Komisar.
http://ericri.es/GettingToPlanB

Eindnoten

Inleiding

1. Voor een actueel overzicht van Lean Startup-bijeenkomsten of om er een te vinden bij jou in de buurt surf je naar http://lean-startup.meetup.com of de Lean Startup Wiki: http://leanstartup.pbworks.com/Meetups. Zie ook hoofdstuk 14, 'Sluit je aan'.

Hoofdstuk 1. Starten

1. Statistieken en analyses over productie zijn overgenomen uit de blog *Five Thirty Eight*: http://www.fi vethirtyeight.com/2010/02 / usmanufacturing-is-not-dead.html

Hoofdstuk 2. Definiëren

1. *The Innovator's Dilemma* is een klassiek geworden essay van Clayton Christensen over de problemen die gevestigde bedrijven hebben met ontwrichtende innovatie. Samen met het vervolg, *The Innovator's Solution*, biedt het gerichte suggesties hoe gevestigde bedrijven autonome bedrijfseenheden kunnen opzetten om een manier van innoveren na te streven die gebruikelijk is bij startups. De structurele vereisten die daarvoor gesteld worden, worden gedetailleerd besproken in hoofdstuk 12.
2. Voor meer informatie over SnapTax, zie http://blog.turbotax.intuit.com/turbotax-press-releases/taxes-on-your-mobile-phone-it%E2%80%99s-a-snap/01142011-4865 en http://mobilized.allthingsd.com/20110204/exclusive-intuit-sees-more-than-350000-downloads-for-snaptax-its-smartphone-tax-filing-app/
3. De meeste informatie met betrekking tot Intuit en SnapTax komt uit persoonlijke interviews met het management van Intuit en werknemers. Informatie over de oprichting van Intuit is afkomstig

van Suzanne Taylor en Kathy Schroeders *Inside Intuit: How the Makers of Quicken Beat Microsoft and Revolutionized an Entire Industry* (Cambridge, Mass.: Harvard Business Press, 2003).

Hoofdstuk 3. Leren

1. De oorspronkelijke vijf oprichters van IMVU waren Will Harvey, Marcus Gosling, Matt Danzig, Mel Guymon en ikzelf.
2. Het gebruik in de Verenigde Staten was zelfs nog geconcentreerder; zie http://www.businessweek.com/technology/tech_stats/im050307.htm
3. Om meer te weten te komen over de eerste gesprekken die IMVU met klanten voerde en die ons er toe brachten om een bijstelling te doen weg van de strategie om een add-on te produceren, ga je naar http://mixergy.com/ries-lean/
4. Een waarschuwing: het kunnen aantonen van gevalideerd leren vereist dat gebruik wordt gemaakt van de juiste meetmethoden, ook wel *actionable metrics*, die worden besproken in hoofdstuk 7.
5. Deze casestudy werd geschreven door Bethany Coates onder leiding van professor Andy Rachleff. Je kunt het allemaal nalezen op http://hbr.org/product/imvu/an/E254-PDF-ENG

Hoofdstuk 4. Experimenteren

1. Sommige ondernemers hebben deze slogan overgenomen als een startup-filosofie, waarbij zij gebruikmaken van het acroniem JFDI. Een actueel exemplaar kan worden ingezien via http://www.cloudave.com/1171/what-makes-an-entrepreneur-four-letters-jfdi/
2. http://techcrunch.com/2009/11/02/amazon-closes-zappos-dealends-up-paying-1-2-billion/
3. Ik wil Caroline Barlerin en HP bedanken dat zij mij toestonden om mijn experimentele analyse van dit project op te nemen.
4. Informatie over Kodak Gallery is afkomstig uit interviews die zijn gehouden door Sara Leslie.
5. Het verhaal over VLS werd verteld door Elnor Rozenrot, voorheen werkzaam bij Innosight Ventures. Extra gegevens werden verschaft door Akshay Mehra. Voor meer informatie over VLS, zie het artikel in *Harvard Business Review*: http://hbr.org/2011/01/new-business-models-in-emerging-markets/ar/1 of de persverslagen op http://economictimes.indiatimes.com/news/news-by-company/corporate-trends/village-laundry-services-takes-on-the-dhobi/articleshow/5325032.cms

6. Voor meer informatie over de eerste inspanningen van het CFPB, zie het artikel in de *Wall Street Journal* van 13 april 201 getiteld "For Complaints, Don't Call Consumer Bureau Yet"; http://online.wsj.com/article/SB10001424052748703551304576260772357440148.html. Veel toegewijde ambtenaren werken op dit moment onder leiding van president Obama hard aan het doorvoeren van de experimentele benadering in de publieke sector. Ik wil graag Aneesh Chopra, Chris Vein, Todd Park, en David Forrest bedanken dat zij mij hebben laten kennismaken met deze baanbrekende activiteiten.

Hoofdstuk 5. De vertrouwenssprong

1. CU Community, bijvoorbeeld, dat begon op de universiteit van Columbia, kende direct een goed begin. Zie http://www.slate.com/id/2269131/. Het verhaal over de oprichting van Facebook komt uit David Kirkpatricks *The Facebook Effect* (New York: Simon & Schuster, 2011).
2. Feitelijke cijfers over het aantal deelnemers in 2004 zijn moeilijk te achterhalen, maar dit patroon is in alle publieke uitingen van Facebook consistent gebleven. Zo meldde Chris Hughes in 2005 dat "60% dagelijks inlogt. Ongeveer 85% een keer per week inlogt en 93% ten minste een keer per maand." http://techcrunch.com/2005/09/07/85-of-college-students-use-facebook/
3. Ik hoorde de term *leap of faith* (vertrouwenssprong) voor het eerst met betrekking tot de aannames van startups gebezigd worden door Randy Komisar, een vroegere collega en huidige partner bij de durfkapitalisten Kleiner Perkins Caufield & Byers. Hij gaat verder in op dit concept in zijn boek *Getting to Plan B*, dat hij samen met John Mullins heeft geschreven.
4. http://www.forbes.com/2009/09/17/venture-capital-ipodintelligent-technology-komisar.html
5. "Een zorgvuldig door Charles E. Duryea (zelf een pionier in de autofabricage) voor het tijdschrift *Motor* samengestelde tabel, maakte duidelijk dat in de periode 1900-1908, 501 bedrijven in de Verenigde Staten werden opgericht met als doel het fabriceren van auto's. 60 daarvan werd binnen een paar jaar opgedoekt, en nog eens 6 procent ging door in andere productiegebieden." Dit citaat is afkomstig uit de biografie van Henry Ford, *The People's Tycoon: Henry Ford and theAmerican Century*, Steven Watts (New York: Vintage, 2006).
6. Jeffrey K. Liker, *The Toyota Way*. New York: McGraw-Hill, 2003, p. 223.

7. http://www.autofieldguide.com/articles/030302.html
8. In het model van de klantontwikkeling wordt dit ook wel klantontdekking (*customer discovery*) genoemd.
9. Voor meer informatie over de oprichting van Intuit, zie Suzanne Taylor en Kathy Schroeder, *Inside Intuit*.
10. Voor meer informatie over de Lean UX-beweging, zie http://www.cooper.com/journal/2011/02/lean_ux_product_stewardship_an.html en http://www.slideshare.net/jgothelf Lean-ux-getting-out-of-the-deliverables-business

Hoofdstuk 6. Testen

1. http://www.pluggd.in/groupon-story-297/
2. "Groupon's $6 Billion Gambler," *Wall Street Journal*; http://online.wsj.com/article_email/SB10001424052748704828104576021481410635432-IMyQjAxMTAwMDEwODExNDgyWj.html
3. De term minimaal levensvatbaar product (*minimum viable product*) is in ieder geval al sinds het jaar 2000 in gebruik als onderdeel van diverse benaderingen van productontwikkeling. Voor een wetenschappelijk voorbeeld, zie http://www2.cs.uidaho.edu/~billjunk/Publications/DynamicBalance.pdf

Zie ook Frank Robinson van PMDI, die verwijst naar een versie van het product dat het kleinst mogelijke is dat nodig is om het te verkopen aan potentiële klanten (http://productdevelopment.com/howitworks/mvp.html).

Dit is vergelijkbaar met Steve Blanks concept van de *minimum feature set* (het minimaal aantal voorzieningen) bij klantontwikkeling (http://steveblank.com/2010/03/04/ perfection-by-subtraction-the-minimum-feature-set/). Ik heb mijn gebruik van de term hier veralgemeniseerd naar elke versie van een product die het leerproces in gang kan zetten, met gebruikmaking van de feedbackcyclus bouwen-meten-leren (*build-measure-learn*). Voor meer informatie, zie http://www.startuplessonslearned.com/2009/08/minimum-viable-product-guide.html

4. Veel mensen hebben al over dit fenomeen geschreven en hebben daar verschillende termen voor gebruikt. Het meest gelezen is waarschijnlijk Geoffrey Moore's *Crossing the Chasm*. Voor meer informatie zie ook Eric Von Hippels onderzoek naar wat hij *lead users* noemde; zijn boek *The Sources of Innovation* is goed om mee te beginnen. Steve Blank gebruikt de term *early evangelist* om de enthousiasmerende krachten van deze eerste klanten te benadrukken.

5. "Voor het gewone publiek zag de demo van Dropbox eruit als een alledaagse productdemonstratie," zegt Drew, "maar we hadden er ook een stuk of wat *easter eggs* ingestopt die gericht waren op degenen die ook gebruikmaakten van Digg. Er waren verwijzingen naar Tay Zonday en 'Chocolate Rain' en ook zinspelingen op *Office Space* en XKCD. Het was een ironische hint naar dat publiek en het zorgde voor een kettingreactie. Binnen 24 uur had de video meer dan 10.000 Diggs ontvangen." http://answers.oreilly.com/topic/1372-marketing-lessons-from-dropbox-a-qa-with-ceo-drew-houston/. Je kunt de oorspronkelijke video en de reactie van de Digg-gemeenschap terugzien op http://digg.com/software/Google_Drive_killer_coming_from_MIT_Startup. Voor meer informatie over het succes van Dropbox, zie "Dropbox: The Hottest Startup You've Never Heard Of" op http://tech.fortune.cnn.com/2011/03/16/cloud-computing-for-the-rest-of-us/
6. Deze beschrijving is opgenomen met dank aan Lifehacker: http://lifehacker.com/5586203 /food-on-the-table-builds-menus-and-grocery-lists-based-on-your-familys-preferences
7. Deze lijst werd samengesteld door mijn collega, professor Tom Eisenmann van Harvard Business School, Launching Technology Ventures voor een casestudy over Aardvark die hij begeleidde voor één van zijn colleges. Meer informatie is te vinden op http://platformsandnetworks.blogspot.com/2011/01/launching-tech-ventures-part-i-course.html
8. http://www.robgo.org/post/568227990 /product-leadershipseries-user-driven-design-at
9. http://venturebeat.com/2010/02/11 /confirmed-google-buyssocial-search-engine-aardvark-for-50-million/
10. Dit is de kern van *Innovator's Dilemma* geschreven door Clayton Christensen.
11. Voor meer informatie, zie http://bit.ly/DontLaunch

Hoofdstuk 7. Meten

1. Googles voornaamste concurrent, Overture (uiteindelijk gekocht door Yahoo), bood een minimum account aan voor 50 euro, wat ons afschrikte om ons aan te melden omdat we het te duur vonden.
2. Voor meer informatie over Farbs ondernemersavontuur, zie het volgende interview door Mixergy: http://mixergy.com/farbood-nivi-grockit-interview/

Hoofdstuk 8. Bijstellen (of Consolideren)

1. http://www.slideshare.net/dbinetti /Lean-startup-at-sxsw-votizenpivot-case-study
2. Voor meer informatie over Path, zie http://techcrunch.com/2011/02/02 /googletried-to-buy-path-for-100-million-path-said-no/and http:// techcrunch.com/2011/02/01 kleiner-perkins-leads-8-5-millionround-for-path/
3. Waaronder ongeveer 30 miljoen euro aan managementgoederen en ongeveer 150 miljoen euro aan administratieve goederen, per 1 april 2011.
4. Voor meer informatie over Wealthfront, zie de casestudy geschreven door Sarah Milstein, te vinden op http://www.startuplessonslearned.com/2010/07/case-studykaching-anatomy-of-pivot.html. Voor meer informatie over de recente successen van Wealthfront, zie http://bits.blogs.ntimes.com/2010/10/19/wealthfrontloses-the-sound-effects/
5. De resultaten van IMVU zijn een aantal keren gepubliceerd. Voor de cijfers over 2008, zie http://www.worldsinmotion.biz/2008/06/imvu_reaches_20_million_regist.php; voor 2009, zie http://www.imvu.com/about/press_releases/press_release_20091005_1.php, en voor 2010, zie http://techcrunch.com/2010/04/24/imvu-revenue/
6. Het concept bedrijfsarchitectuur wordt gedetailleerd besproken in Moores *Dealing with Darwin*. "Organisatiestructuur die gebaseerd is op het prioriteren van een van twee bedrijfsmodellen (het model van complexe systemen en het model van het operationele volume). De verschillende soorten innovatie worden begrepen en uitgevoerd op geheel verschillende manieren, afhankelijk van het model dat door een onderneming wordt aangenomen". Voor meer informatie, zie http:// www.dealingwithdarwin.com/theBook/darwinDictionary.php

Hoofdstuk 9. Houd het klein

1. http://lssacademy.com/2008/03/24 /a-response-to-the-videoskeptics/
2. Als je er moeite mee hebt om dit feit te accepteren, dan helpt het enorm als je de video erover bekijkt. Een blogger die zich met name richtte op de details deelde een video ervan op in seconden om te kijken waar alle tijd in ging zitten: "Je verliest tussen de twee en vijf seconden elke keer dat je de stapel tussen de verschillende stappen verplaatst. Ook moet je de stapel diverse keren gedurende een taak weer recht leggen, iets wat je veel minder vaak hoeft te doen wanneer je ze een voor een helemaal afhandelt. Dit werkt hetzelfde in een fabrieksomgeving: opslaan, verplaatsen, pakken, en het uitkijken naar

de WIP-voorraad." De rest van het commentaar is hier te vinden: http://lssacademy.com/2008/03/24/a-response-to-the-video-skeptics/

3. Timothy Fitz, een van de eerste ontwikkelaars bij IMVU, verdient de erkenning dat hij de eerste was die in een blogbericht de term *continuous deployment* (continue uitlevering) gebruikte: http://timothyfitz.wordpress.com/2009/02/10 /continuous-deployment-at-imvu-doing-the-impossible-fi fty-times-a-day/. De feitelijke ontwikkeling van het systeem van continue uitlevering is het werk van zeer veel verschillende ontwikkelaars bij IMVU, die ik niet allemaal hier kan noemen. Voor meer informatie over hoe je kunt beginnen met het systeem van continue uitlevering, zie http://radar.oreilly.com/2009/03/continuous-deployment-5-eas.html
4. Voor technische details over continue uitlevering bij Wealthfront, zie http://eng.wealthfront.com/2010/05/deployment-infrastructure-for.html en http://eng.wealthfront.com/2011/03/leanstartup-stage-at-sxsw.html
5. De beschrijving van School of One is afkomstig van Jennifer Carolan van NewSchools Venture Fund.
6. Voor meer informatie over de dodelijke spiraal van grootschaligheid, zie *The Principles of Product Development Flow: Second Generation Lean Product Development* door Donald G. Reinertsen: http://bit.ly/pdfl ow
7. Deze voorbeelden van de Lean-methode in de gezondheidszorg zijn opgenomen met dank aan Mark Graban, auteur van *Lean Hospitals* (New York: Productivity Press, 2008).
8. Dit verhelderende verhaal over het effect van 'pull' is afkomstig uit *Lean Production Simplified* van Pascal Dennis (New York: Productivity Press, 2007).
9. Om een voorbeeld van dit misverstand in de praktijk te zien, zie http://www.oreillygmt.eu/interview /fatboy-in-a-Lean-world/
10. Informatie over Alphabet Energy is afkomstig uit interviews die zijn gehouden door Sara Leslie.
11. Meer informatie over Toyota's lerende organisatie is te vinden in *The Toyota Way*, Jeffrey Liker.

Hoofdstuk 10. Groeien

1. Het verhaal over Hotmail en vele andere verhalen worden verteld in Adam L. Penenbergs *Viral Loop*. Meer over Hotmail is te vinden op http://www.fastcompany.com/magazine/27/neteffects.html
2. Meer informatie over de vier aspecten die van belang zijn voor klanten, namelijk tijd, geld, vaardigheden en passie, is te vinden op http://

www.startuplessonslearned.com/2009/12/business-ecology-and-four-customer.html
3. http://pmarca-archive.posterous.com/the-pmarca-guide-to-startups-part-4-the-only
4. Dit is de les die kan worden getrokken uit Geoffrey Moores bestseller *Crossing the Chasm* (New York: Harper Paperbacks, 2002).

Hoofdstuk 11. Aanpassen

1. *Toyota Production System: Beyond Large-Scale Production* van Taiichi Ohno (New York: Productivity Press, 1988).
2. Voor meer informatie over de Net Promoter Score, zie http://www.startuplessonslearned.com/2008/11 /net-promoter-score-operational-tool-to.html en *The Ultimate Question* van Fred Reichheld (Cambridge, Mass.: Harvard Business Press, 2006).
3. Informatie over QuickBooks is afkomstig uit interviews gevoerd door Marisa Porzig.

Hoofdstuk 12. Innoveren

1. Jeffrey Liker, John E. Ettlie en John Creighton Campbell, *Engineered in Japan: Japanese Technology-Management Practices* (NewYork: Oxford University Press, 1995), p. 196.
2. Een verslag is te vinden in een artikel in *PCMagazine*: "Looking Back: 15 Years of PCMagazine" door Michael Miller, http://www.pcmag.com/article2/0,2817,35549,00.asp
3. De discussie die volgt is schatplichtig aan Geoffrey Moores *Dealing with Darwin* (New York: Portfolio Trade, 2008). Ik heb met succes dit raamwerk geïmplementeerd bij bedrijven van verschillende omvang.

Hoofdstuk 13. Epiloog: Voorkom verspilling

1. http://www.ibiblio.org/eldritch/fwt/ti.html
2. http://www.goodreads.com/author/quotes/66490.Peter_Drucker
3. http://www.ibiblio.org/eldritch/fwt/ti.html
4. Dergelijk onderzoek is in feite al gestart. Voor meer informatie over de onderzoeksprogramma's van Lean Startup, zie Nathan Furrs Lean Startup Research Project bij BYU, http://nathanfurr.com/2010/09/15 /the-Lean-startup-research-project/, en Tom Eisenmann van het project Launching Technology Ventures van Harvard Business School, http://platformsandnetworks.blogspot.om/2011/01 /launching-tech-ventures-part-iv.html

Toelichting

Ik heb gewerkt bij de volgende bedrijven die ook in dit boek voorkomen, als consultant, raadgever of investeerder. Ik heb een relatie met of anderszins een zakelijk belang in elk van deze bedrijven.

Aardvark
Dropbox
Foof on the Table
Grockit
IMVU
Intuit
Votizen
Wealthfront

Ook heb ik daarnaast belangen in bedrijven vanwege mijn verbondenheid aan diverse durfkapitalisten. Ik heb geïnvesteerd in of gewerkt voor de volgende bedrijven, als consultant of als partner met beperkte bevoegdheden. Door deze firma's heb ik ook zakelijke relaties, onder andere als investeerder, met veel meer bedrijven die hier niet allemaal vermeld zijn.

500 Startups
Floodgate
Greylock Partners
Kleiner Perkins Caufield & Byers
Seraph Group

Verantwoording

Ik ben heel veel dank verschuldigd aan de vele mensen die het mij mogelijk hebben gemaakt om *The Lean Startup* te schrijven. In de eerste plaats zijn er de duizenden ondernemers over de hele wereld die deze ideeën hebben uitgeprobeerd, op de proef hebben gesteld, hebben verfijnd en verbeterd. Zonder hun niet aflatende inspanningen elke dag – en vaak ook nog onverwacht – was dit allemaal niet mogelijk geweest. Daarvoor dank ik jullie.

Echte startups krijgt te maken met mislukkingen, pijnlijke fouten en continue chaos. Tijdens mijn onderzoek voor dit boek ontdekte ik dat de meeste ondernemers en managers er de voorkeur aan gaven dat niet hun volledige verhaal in de publiciteit zou komen. Daarom ben ik veel dank verschuldigd aan de moedige ondernemers die erin hebben toegestemd dat hun verhalen werden verteld; velen van hen hebben vele uren met mij doorgebracht tijdens lange interviews en gesprekken om de feiten te controleren. Dank daarvoor.

Ik ben dankbaar voor het feit dat ik gedurende mijn gehele loopbaan mentoren en medewerkers heb gehad die mij zo ver hebben gekregen dat ik meer hebt bereikt dan ik een mijn eentje zou hebben kunnen bereiken. Will Harvey heeft mij niet alleen een baan bezorgd in Silicon Valley, maar heeft mij ook het vertrouwen gegeven om veel van mijn ideeën voor het eerst uit te proberen bij IMVU. Ook ben ik dank verschuldigd aan mijn medeoprichters bij IMVU, namelijk Marcus Gosling, Matt Danzig en Mel Guymon, maar ook aan de vele werknemers van IMVU die zo veel van het werk hebben gedaan dat ik heb besproken in dit boek. Uiteraard zou dat allemaal niet mogelijk zijn geweest zonder de steun van de miljoenen klanten van IMVU door de jaren heen.

Ik wil graag David Millstone, Ken Duda, Fernando Paiz, Steve Weinstein, Owen Mahoney, Ray Ocampo en Jason Altieri bedanken voor hun hulp gedurende deze reis.

En wij allemaal moeten Steve Blank bedanken voor al zijn werk aan het ontwikkelen van de theorie over klantontwikkeling in een tijd waarin dat bij startups en in kringen van durfkapitalisten nog beschouwd werd als ongepast. Zoals ik in mijn inleiding al heb aangegeven, was Steve een van de eerste investeerders en adviseurs van IMVU. De afgelopen zeven jaar is hij voor mij persoonlijk een adviseur, mentor en medewerker geweest. Ik wil hem bedanken voor zijn aanmoedigingen, steun en vriendschap.

De Lean Startup-beweging kent nog veel meer denkers, doeners en schrijvers. Ik wil graag de volgende personen bedanken voor hun ideeën en steun en voor het feit dat zij de beweging introduceren bij anderen: Dave McClure, Ash Maurya, Brant Cooper, Patrick Vlaskovits, Sean Ellis, Andrew Chen, Sean Murphy, Trevor Owens, Hiten Shah en and Kent Beck. Diverse investeerders en durfkapitalisten bevonden zich onder de eerste sympathisanten en *early adopters*. Ik wil graag Mike Maples en Ann Miura-Ko (Floodgate), Steve Anderson (Baseline), Josh Kopelman (First Round Capital), Ron Conway (SV Angel) en JellClavier (SoftTech VC) bedanken.

Zoals je je kunt voorstellen waren er voor het schrijven van dit boek veel feedback, aanpassingen en experimenten nodig. Ik heb in het begin zeer waardevolle en grondige feedback ontvangen van Laura Crescimano, Lee Hoffman, professor Tom Eisenmann en Sacha Judd. Ook ben ik dank verschuldigd aan Mitch Kapor, Scott Cook, Shawn Fanning, Mark Graban, Jennifer Carolan, Manuel Rosso, Tim O'Reilly en Reid Hoffman voor hun suggesties, feedback en steun. Bijzondere dank ben ik verschuldigd aan Ruth Kaplan en Ira Fay voor hun wijsheid en vriendschap.

Tijdens het schrijven van dit boek had ik het voordeel dat ik gebruik kon maken van de op maat gemaakte platforms om splittests te doen met alles rondom het boek, van het omslagontwerp tot de ondertitels en zelfs passages uit het boek. Pivotal Labs bouwde de benodigde software voor mij; zij zijn de besten op het gebied van flexibele ontwikkeling. Bijzondere dank aan Rob Mee, Ian McFarland en – de belangrijkste van allemaal – Parker Thompson, die onvermoeibaar doorwerkte aan het bouwen, experimenteren en samen met mij leren.

Ook dank aan Marcus Gosling, medeoprichter van IMVU en een van de meest getalenteerde ontwerpers die ik ken; hij ontwierp het omslag van dit boek, na veel aanpassingen.

Een van de beste ontwerpbureaus op het gebied van webdesign en de gebruikerservaring, Digital Telepathy, ontwierp en bouwde de website http://theleanstartup.com, met gebruikmaking van hun unieke productieproces dat zij Iterative Performance Design noemen. Het is geweldig. Meer informatie vind je op http://www.dtelepathy.com/.

Ik prijs mij zeer gelukkig dat ik de steun heb gehad van drie legendarische instellingen op verschillende momenten van mijn reis. Veel van de onderzoeken die ik voor dit boek heb gedaan werden op genereuze wijze ondersteund door de Kauffman Foundation. Bij Kauffman wil ik in het bijzonder Bo Fishback en Nick Seguin bedanken voor hun steun. Het afgelopen jaar heb ik als vaste onderzoeker doorgebracht aan de Harvard Business School, waar ik de mogelijkheid kreeg om mijn ideeën te toetsen bij enkele van de meest heldere geesten in de bedrijfstak. Ik ben met name de professoren Tom Eisenmann en Mike Roberts dankbaar voor hun steun op allerlei vlakken, maar ook de studenten van de HBS Startup Tribe. Ook had ik de mogelijkheid om enige tijd door te brengen bij een van de kantoren van een grote durfkapitalist in Silicon Valley, Kleiner Perkins Canfield & Byers, waar ik veel heb geleerd over hoe ondernemerschap wordt gestimuleerd op de hoogste niveaus. Met dank aan Chi-Hua Chien, Randy Komisar, Matt Murphy, Bing Gordon, Aileen Lee en Ellen Pao, en aan mijn toenmalige kamergenoot en adviserend ondernemer, Cymac Roeding.

Mijn onderzoeksteam hielp mij om informatie over casestudy's bij te houden, interviews te doen met honderden startups en duizenden verhalen te beoordelen. Ik wil Maria Porzig bedanken die talloze uren heeft doorgebracht met het documenteren, vergelijken en onderzoeken van informatie. Aanvullende casestudy's werden ontwikkeld door Sara Gaviser Leslie en Sarah Milstein.

Uitgeven op de traditionele manier is een ingewikkeld en geïsoleerd vak. Ik heb kunnen profiteren van de adviezen en connecties van veel mensen. Tim Ferriss en Remit Sethi zetten mij direct op het juiste pad. Ook ben ik dank verschuldigd aan Peter Sims, Paul Michelman, Mary Treseler, Joshua-Michéle Ross, Clara Shih, Sarah Milstein, Adam Penenberg, Gretchen Rubin,

Kate Lee, Hollis Heimbouch, Bob Sutton, Frankie Jones, Randy Komisar en Jeff Rosenthal.

Bij Crown kreeg een groot team van mensen de omvangrijke taak om dit idee om te zetten in het boek dat je nu leest. Mijn redacteur, Roger Scholl, heeft de visie van dit boek vanaf het eerste begin meegemaakt en heeft het door het gehele proces geloodst. Ik wil ook Tina Constable, Tara Gilbride, Meredith McGinnis en alle anderen die hebben meegewerkt om dit boek te realiseren bedanken.

Degenen die de pech hadden dat zij een vroege versie mochten lezen, weten hoeveel ik heb te danken aan Lauren Rowland, die mij redactioneel zo goed heeft bijgestaan tijdens een ongelooflijk strak schema. Als u met plezier dit boek hebt gelezen, dan bent u haar dank verschuldigd.

Mijn adviseur, partner en *consigliere* tijdens dit uitgeefproces is de fenomenale agent Christy Fletcher geweest. Ze heeft het onwerkelijke vermogen om de toekomst te voorspellen, dingen te laten gebeuren en alle betrokkenen tevreden te houden. Ze heeft een uitstekend begrip van hoe de moderne media werken en heeft mij telkens weer de juiste weg daarin gewezen. Bij Fletcher and Company ben ik dank verschuldigd aan Alyssa die een trouwe supporter en poortwachter is geweest, en aan Melissa Chinchilla, die bezig is om dit boek ook gepubliceerd te krijgen in andere landen en in andere talen.

Ik weet dat het een cliché is om te zeggen "dat dit allemaal niet mogelijk was geweest zonder de continue steun van mijn liefhebbende familie". Maar in dit geval is dat gewoon de waarheid. Mijn ouders, Vivian Reznik en Andrew Ries, hebben altijd mijn liefde voor de technologie gesteund terwijl zij er ook de nadruk op legden dat opvoeding in de alfawetenschappen ook belangrijk is. Zonder hun continue liefde en steun had ik nooit de moed gehad om voor het ondernemersvak te kiezen en had ik ook nooit mijn eigen stem als auteur gevonden. Ik weet ook dat mijn grootouders mij op deze reis hebben begeleid – zij geloofden in de kracht van het woord en zij waren zeer verheugd over alles wat mijn zuster en ik op dat vlak hebben bereikt. Tegen mijn zusters Nicole en Amanda en mijn zwager Dov, kan ik alleen maar zeggen: dank voor jullie steun al die jaren.

Mijn vrouw, Tara Sophia Mohr, is altijd een bron van vreugde en steun geweest bij elke stap die ik heb gezet. Zij heeft alle stress, elk hoogtepunt en elk dieptepunt tijdens dit lange proces meegemaakt. Tara, je bent een ongelooflijk briljante, sterke en meelevende vrouw. Ik kan met woorden niet vertellen hoezeer ik je niet aflatende steun, je overweldigende liefde en het dagelijkse avontuur van ons leven samen waardeer. Dankjewel.

Over de auteur

Eric Ries is een ondernemer en de auteur van de populaire blog *Startup Lessons Learned.* Hij was medeoprichter en CTO van IMVU, zijn derde startup. Hij wordt vaak gevraagd voor lezingen bij zakelijke bijeenkomsten, heeft diverse startups, grote ondernemingen en firma's van durfkapitalisten geadviseerd over strategieën ten aanzien van hun bedrijfsvoering en producten. Hij is tevens *entrepreneur in residence* aan de Harvard Business School. Zijn Lean Startup-methodiek is besproken in uitgaven van *New York Times*, *Wall Street Journal*, *Harvard Business Review* en vele blogs. Eric Ries woont in San Francisco.

Register

C

H

I

Q

R

S

T